美德的起源

人类本能与协作的进化

|珍藏版|

［英］马特·里德利 著
Matt Ridley

吴礼敬 ——— 译

THE
ORIGINS
OF
VIRTUE

Human Instincts and the
Evolution of Cooperation

机械工业出版社
China Machine Press

图书在版编目（CIP）数据

美德的起源：人类本能与协作的进化：珍藏版 /（英）马特·里德利（Matt Ridley）著；吴礼敬译 . -- 北京：机械工业出版社，2021.5

书名原文：The Origins of Virtue: Human Instincts and the Evolution of Cooperation
ISBN 978-7-111-67996-7

I. ①美… II. ①马… ②吴… III. ①人学 – 研究 IV. ①C912.1

中国版本图书馆 CIP 数据核字（2021）第 066980 号

本书版权登记号：图字 01-2014-5891

Matt Ridley. The Origins of Virtue: Human Instincts and the Evolution of Cooperation.
Copyright ©1996 by Matt Ridley.
Simplified Chinese Translation Copyright © 2021 by China Machine Press.
Simplified Chinese translation rights arranged with Matt Ridley through Andrew Nurnberg Associates International Ltd. This edition is authorized for sale in the People's Republic of China only, excluding Hong Kong, Macao SAR and Taiwan.
No part of this book may be reproduced or transmitted in any form or by any means, electronic or mechanical, including photocopying, recording or any information storage and retrieval system, without permission, in writing, from the publisher.
All rights reserved.

本书中文简体字版由 Matt Ridley 通过 Andrew Nurnberg Associates International Ltd. 授权机械工业出版社在中华人民共和国境内（不包括香港、澳门特别行政区及台湾地区）独家出版发行。未经出版者书面许可，不得以任何方式抄袭、复制或节录本书中的任何部分。

美德的起源：人类本能与协作的进化（珍藏版）

出版发行：机械工业出版社（北京市西城区百万庄大街22号　邮政编码：100037）	
责任编辑：顾　煦　殷嘉男	责任校对：殷　虹
印　　刷：北京市荣盛彩色印刷有限公司	版　　次：2021年5月第1版第1次印刷
开　　本：170mm×230mm　1/16	印　　张：20
书　　号：ISBN 978-7-111-67996-7	定　　价：69.00元
客服电话：（010）88361066　88379833　68326294	投稿热线：（010）88379007
华章网站：www.hzbook.com	读者信箱：hzjg@hzbook.com

版权所有·侵权必究
封底无防伪标均为盗版
本书法律顾问：北京大成律师事务所　韩光/邹晓东

华章经管
HZBOOKS | Economics Finance Business & Management

| 赞　誉 |

有些科学家属于有学问的才子，比如理查德·道金斯（Richard Dawkins），比如斯蒂芬·杰·古尔德（Stephen Jay Gould）。马特·里德利无疑也是这一类人。他们的书妙语解颐，让人眼界大开……我完完全全被这本书给迷住了。

——鲁思·伦德尔（Ruth Rendell），《每日电讯》年度好书榜

这本书写得太棒了！即使是在处理最抽象的话题时，它也充满了那种轶事式的细节和智慧，读起来生动活泼。

——弗兰斯·德·瓦尔（Frans de Waal），《自然》(Nature)

海豚、蜜蜂、蚂蚁、猿猴，甚至吸血蝙蝠都被相继征引过来，一同征引的还有霍布斯、卢梭、亚当·斯密、李嘉图和达尔文，构成了这样一本沁人心脾又绝对无关政治的好书。

——哈米什·麦克雷（Hamish McRae），《独立报》(Independent)

马特·里德利属于科学家里最聪明的那一类人，他告诉我们这些即使不是科学家也应该知道的知识，同时为我们自以为知道的知识正本清源。他的书一会儿催人振奋，一会儿使人欢欣，一会儿启人心智，一会儿又让人恼火。

——玛吉·奇（Maggie Gee），《每日电讯》

这是迄今为止他写得最好的一本书，对一个引人入胜的主题详加探究，令人心醉神迷的同时又心服口服。

——米兰达·司默尔（Miranda Seymour），《星期日泰晤士报》

如果我那本《自私的基因》要出一本讨论人类的续集的话，那它就应该写得和这本《美德的起源》差不多。

——理查德·道金斯（Richard Dawkins）

致 谢

这本书的所有文字皆出自我的手笔，但其中的创见和思想则大部分源于他人。很多人慷慨无私地与我分享他们的思想和发现。他们之中，有些人甘心忍受我长时间的质询，有些人给我邮寄文章和书籍，有些人提供道义支持或实际帮助，有些人阅读了某些章节的初稿，为之提出批评意见，我对他们的盛情无以回报，唯有在此表达我衷心的感谢。

这些人包括：Terry Anderson, Christopher Badcock, Roger Bate, Laura Betzig, Roger Boyd, Monique Borgehoff Mulder, Mark Boyce, Robert Boyd, Sam Brittan, Stephen Budiansky, Stephanie Cabot, Elizabeth Cashdan, Napoleon Chagnon, Bruce Charlton, Dorothy Cheney, Jeremy Cherfas, Leda Cosmides, Helena Cronin, Lee Cronk, Clive Croook, Bruce Dakowski, Richard Darwins, Robin Dunbar, Paul Ekman, Wolfgang Fikentscher, Robert Frank, Anthony Gottlieb, David Haig, Bill Hamilton, Peter Hammerstein, Garrett Hardin, John Hartung, Toshikazu Hasegawa, Kristen Hawkes, Kim Hill, Robert Hinde, Mariko Hiraiwa-Hasegawa, David Hirshleifer, Jack Hirshleifer, Anya Hurlbert, Magdalena Hurtado, Lamar Jones, Hillard Kaplan, Charles Keckler, Bod Kentridge, Desmond Kinghele, Mel Konner, Robert Layton, Brian Leith, Mark Lilla, Tom Lloyd, Bobbi Low, Michael

MaGuire、Roger Masters、John Maynard Smith、Gene Mesher、Geoffrey Miller、Graeme Mitchison、Martin Nowak、Elinor Ostrom、Wallace Raven、Peter Richerson、Adam Ridley、Alan Rogers、Paul Romer、Garry Runciman、Miranda Seymour、Stephen Shennan、Fred Smith、Vernon Smith、Lyle Steadman、James Steele、Michael Taylor、Lionel Tiger、John Tooby、Robert Trivers、Colin Tudge、Richard Webb、George Williams、Margo Wilson、以及 Robert Wright。

看到这些人的思想交融于此，真令人倍感荣幸，我只希望自己没有让他们的看法偏离原意。

感谢我的代理人费利西蒂·布莱恩（Felicity Bryan）和彼得·金斯堡（Peter Ginsberg），谢谢你们的耐心和建议，感谢我在维京企鹅出版社的诸位编辑和为我加油打气的人——Ravi Mirchandani、Clare Alexander 和 Mark Stafford，在此我还要感谢几家报纸和杂志的编辑，他们预留出宝贵空间让我先行发表一些想法以观读者效应，这些人包括 Charles Moore、Redmond O'Hanlon、Rosie Boycott 和 Max Wilkinson。

最后，说一千道一万，千言万语也说不尽的是，谢谢你，我的爱妻，阿尼亚·赫尔伯特（Anya Hurlbert）。

| 序 言 |

一个俄国无政府主义者越狱的故事

> 一想到这个老人的悲惨境遇,我就痛苦不已;现在我的施舍能为他提供一点救济,也让我的心获得些许安慰。

——托马斯·霍布斯[一]（Thomas Hobbes），
解释他为什么给一个乞丐施舍六便士

犯人有点进退两难。沿着熟悉的小径慢慢踱步时,他突然听到一阵悠扬的小提琴声,可以俯瞰圣彼得堡军事医疗监狱大院的那扇窗户敞开着,声音是从那里传出来的,演奏的正是康特斯基（Kontski）的玛祖卡舞曲那激昂的旋律。这是暗号！但他这时所处的位置距离监狱大门最远。他的越狱计划必须一举成功,否则再难实施,因为全靠打监狱守卫一个措手不及。

每天这个时候,监狱的大门都会打开,让木柴运进来。他必须得脱掉厚重的晨衣,在守卫抓住他之前,转身奋力朝敞开的大门方向跑去。一

[一] 英国政治家、哲学家。他提出"自然状态"和国家起源说,指出国家是人们为了遵守"自然法"而订立契约所形成的。他反对君权神授,主张君主专制。题记中的这句话是在解释他为什么给一个乞丐施舍六便士。——译者注

VIII

旦他跑出大门，他的朋友们就会驾一辆马车带他穿过圣彼得堡的条条大街，迅速将他转移走。这个越狱计划经过周密策划，然后用密码编成一条信息，藏在手表里，由一位探监的妇人传递给这个犯人。他的朋友们沿着大街一路布点，足有两英里①路长，每个人向下一岗哨传递不同的暗号，表示街上一路通畅。小提琴发出的暗号表示街上现在没人，马车已经就位，马车附近监狱大门口的守卫此刻也腾不出空来。他们早已查出这个门卫爱好显微镜，此刻正派人和他讨论显微镜下的寄生虫看起来是个什么样子，引诱得他脱不开身。总之是万事俱备，只欠东风。

但只要稍有差池，他就再无第二次机会。他很可能会从圣彼得堡军事医疗监狱被送回彼得保罗要塞，那里黑暗潮湿，阴郁得让人浑身乏力，他已在那儿度过了两年孤独冷清的日子，深受坏血病的折磨。所以他必须要小心选择时机。玛祖卡舞曲会不会一直持续，直到他走到这条小径离大门最近的位置？他应该什么时候跑呢？

他迈着颤抖的脚步沿着小径往回走，慢慢踱向监狱大门的位置。终于走到这条路的尽头，他回头看看跟着自己的守卫，那人站在他身后五步远的位置。小提琴的声音还在飘扬（声音很好听，他想）。

此时不跑，更待何时！他快速甩掉笨重的长袍，马上提速奔跑起来，这两个动作他已练习了不下一千遍。守卫立刻在后面追赶，不断挥舞着步枪，想要用刺刀将他撂倒。但是绝望让犯人生出无穷的气力，一直将守卫甩开几步远的距离，他毫发无损地跑到了大门口。穿过大门，看到坐在马车里的人头上戴着一顶军帽，他犹豫了片刻，心想一定是被人出卖了。但随即他注意到那丛浅棕色的络腮胡，帽子下面不是别人，正是他的朋友，沙皇的私人医生，同时也是个地下革命者。他赶紧跳上车，马车加速奔向

---

① 1英里＝1609.344米。

城里。他的朋友把附近所有的马车都租光了,追兵因没有交通工具而被阻挡下来。马车驶到一家理发店门口停下来,犯人的胡须被修理得干干净净,到了傍晚时分,犯人已被安顿在圣彼得堡市最高档的一家饭店里,便衣警察甚至连想都没想过要上这里来查探一番。

互相帮助

直到很久以后,犯人才想起,他之所以得以重获自由,全拜其他人的勇气所赐:那个给他戴手表的探监女人,演奏小提琴的女人,驾驶马车的朋友,坐在马车里的医生,保持马车所经之处一路畅通、让他得以顺利逃命的各路同伙。正是这样的团队合作才让他从监狱逃出,这段回忆在他脑海里引出一整套有关人类进化的理论。

今天,如果人们还记得彼得·克鲁泡特金(Peter Kropotkin)王子[一],那么他主要以无政府主义者的形象出现。但是,1876 年他从沙皇的监狱成功脱逃,在他那漫长、充满争议而又广为人知的一生中,这绝对算是最扑朔迷离且最引人注目的时刻。从很小的时候起,这位王子就以才能出众著称。他的父亲是位著名的贵族将军,8 岁时在一场舞会上,他穿着波斯人的服装扮成一名侍从官,因而受到沙皇尼古拉一世的注意,随后沙皇吩咐他加入帕泽军团(Corps of Pages),这是俄国最精良的军事学院。他在军团里脱颖而出,很快被选为近卫军的中士,担任沙皇的贴身侍从(此时的沙皇是亚历山大二世)。光辉的军事或外交生涯展现在他的眼前。

但是克鲁泡特金这个绝顶聪明的人却深受法国家庭教师的自由思想的熏陶,他的想法与众不同。他加入一个名声不好且不受欢迎的西伯利亚

[一] 1842 年 12 月 9 日—1921 年 2 月 8 日,俄国地理学家、无政府主义运动的最高领袖和理论家。因主张废除一切形式的政府和从事反沙皇活动而被捕。

军团，花了几年时间探查西伯利亚的远东地区，开创了穿越那片地区里崇山峻岭和河流峡谷的几条全新路线，并且发展了他那关于地质学和亚洲大陆史方面的超前思想。返回圣彼得堡之后，他成了知名的地理学家，并且由于他反感所见到的关押政治犯的监狱，他变成一名地下革命者。访问过瑞士之后，他迷上了无政府主义思想家米哈伊·巴枯宁的思想，回国后，他加入俄国首都的无政府主义者的地下阵营，开始积极煽动革命。有时候他参加完冬宫的宴会后，就径直走出去参加各种集会，在那里他乔装打扮，热情煽动工农大众。他化名鲍罗丁（Borodin）出版了好几本煽动性的小册子，并因激情煽动的演说而远近闻名。

等警察最终逮捕了鲍罗丁的时候，才发现原来他不是别人，正是大名鼎鼎的克鲁泡特金王子，沙皇和整个宫廷都为之大惊失色，进而怒火中烧。而两年以后，他又这样大肆招摇地成功越狱，然后神不知鬼不觉地流亡国外，这更让他们怒不可遏。克鲁泡特金相继生活在英国、瑞士、法国，最终，没有任何地方愿意再收留他，他又回到了英国。在那里，他逐渐从一味鼓吹革命转向更为审慎的哲学写作，为他的无政府主义事业发表演讲。

1888年，克鲁泡特金住在伦敦郊区的哈罗，他谢顶，胡须飘飘，戴一副眼镜，大腹便便，待人亲切随和，此时的他过着穷困潦倒的自由撰稿人的生活，却还在耐心期盼着祖国爆发革命。那一年，在读到赫胥黎的一篇文章后，他不赞成其中的观点，感觉如芒刺在背。这位无政府主义者开始伏案疾书，撰写一本泽被后世，并奠定他一生名山事业的著作《互助：进化论中的一个因素》（*Mutual Aid: A Factor in Evolution*）。这是一本颇有预见性的著作，虽然现在大部分人已经忘记了。

赫胥黎认为自然界是个竞技场，自私自利的生物相互之间展开残酷斗争。他的这种观点颇有渊源，在他之前尚有马尔萨斯、霍布斯、马基雅维利、圣奥古斯丁，一直到希腊的诡辩派哲学家，这些人认为人性本是自私自利的，只有经过文化的教化后才得以驯服。而克鲁泡特金则呼吁另一个不同的传统，这个传统可追溯到戈德温、卢梭、贝拉基和柏拉图那里，他们认为人性本善，是受了社会的玷污才发生了改变。

克鲁泡特金说，赫胥黎将重点放在"生存竞争"上，根本就和他在自然界观察到的现象格格不入，遑论人类世界了。生命并不是一场血淋淋的"自由斗争"，也不是一场（用赫胥黎复述霍布斯的话来说）"每个人对所有人的战斗"，而是竞争与合作并存。实际上，自然界中最成功的动物似乎都是最善于合作的动物。如果进化通过个体间的相互竞争来起作用，那么它同样也通过让个体寻求互惠互利来起作用。[1]

克鲁泡特金认为自私不是动物性的残留，而是道德文明教化的遗产。他将合作看成古老的动物性的传统，人类和其他动物一样天生具备这一品质。"但是如果我们采用一个间接的测试，问问大自然'谁最适合生存？是那些相互争斗不休的物种，还是那些相互支持的物种？'我们立刻就会发现，那些养成互助习性的动物无疑最适合生存。"克鲁泡特金无法接受生命是自私生物之间的一场残酷斗争的思想。难道他得以成功越狱，不是十几个忠心耿耿的朋友冒着生命危险换来的？赫胥黎的生存竞争理论中有哪一点能解释这种为别人两肋插刀的行为？克鲁泡特金认为鹦鹉之所以比其他鸟类高明，是因为它们更善于交际，所以也更聪明。在人类当中，无论是在原始部落里还是在文明市民中，合作精神都一样得到宣扬。克鲁泡特金进一步说，从乡村的一块公共草地到中世纪的同业公会，人们越是相互协助，集体就越能兴旺发达。

> 看到一个俄国农庄的人在割草——男人挥舞着大镰刀，相互比赛谁割得更快，女人则将割好的草翻过来，扔到草垛上，这真

是最让人肃然起敬的景象。它显示出人类的工作可能是个什么样子，应该是个什么样子。

克鲁泡特金的理论并不像达尔文的理论那样是一套机械的进化理论。他无法解释互助行为怎样获得其立足点，而只是强调了社会性强的物种和种群在与社会性差的物种和集体竞争时会淘汰后者，获得生存机会。这只不过是将物种竞争和自然选择向前推动了一步，强调集体而非个人而已。但是他提出的问题在一百年以后却不断通过经济学、政治学、生物学而产生回响。如果生命就是一场生存竞争，为什么又有这么多的合作呢？尤其是，为什么人类这样渴望合作？人类本性上到底是反社会还是亲社会的？这就是本书所要探究的问题：人类社会的各种根源。我将向大家说明，克鲁泡特金只说对了一半，这些根源远比我们想象的更为深厚。社会得以运作并不是因为我们有意识地创造了它，而是因为它是我们进化倾向中一个古老的产物。它其实存在于我们的本性之中。[2]

原始的美德

这是一本有关人类本性的书，尤其关注的是人类这种动物令人惊奇的社会属性。我们住在城镇里，在团队中工作，我们的生活由蛛网般的各种联系构成，它们将我们和亲人、同事、伙伴、朋友、上级和下属联系在一起。包括厌恶人类者在内，我们离开他人就无法生存。即使从现实层面来看，我们距离人类确实能完全自给自足（即无须与同类交换其他技能也可存活）可能也有上百万年了。比起任何猿类或猴子，我们都更加依靠自己的同类。我们更像是蚂蚁或白蚁，成为所属社群的奴隶。我们几乎专门将美德定义为亲社会的行为，而将邪恶定义为反社会的行为。克鲁泡特金强调相互帮助在人类这一种族中所扮演的重要角色,这一点他是正确的,但是他因此认为这种互助也适用于其他物种,就完全错了,他将动物人性化了。人类区别于其他物种的标志之一,就是我们集合了高于社会层面的各种本能,这也是我们在生态学上取得成功的原因所在。

但对多数人来说本能只属于动物,不属于人类。社会科学的传统看法就是人类的本性只是个人背景和经历留下的印记,但是我们的文化并不是任意习性的随机拼凑,而是人类本能的既定表达方式。这就是为什么同样的主题会出现在所有文化当中——譬如家庭、礼节、交易、爱情、等级、友谊、嫉妒、集体忠诚度和迷信,等等。这也是为什么尽管存在语言和习俗这些表面上的差异,各种外国文化在其深层动机、情感和社会习惯等方面还是立刻就能被人理解。在人类这一物种中,本能并不是一成不变的基因程序,而是需要加以学习的倾向。认为人类具有本能,这和相信人类是其所受教养的产物一样都属于决定论。

有个古老的问题:社会是怎么形成的?本书可以宣布,这个问题的答案突然间变得唾手可得,这得归功于生物进化论。社会并不是由理性的人类创造的,它是随着我们的本性一起进化的结果。和我们的身体是基因的产物一样,社会也是我们的基因的产物。要理解这一点,我们必须看看自己的大脑内部,看看大脑中创造和利用社会联系纽带的那些本能。同时我们还要看看自然界的其他动物,看看本来属于进化中竞争的事,有时候怎么会激发合作的本能。这本书涉及三个层面,它和几十亿年间我们的基因如何聚合成合作团队有关,和几百万年间我们的先辈如何聚合成合作的社会有关,和上千年间关于社会及其起源的各种思想的聚合有关。

这样雄心万丈的任务几乎难以完成,上述所有问题中的任何一个我都不敢说自己拥有最终的发言权,我甚至不能确信我在本书中讨论的很多思想是正确的。但是如果其中的一些思想最后被证明引领着正确的方向，我就会感到很满足。我的目的是要让你相信，一定要设法走出自身的局限，回顾一下我们这个有着各种缺憾的物种。自然学家都知道，每种哺乳动物都可以根据其行为差异轻而易举地对其加以辨别，恰如根据外表辨别它们一样容易，我相信人类也一样。我们也有一些怪异的、人类独有的行为方式，将我们和猩猩、宽吻海豚区分开来——简单说来，我们有着进化而来的本性。我这样一说，听起来好像显而易见，但是我们真的很少会这样说。我们老是把自己拿来和自己的同类比，这种狭窄的视角委实令人沮丧。所以，假如说有个火星上的出版商要你写一本讨论地球上的生命的书，你会为每种哺乳动物各写一章（这本书肯定会成为大部头），不仅描写它们的体型，同时也会描写它们的行为习性。你已经写到猿这类动物，现在你的任务是要描写一下智人。对于这种看起来很好玩的大型猿类，你怎样去概括它们的行为特征？最先出现在你脑子里的一个想法就是"群居动物"：它们生活在较大的群体当中，并且个体成员间的关系错综复杂。这也正是本书的主旨所在。

| 目 录 |

赞誉

致谢

序言

第 1 章　基因的社会　　1

俄罗斯套娃式的合作　　7
自私的基因　　10
自私的胚胎　　13
蜂巢里的叛变　　18
肝脏的反叛　　22
寄生虫的世界　　25
更大的利益　　28

第 2 章　劳动分工　　30

集体主义精神　　34
大头针制造商的比喻　　36
技术的石器时代　　43

第 3 章　囚徒的困境　48
鹰与鸽　56
蝙蝠兄弟　60

第 4 章　分辨老鹰和鸽子　66
捕猎蛇鲨　69
"以牙还牙"的致命弱点　71
巴甫洛夫上场　76
敢于叫板的鱼　80
第一批说教者　82
鱼可不可信任　84

第 5 章　义务和宴会　87
黑猩猩用食物换取性交　90
劳动的性别分工　92
奉行平等主义的猿　98
分摊风险　102

第 6 章　公共产品和个人礼物　107
得到容忍的偷窃行为　112
社会市场　119
礼物作为武器　123
与别人攀比摆阔　127

第 7 章　道德情操论　132

复仇是不理性的行为　138
履行诺言　141
公平很重要　144
道德感　150
让其他人做利他主义者　154
道德情操论　156

第 8 章　部落主义的灵长类动物　158

有态度的猴子　163
海豚不为人知的一面　170
部落时代　175
蓝绿过敏反应　178

第 9 章　战争的根源　182

自私的群体　185
入乡随俗　188
100 万人不可能都错了，这是真的吗　194
爱你的邻居，但是恨其他所有人　198
选择你的伙伴　201

第 10 章　从贸易中得到的收获　208

贸易战争　211

商业法律	215
金与银	217
只要比较一下	221

第 11 章　作为宗教的生态学　225

宣扬和实践	228
石器时代的大灭绝	231
羊圈里的狼	235
美德的召唤	240

第 12 章　财产的威力　243

公地所有者的权利	246
提防那些鼓吹国有化的人	250
利维坦的悲剧	252
实验室里的高贵野蛮人	256
如果它能移动，那就充分利用它	258
囤积的禁忌	260

第 13 章　信任　265

所有人对所有人的战争	269
高贵的野蛮人	271
重建的天堂	274
谁偷走了集体	277

引文来源及注释　284

第1章

基因的社会

那里也有反叛

"各尽所能，按需分配"这句格言所反映的理想在蜜蜂构建的群落里得到了实现。在这个群落里，生存竞争受到严格限制。蜂后、雄蜂和工蜂各安其分，足量配给食物……设想有一只善于思考的雄蜂（工蜂和蜂后肯定没有余暇顾及思考活动）具有伦理哲学的倾向，它必然要声称自己为最纯正的本能的道德家。它会完全公正地指出，工蜂终生不辍地辛勤劳动，所得仅足以糊口，这种奉献精神，无论用开明的利己主义，还是用任何其他类型的功利主义动机，都无法加以解释。

——赫胥黎（T. H. Huxley），《进化论与伦理学》
（*Evolution and Ethics*）导论，1894 年[一]

[一] 赫胥黎此书严复译为《天演论》。——译者注

克鲁泡特金王子写道，蚂蚁和白蚁已经抛弃了那种霍布斯式"所有个体对所有个体的战争"㊀，它们因此而活得更好。要想证明相互协作产生的力量，蚂蚁、蜜蜂、白蚁当属最佳例证。地球上大概有十万亿只蚂蚁，总重量和所有人类加起来的重量不相上下。据估计，亚马孙雨林单位面积内昆虫量的3/4，有些地方甚至单位面积内动物量的1/3——都由蚂蚁、白蚁、蜜蜂和黄蜂构成。相比之下，百万甲虫亚种被大肆夸耀的生物多样性，以及各种猴子、巨嘴鸟、蛇和蜗牛，全都不值一提。亚马孙雨林是蚂蚁和白蚁群落的天下。你在飞机上就能探测到蚂蚁释放出来的蚁酸。蚂蚁在沙漠里可能更加无处不在。如果不是因为难以忍受凉爽气候（这个问题至今无法得到解释），蚂蚁和白蚁可能早就一统温带地区。它们和我们一样，也是这个星球的主人。[1]

　　自古以来，蜂巢和蚁窝一直是形容人类相互协作时最受青睐的比喻。

㊀ 在霍布斯所描述的"自然状态"下，每个人都需要世界上的每样东西，也就有对每样东西的权力。但由于世界上的东西是不足的，所以这种争夺权力的"所有人对所有人的战争"便永远不会结束。——译者注

对莎士比亚而言，蜂巢就是仁慈的专制主义王国，大家对君主毕恭毕敬，彼此和谐相处。恰如坎特伯雷大主教奉承国王亨利五世时所说：

> 蜜蜂就是这样工作，
> 这些小生物依靠一套天然规则
> 为人类王国的活动秩序提供示范。
> 它们有国王，有王公大臣，
> 有的像郡守，在国内伸张正义，
> 有的像商人，在国外冒险经商。
> 有的像士兵，把蜇刺当作武器，
> 夏日的百花丛变成它们的掠夺场，
> 它们必将凯旋，将劫掠的战利品
> 献往国王华丽的殿帐。
> 国王陛下日理万机，正监督
> 唱着歌的泥瓦匠建造黄金屋顶。
> 治下臣民，在那里酿造着蜂蜜；
> 可怜的搬运工争先恐后，
> 背负重荷要挤进狭窄的门口。
> 脸色铁青的法官发出粗暴的嗡嗡声，
> 将懒惰打哈欠的工蜂，
> 交给苍白脸色的刽子手行刑。㊀

㊀ 引自莎士比亚剧作《亨利五世》第一幕，第二场。——译者注

简而言之，蜂巢就是等级森严的伊丽莎白社会的一个缩影。

400年后，有个能言善辩的人匿名发表了不同看法。正如斯蒂芬·杰·古尔德（Stephen Jay Gould）所说：

> 1964年的一天，在纽约世界博览会上，我钻进自由企业展厅去躲雨。大厅里巍然陈列着一个蚁巢，上面有块牌子写着：经历两千万年的进化而一直停步不前。为什么？因为蚂蚁王国实行的是泛社会化的集权制度。[2]

上述两段描述的共同之处不仅在于它们将昆虫王国与人类社会进行直观比较，还在于它们都认识到某种程度上蚂蚁和蜜蜂比人类做得更好，前者更擅长于实现一些我们孜孜以求的目标，它们的社会更加和谐，它们更为关注共同利益或长远利益，不管它们实行的是何种制度。

一只单个的蚂蚁或蜜蜂和一根切断的手指一样虚弱无力，毫无用处。可一旦放到群体里，它就会变得像拇指那样不可或缺。它服务于群体的更大利益，甘愿不再繁殖后代，并且不惜为了群体牺牲自己的生命。恰如一个机体那样，蚁群也会经历出生、成长壮大、生殖繁衍直至衰老死亡的过程。在亚利桑那州的收割蚁（harvester ant）中，蚁后一般能活15或20年，在它生命的头五年里，蚁群持续成长，直到工蚁数量达到大约一万只。在它3岁到5岁之间，蚁群会度过一段特定时期，有研究者称之为"讨厌的青春期"（obnoxious adolescence），它不断攻击和挑衅周围的蚁群，正像处在青春期的猿猴谋求在猴群的等级中确立自己的地位那样。到了它5岁的时候，此时的蚁群就像一只成熟的猿猴，不再生长，而是开始生产有翅且具有生殖能力的雌蚁和雄蚁：就像机体排精产卵那样。[3]

群居集体主义带来的结果，就是蚂蚁、白蚁和蜜蜂可以享受无与伦比的生态战略，令单个生物根本难以望其项背。蜜蜂能找到花期极短的花朵的蜜，并相互引导来到最佳采集区。蚂蚁同样能以令人瞠目的速度将食物一扫而空，短短几分钟就能招来大量后备军，赶到一瓶打开的果酱前。蜂巢就像一个长满触须的生物，可以将指头伸到离它一英里或更远的花朵里。有些白蚁和蚂蚁建造高耸的巢穴和深埋地下的小隔间，在里面用碎树叶悉心堆成的肥料培育着真菌类的植物。有的蚂蚁就像不劳而获的牛奶场场主一样养殖蚜虫，用提供保护来榨取它们的蜜露。有一些更加邪恶的蚂蚁则洗劫彼此的巢穴，充实奴隶工的队伍，骗它们甘心去伺候别的族类。还有一些蚂蚁持续发动针对敌方蚁群的集团战争。非洲的狩猎蚁成群结队地席卷乡下村庄，数量足有两千万只，总重量达 20 公斤，走到哪里恐惧就波及哪里，任何来不及逃跑的生物马上就会被吞噬一空，即使小一点的哺乳动物或爬行动物也不能幸免。蚂蚁、蜜蜂和白蚁代表着集体力量的胜利。

如果说蚂蚁统治陆地上的热带森林，那么在最为多样化的海洋生态系统里，更加集体化的动物就会更具有统治权：这种动物就是珊瑚。澳大利亚大堡礁的海底世界类似于陆地上的亚马孙雨林，群居的动物不仅构成统治性动物，而且形成了生命之树——它们是这里的主要生产者。珊瑚虫建造起珊瑚礁，利用它们的同盟——以阳光为动力的海藻来固定碳，并以水层里的动植物为食。它们那带刺的触角总是在水层中筛滤水藻和小型无脊椎动物。珊瑚和蚁群一样都是群居生物，唯一的不同是组成集体的个体珊瑚永远固定在珊瑚群当中，不能像蚂蚁那样自由来去。个体珊瑚可能会死亡，但珊瑚群几乎可以说是长生不死。有些珊瑚礁一直活了两万多年，活

过了上一个冰河世纪。⁴

地球上最早的生命是单个的原子。从那时起，原子逐渐凝聚到一起。生命不再是孤立个体之间的竞争，而渐渐变成了团体赛。到了大约35亿年前，出现了五百万分之一米长的细菌，这种细菌由一千个基因控制。即便在那时它们可能也是团体协作的。今天有些细菌聚集到一起形成子实体（fruiting bodies）来散播它们的孢子。有些蓝绿色的水藻——简单得像细菌那样的生命形态，形成了水藻群，在细胞之间甚至形成了初级的劳动分工。到16亿年前，出现了比细菌重一百万倍的复杂细胞，由一万个以上的基因组成的团队来管理：那就是原生动物。到了5亿年前，出现由10亿细胞组成的复杂动物机体，那时地球上最大的动物之一是三叶虫——一只像老鼠那样大的节肢动物。自那以后，最大的机体开始变得越来越大。地球上生活过的最大的动物和植物——蓝鲸和巨杉，直到今天依然存活。蓝鲸身体里有十亿亿个细胞。但是新型的聚集方式，即群居聚合，已经开始诞生。到了1亿年前，复杂的蚂蚁群落出现，由百万以上的蚂蚁群体共同管理，现在它们的生存模式仍是地球上最为成功的生存模式之一。⁵

自那时起，哺乳动物和鸟类也开始群居聚合。佛罗里达的灌丛鸦、美丽的细尾鹩莺、绿色的戴胜以及其他鸟类，都是协作养育后代：雄鸟、雌鸟和几只成年鸟儿共同担负照料新生鸟儿的重任。狼、野狗和矮猫鼬的行为也差不多——委派群体里年长的一对雌雄个体担负抚育后代的责任。还有个极为奇特的例子：有种穴居哺乳动物建造了类似于蚁穴的结构。东非的裸鼹鼠住在地下，建立了由七八十只裸鼹鼠构成的群落，其中有只巨型的鼠后，其他都是勤劳独身的工鼠。像白蚁或蜜蜂那样，裸鼹鼠群体里的工鼠为了集体利益甚至不惜牺牲性命，例如，当遇到蛇类袭击时它们会冲上去，用身体堵住地洞入口。[6]

这种生命聚居现象以不可阻挡的势头持续发展。蚂蚁和珊瑚开始统治地球。裸鼹鼠有一天可能也会取得同样的成功。这种势头会在何处终止呢？[7]

俄罗斯套娃式的合作

葡萄牙军舰水母（Portuguese man-of-war）——僧帽水母在海洋上漂流，像一群游猎蚁那样肆掠成性，它有 60 英尺㊀长的毒刺触须、风力驱动的浮囊体、令其他生物望而生畏的淡蓝色，以及令其闻风丧胆的名声，但其实它并不是单个动物，而是一个社群，由密集粘在一起的上千只微小的单个动物组成，彼此休戚与共。如同蚁群当中的蚂蚁，僧帽水母中的每个动物都清楚自己的位置和职责所在。营养个虫是工人，负责采集食物；指状个虫是士兵，负责保卫群体；生殖个虫是女王，负责繁殖后代。

维多利亚时代的动物学殿堂回响着一个关于僧帽水母的争论。它到底是群体还是个体？赫胥黎曾经在英国皇家舰艇响尾蛇号（HMS Rattlesnake）上解剖过僧帽水母，他坚持认为，将游动孢子称为单个动物简直是一派胡言，它们不过是生物机体上的器官而已。现在我们认为他当年说错了，因为每个游动孢子都来源于一个完整的、小的多细胞有机体。但是，尽管他在游动孢子的发展史方面说错了，从哲学层面来说，他并没有说错。游动孢子无法独自存活。它们对群体的依赖程度跟人的手臂依赖于胃的程度差不多。威廉·莫顿·惠勒（William Morton Wheeler）在

㊀ 1 英尺=0.3048 米。

1911年提出过，同样的道理也适用于蚁群。蚁群是个有机体，由兵蚁充当免疫系统，蚁后充当卵巢，工蚁则充当了胃。

这场争论并没有切中要害。关键并不在于葡萄牙军舰水母或蚁群真是单个的有机体，而在于每一单个有机体都是个群落。它由数以百万计的个体细胞组成，每个细胞就自身而言都自给自足，但又高度依赖群落，恰如工蚁那样。我们应该问的问题并不是为什么有些机体会一起形成群落，而是为什么细胞会结合到一起形成机体？一条鲨鱼也是个群落，恰如一个僧帽水母是个群落一样，只不过它是由一千万亿聚合细胞组成的群落，而僧帽水母则是细胞群落构成的群落。

有机体自身也需要加以解释。为什么它的细胞会聚合到一起？第一个将这一点看得清清楚楚的人是理查德·道金斯（Richard Dawkins），他在《延伸的表现型》(*The Extended Phenotype*)这本书里解释过。他指出，如果细胞如微型灯一样被全部点亮，我们就会看到，当一个人走过去以后，"千万亿发光的小孔相互一致地移动，而其他这类星系的所有成员则与之步调不一"。[8]

原则上并没有什么东西阻止细胞单独活动：很多细胞都单独活动，且活动得有声有色，如变形虫和其他原生动物。在一个特别奇怪的例子中，一种生物既可以是单个细胞，也可以是菌类成长物。黏菌由一群大概十万只的变形虫组成，这些变形虫在情况尚可时都各行其道，当情况变得不太乐观时，所有的细胞迅速聚合成一个菌群，菌群越长越高，然后跌落下来，像只米粒大小的蛞蝓一样重新出发，寻找新的栖息地。如果它没能成功出发，这只蛞蝓就会采用墨西哥帽子的形状，从它的中间位置有一个细胞球慢慢向上生长，底下有个细长的茎作为支撑。细胞球越来越结实，变成八万个孢子，在风中摇曳，希望能抓住一个路过的昆虫机体，可以在神不知鬼不觉的情况下将它们带到一块更好的地方，在别的地方开始建造独立的变形虫的新群落。两万个茎细胞完成使命后就会死去，为了兄弟般的孢子能过上幸福生活而壮烈捐躯。[9]

这些黏菌是单个细胞的联合体，既能独自生存，又能彼此联合，组成一个临时的有机体。但是经过更细致的观察我们会注意到，细胞自身也是聚合体。它们由细菌之间共生的集合体形成，或者说，大多数生物学家认为是这样。你身体内的每个细胞都是线粒体的家园，这些微小的细菌像提供能量的电池一样各司其职，大概七八亿年前它们放弃自己的独立地位，换来寄居在你的祖先身体细胞内的舒服生活。即使你体内的细胞也都是些联合体。

我们没必要将俄罗斯套娃式的结构放在那儿不管。因为线粒体里面还有携带基因的微小染色体，在你的细胞核里有46个更大的染色体，它们携带更多的基因，一共有75 000个左右。染色体在人体内结成23对，而不是单独活动。但它们也可以是单独的个体，如同它们在细菌里那样。并且染色体也是聚合体，而不是单独的个体：它们是基因的聚合体。基因能够以50个左右的基因组成的小团体展开活动（这种情况下我们称之为病毒），但很多基因没有选择这样做。它们组合形成完整的染色体，即成千上万紧密相连的基因组成的集体。即便是基因，也有可能不是原子状的。有些基因只产生部分信息，必须和其他基因携带的信息结合在一起才具有意义。[10]

因此无意中对聚合体的探寻竟然将我们深深引入生物学的殿堂。基因组合形成了染色体，染色体组合形成了染色体组，染色体组结合形成细胞，细胞组合形成复杂细胞，复杂细胞组合形成机体，机体结合形成群落。蜂巢是个协作的团体，协作的层面比表面看来要复杂得多。

自私的基因

20世纪60年代中期,生物学界发生了一场革命,引领这场革命的主要有两个人:乔治·威廉斯(George Williams)和威廉·汉密尔顿(William Hamilton)。这场革命经过理查德·道金斯贴上"自私的基因"这个标签后变得广为人知,其核心理念是:单个个体不会持之以恒地为团体、家庭甚至自身利益而无私奉献。他们只会持之以恒地去做对自身基因有利的事情,因为他们无一例外都是遵循此道者的后代。你的祖先没有一人守贞至终老。

威廉斯和汉密尔顿两人都是博物学家,独来独往。威廉斯这个美国人一开始从事海洋生物学研究,而汉密尔顿这个英国人开始研究的是群居昆虫。20世纪50年代末到60年代初,两人先后提出从整体上理解进化论、从细节上理解社会行为的崭新方法,从而一鸣惊人,开风气之先。威廉斯一开始认为衰老和死亡对机体而言是件极其违背其本愿的事情,但如果说基因在繁殖之后将淘汰自身的程序注入机体,上述现象就可以解释得通。他由此得出结论,动物(植物)并不是为它们的种族或为它们自身默默奉献,而是为了它们的基因。

基因利益通常与个体利益相一致——但也有例外,鲑鱼会因奋力产卵而死,蜜蜂蜇了其他生物后自己也会丧生。基因的利益常要求一个生物为了后代的好处而甘于奉献——但也不全是这样,鸟儿在食物短缺时宁愿舍弃自己的幼雏,母猩猩会毫不留情地给嗷嗷待哺的小猩猩断奶。有时候这意味着为了其他亲属的利益而甘愿出力,例如蚂蚁和狼会帮助它们的姐妹繁殖。偶尔,基因的利益意味着为了更大的集体做出奉献,如麝香牛为了保护小牛崽而并肩站立以抵御狼群。有时候基因的利益意味着让其他生物做出对其自身不利的事情，如感冒病毒让你咳嗽，沙门氏菌让你腹泻。但始终无一例外的是，生物甘心所做的一切事情，都是为了增加自身基因的存活率或基因复制的成功率。威廉斯以他特有的直率指出了这一点："通常情况下，当一个现代生物学家看到一个动物为其他动物做贡献时，他就会猜测要么它是受到控制不得不为，要么它就是非常狡猾地假公济私。"[11]

这种想法有两个来源。首先，它来自理论。鉴于基因是自然选择的复制品，那些能够主动强化自身生存概率的基因必定会不惜牺牲没有这种能力的基因来发展壮大自身，这是基于算法得来的、不可避免的必然结果。实际上它也不过是基因复制这一现实带来的简单后果。其次，这种创见来自观察和实验。各种透过个体或者族类的镜头看起来显得扑朔迷离的行为，一旦透过聚焦于基因的镜头来看，瞬间就变得豁然开朗。尤其是，正如汉密尔顿得意扬扬地展示的那样，那些群居性的昆虫，通过帮助自己的姐妹繁殖，反而在后代族群中留下了比起自己努力繁殖更多的自身基因的复制品。因此，从基因的角度来看，工蚁那种惊人的奉献其实完全是赤裸裸的自私行为。而蚂蚁王国里那种无私的合作也不过是个幻象：为了让自己的基因能够永远延续下去，每一只工蚁都在努力拼搏，通过自己的兄弟姐妹，也就是蚁后的皇族后代，而不用通过自己的后代来延续基因，但工蚁这样做，其基因方面的自私和人类挤开自己的对手以爬上公司的更高位置并无二致。正如克鲁泡特金所言，蚂蚁和白蚁作为个体可能已经"放弃所有个体针对所有个体的战争"，而它们的基因却并没有放弃。[12]

这一生物学革命给那些接近它的人带来的心理冲击真是无以复加。正如哥白尼和达尔文一样，威廉斯和汉密尔顿给了妄自尊大的人类一记重击，让他们羞愧难当。人类不仅只是动物的一种，而且也是"自私基因委员会"用完即扔的玩物和工具。汉密尔顿回想起那一刻，当他突然想到他的身体和基因组更像是一个社会而不是一台机器时所感到的震撼，"我突然意识到，基因组并不是庞大的数据库加上管理团队的结合，它只致力于一个目标，就是让人存活下去并生儿育女，以前我一直都是这样认为。现在我才知道事实并非如此，相反，它更像公司的董事会议室，是自私自利者和小集团之间争权夺利的舞台……而我不过是这脆弱的联合体派驻海外的代表，那四分五裂的帝国里焦虑不安的主人纷纷对我发号施令，而我只能被动接受这些相互矛盾的指令"。[13]

理查德·道金斯，这位年轻的科学家突然冒出同样的想法，他也感到震惊不已："我们都是些生存机器——一些机器人载体，盲目受程序驱动来保存被称作基因的自私的分子。这个事实至今还让我心里充满惊讶。尽管我知道它已经很多年了，但我好像从来就没有完全适应它。"[14]

事实上，对汉密尔顿的一个读者来说，自私的基因这一想法给他带来了悲剧性的影响。乔治·普赖斯（George Price）自学遗传学，就是为了反驳汉密尔顿那可怕的结论，即利他主义不过是基因的自私行为，但结果他却证明这个结论完全正确，不容置疑——实际上，他甚至改进了其中的代数部分，对进一步完善这一理论做出了重要的贡献。这两个人开始合作研究，但越来越多的迹象表明，普赖斯的情绪变得极不稳定，他转向宗教寻求安慰，最终将自己的所有财产都捐给了穷人，在伦敦一间空旷而又寒冷的房子里结束了自己的生命，他留下来的不多的遗物里，还有汉密尔顿写给他的几封信。[15]

人们更常见的反应则是希望威廉斯和汉密尔顿离开这一领域。"自私的基因"这样的词听起来就足够像霍布斯式的战争,让大部分社会科学家对自私的基因这场革命避之唯恐不及,而促使更多传统的进化论生物学家,如斯蒂芬·杰·古尔德、理查德·路翁亭(Richard Lewontin)等充当起永远的卫道士,与这一理论相抗衡。和克鲁泡特金一样,他们一想到威廉斯、汉密尔顿及他们的同事设法将所有的无私都归结为根本的自私(实际上这不过是个误解,我们后面将会看到),就不由自主地感到厌恶。他们认为,这种做法用一句恩格斯的话来说就是将大自然的丰富多彩通通都淹没在自私的冰水当中。[16]

自私的胚胎

但是,自私的基因这场革命绝不是冷酷无情的霍布斯式的命令,让人们休管他人瓦上霜,事实上它正好相反。它终究还是会给利他主义腾出空间。达尔文和赫胥黎像古典经济学家那样,势必认为人们的行为都是出于自私的目的,而威廉斯和汉密尔顿则通过展现一个更为强大的行为驱动力来给大家找到出路,这个驱动力就是基因利益(genetic interest)。有时候自私的基因会利用无私的个体来实现它们的目标。因此,个体的利他主义行为突然间变得可以理解。赫胥黎只考虑到个体,因此只关注个体之间的生存竞争,从而忽视了个体之间并不相互争斗的无数方式,克鲁泡特金已经指出这点。赫胥黎要是知道从基因的角度考虑,那么他可能就不会像霍布斯那样得出关于个体的结论了。我们后面会看到,生物学缓和了经济学中的教训,而不是强化了它们。

这种基因的视角呼应了关于动机的古老争论。如果一位母亲只因为她的基因私利而对自己的子女无私奉献，作为个体而言，她仍然是在展现无私的行为。如果我们知道一只蚂蚁只是因为它的基因以自我为中心而专为他者做贡献，我们还是不能否认这只蚂蚁本身在展现利他行为。如果我们能承认个体之间彼此友好相处，那么引发这种美德的基因的动机何必还要去理会。从现实层面来看，一个人如果只是为了享受荣耀，而不是因为想做好事而去救落水的同伴，这又有什么关系呢？同样，如果他是迫于自身基因的命令这样做，而不是自觉自愿地选择这样做呢？这些根本不重要，只有他实际做的事情最重要。

有些哲学家说，根本就不存在动物的利他主义，因为利他主义必然牵涉慷慨的动机，而非慷慨的行为。即使圣·奥古斯丁也纠结于这个问题。他说，给穷人救济，必须是出于对上帝的爱这一动机做出的行为，而不是出于虚荣。同样的问题让亚当·斯密和他的老师弗兰西斯·哈奇森（Francis Hutcheson）产生分歧。哈奇森认为由于虚荣或自私而做的慈善不叫慈善。斯密认为这太过于极端。一个人即使是出于虚荣的目的，他还是可能会做一件善事。声援康德观点的经济学家阿玛蒂亚·森（Amartya Sen）写道：

> 如果知道他人遭受折磨让你感到难过，那么这就是同情心……人们可能会说基于同情心做出的行为在很大程度上是以自我为中心的，因为一个人看到他人快乐自己也觉得快乐，看到别人痛苦自己也觉得痛苦，这样，同情的行为就可以帮助人们追求自身的有用价值。[17]

换句话说，你越是真切地感受到人们的痛苦，你为减轻那份痛苦所做的努力就让你显得越自私。只有出于冰冷而又无动于衷的信念做好事的人才称得上是真正的利他主义者。

但是对于社会而言，真正起作用的是人们会不会彼此友好相处，而不是他们出于什么动机。如果我举办一个慈善筹款活动，我决不会因为有些公司或名人更多是为了出名曝光而不是出于对慈善事业的热爱而把支票退还给他们。同样，汉密尔顿发展出那套亲缘选择（kin selection）的理论时，他从来没有因为工蚁一直不育而将工蚁的行为解读为自私自利而非无私奉献。他只是将工蚁无私的行为解读为自私的基因所带来的结果。

例如，我们也可以考虑一下遗产继承这个问题。全世界范围内人们不断赚钱的动力之一就是将财产留给儿孙。这种人类的本能从来也没有灭绝过：除了极少数例外情况以外，人们总是设法将大部分财产传给下一代，而不是自己全部花光，捐给慈善机构或只是撒手而去，让陌生人来瓜分他的财产。然而古典经济学却无法解释这样一个慷慨的动机，尽管它看起来这样明显。经济学家只有接受这一事实并猜测它的原因，但他们无法合理解释这个现象，因为这样做对个体而言毫无益处。而从人类基因论的观点来看，这样令人惊讶的利他主义行为就是完全有道理的，因为金钱随着基因一起传承，即使人已不在，金钱也传到了下一代手里。

如果自私的基因将卢梭从霍布斯式生存斗争的魔掌中解救了出来，也决不能认为它对天使而言是态度友善的。因为它同时预言普遍性的慈善只是乌托邦式的空想，完全不可能实现，自私的真菌随时会给任何一个和谐的整体来一记当头棒喝。它会让我们怀疑自私是无休止的叛变产生的根源。正像霍布斯说大自然的状态并不是一派祥和的，汉密尔顿和罗伯特·特里弗斯这两个倡导自私基因的逻辑的先驱也说，父母和子女之间的关系，或者丈夫和妻子间的关系，抑或社交伙伴之间的关系，并不是一种互相满足的关系，而是一种相互斗争并从中获利的关系。

就拿腹中的胎儿来说吧。再没什么能比怀孕的母亲与她肚子里的胎儿之间的利益纠葛更为常见的了。母亲希望胎儿能顺利发育，因为它能将自己的基因携带给下一代，胎儿希望母亲平安健康，因为不这样的话它将难以存活。他们都在依靠母亲的肺进行呼吸，都在依靠母亲的心脏不停跳动得以维生。两者间的关系完全和谐一致；怀孕是一场母子合作的努力。

或者这只是生物学家曾经的想法。在罗伯特·特里弗斯注意到分娩后母亲和婴儿在日常生活中（或者在诸如断奶时间节点这类的事情中）存在多少矛盾以后，大卫·海格（David Haig）将这种思考又带回到子宫当中。他说，我们可以考虑一下母亲和胎儿相互间并不一致的那些方式。母亲希望自己能活下去，再要一个孩子，而胎儿则想要母亲把绝大部分的精力都放在自己身上。母亲只分享给胎儿一半的基因，胎儿的基因也只有一半来自母亲；如果他俩当中必须得牺牲一个另一个才能活下去，那么母亲和胎儿都想成为幸存者。[18]

1993年底的时候海格发表了令人震惊的证据，推翻了传统的柔情蜜意的观点。他发现，在各个方面，胎儿和供养它的胎盘之间相互作用的方式都更像微妙的体内寄生物，而不像是（母亲的）朋友，它们总是设法将自己的各种利益置于母亲的利益之上。胎儿的细胞入侵血管，将母亲的供血系统导向胎盘；它们嵌入胎盘壁中，将里面的肌肉细胞杀死，这样就可以将母亲对那部分血管的控制能力消除；经常让怀孕过程变得错综复杂的高血压和先兆子痫大部分都是由胎儿引起的，胎儿力图利用荷尔蒙来改变母亲的血液流向，减少血液流向其他器官以专门供应自己。

同样的争夺战还发生在血糖供应上。在怀孕的最后三个月，母亲的血糖量相对比较稳定，但是她每天分泌的胰岛素会越来越多——胰岛素是一种荷尔蒙，通常用来抑制血糖水平。这种矛盾现象产生的原因其实很简单：胎盘在胎儿的控制下，向母亲的血液中注入越来越多的一种叫作胎盘催乳素（HPL）的荷尔蒙，它直接阻断了胰岛素产生的效果。在正常怀孕妊娠周期内，相对而言，孕妇体内会分泌大量的胰岛素，尽管在少数几个例子中，即使一点胎盘催乳素也没产生，母亲和胎儿也都没受到什么实质性的影响。所以母亲也好，胎盘也好，两者都在大量生产越来越多作用相反的荷尔蒙，因此二者的作用相互抵消，那么到底发生了什么呢？

在海格看来，这是一场拉锯战，一方是贪婪的胎盘，极力要在母亲的血液里增加血糖含量以满足自己的需求；另一方是节约的母亲，设法确保胎盘不要将她那宝贵的血糖摄入过多。对有些女性而言，这场短暂而又胶着的战争带来的结果是引发了妊娠期糖尿病——胎盘在这场战争中全面赢得了胜利。此外，胎盘产生的胎盘催乳素这种荷尔蒙由一种胎儿单独从父亲那里遗传的基因所控制，好像胎盘是父亲派出的寄生物，寄生在母亲的体内。现在子宫里的和谐还有可能吗？

海格的重点并不是设法说明所有的怀孕都是一场敌我双方艰苦卓绝的拉锯战；母亲和胎儿在育儿方面基本上还是齐心合力的。作为一个个体，母亲含辛茹苦抚养并保护婴儿，她的无私行为还是令人惊讶。但是，母亲和孩子之间不但有共同的基因利益，同时还有各自的基因野心。母亲的基因的所作所为，不论是对胎盘呵护有加，还是与之锱铢必较，好像都是完全受私利的驱使，只是她的无私行为掩盖了这一事实。即使是在子宫这样一个充满爱和互助的圣堂，我们还是发现了自私的冷酷主张。[19]

蜂巢里的叛变

在自然界任何其他的合作形态中，我们都能发现这种合作过程中出现的类似的冲突模式。合作每个阶段都受到叛变的威胁，反叛的个人主义随时有可能毁掉集体合作的精神。

想一想从不交配的工蜂们。不像很多工蚁，工蜂并不是没能力繁殖后代，但它们几乎从来不去生育。为什么这样做呢？为什么工蜂辛苦抚养蜂后的其他女儿却从不反抗这种专制行为，不去生育自己的后代？这并不是个无聊的问题。在昆士兰州的一个蜂巢里，恰恰发生了一例这样的事件。有一小群工蜂开始自己产卵，产在与蜂巢其他部分隔开的一个小隔间里，并安装了滤网，体格庞大的蜂后无法通过，所以被挡在外面。这些卵孵化出一些雄蜂，这一点也不奇怪，因为这些工蜂没有经过交配，在蚂蚁、蜜蜂或黄蜂中，没有经过雄性授精的卵孵出的自动就是雄性——在这些昆虫当中，这就是性别决定论的简单机制。

如果你问一只蜜蜂中的工蜂，"你愿意让谁来当蜂巢里那些雄蜂的妈妈呢？"它的答案会先是它自己，其次是蜂后，然后才是另一只随机挑选的工蜂——这就是它给出的顺序，因为这是按照与它关系的亲疏远近排列的。原因在于一只蜂后会和14～20只雄蜂交配，然后将它们的精子完全混在一起。因此，大多数的工蜂相互之间其实是同母异父的姐妹，而非同父同母。一只工蜂和自己的亲生雄蜂共享一半基因，和蜂后的亲生雄蜂共享1/4的基因，和大多数其他工蜂（即那些和它们是同母异父的姐妹）所生养的雄蜂共享不到1/4的基因。因此，任何一只自己产卵的工蜂，比起不这样做的工蜂来，对繁衍后代都做出了更大的贡献。这样推下去，经过几代以后，会生育的工蜂就会统治蜜蜂世界。那到底是什么阻止了这件事的发生呢？

每一只工蜂都喜欢自己繁殖的后代，而非蜂后繁殖的后代；但同样每一只工蜂又觉得蜂后繁殖的后代要比任何一只其他工蜂繁殖的后代好。所以工蜂亲自监督的这个系统无意中服务于更大的利益。它们仔细巡查，不让彼此在蜂后的领地里产卵；它们直接将其他工蜂繁殖的后代全部杀死。任何一只没有标记蜂后那种特殊信息素的卵都会被工蜂吃掉。在那个例外的澳大利亚蜂巢里，科学家得出结论说，有一只雄蜂向蜂巢里的一些工蜂传递了一种基因能力，可以逃避其中的监督机制，产下卵来而不被其他工蜂吃掉。有一种多数主义，相当于蜜蜂群里的议会，通常会阻止工蜂产卵繁衍。

蚁后用不同的办法来解决这个问题：它们生育的是生理上不会繁殖的工蚁。这些工蚁没有生育能力，也就不会反抗，所以蚁后根本不用和很多雄蚁交配。所有的工蚁都是同父同母的姐妹，它们倒也希望有自己的后代，好过蚁后繁殖的后代，可是它们无法生育出来。

另一个例外也证实了这一规律，那就是大黄蜂，或称胡蜂。"给我捕杀一只红屁股的大黄蜂吧，它就停在蓟花的枝头。"《仲夏夜之梦》里的博特姆对考布维博说道。"嗯，好心的先生，再帮我把蜜囊拿来吧。"博特姆的例子后面跟着的并不是一种商业主张，大黄蜂并不能生产足够的蜂蜜来满足养蜂人的需求。伊丽莎白年代的孩子们都知道当他们洗劫一个大黄蜂的蜂巢时只能找到一小块管状的蜂蜜，这是专门在下雨天供蜂后享用的，但是谁也不会养一蜂巢的大黄蜂。为什么不呢？它们和蜜蜂一样也辛勤劳作。答案其实很简单。一个大黄蜂的蜂巢从来不会太大。里面至多只会有四百只工蜂和雄蜂，绝不像蜜蜂的蜂巢动辄有几千只蜜蜂。到了季末的时候，蜂后散开去自个儿冬眠，直到第二年春天开始新的生活，而没有工蜂会和她们一起去。

大黄蜂和蜜蜂之间的差异有一个原因可以解释，这个原因是个令人好奇的新发现。大黄蜂的蜂后都是单配的，每只蜂后只和一只固定的雄蜂交配。而蜜蜂的蜂后却是一雌配多雄，和很多只雄蜂交配。结果带来的是一种奇怪的遗传算法。前面说过，各种蜂类的雄蜂都是由未受精的卵长成的，因此所有的雄蜂都是由其母亲基因的一半克隆而来。相反，工蜂有父有母，而且所有的工蜂都是雌性。大黄蜂的工蜂和它们姐妹工蜂的后代之间的联系（确切地说是 37.5%），比和它们母亲的儿子之间的联系（25%）要更加紧密。因此，当蜂巢开始生产雄蜂的时候，工蜂并不是像蜜蜂那样和蜂后联手合作与它们的雌性同类为敌，而是和它们的雌性同类相互联手共同反对它们的蜂后。它们养育工蜂的雄性后代，而不是蜂后的雄性后代。正是蜂后和工蜂之间的这种抵牾才能解释大黄蜂那相对较小的蜂巢，并且蜂群在每季结束的时候就解散。[20]

蜂巢内集体主义的和谐生活只有通过镇压单个蜂类的自私反叛行为才能实现。同样的道理也适用于身体、细胞、染色体和基因的集体和谐。在黏菌内部，变形虫联盟聚集到一起来建立一支茎，然后从茎中释放孢子，这里也就产生了典型的利益冲突。和那些释放出去的孢子命运不同，有超过 1/3 的变形虫不得不去组成那支茎，然后就此死去。所以，不想成为茎的变形虫就会不惜牺牲那些更具集体精神的同伴而让自己成长壮大，这样留下更多它那自私的基因遗传给后代。那么这个联盟又怎么能够说服变形虫担负起组成茎的职责并甘心赴死呢？通常集合到一起组成茎的变形虫都来自不同的无性繁殖群落，所以，裙带关系并不是唯一的解答。自私的无性繁殖群落可能还是会占优势。

这个问题对经济学家来说其实再熟悉不过。就像一条公路那样，茎是公共产品，通过税收加以提供。而孢子相当于私人盈利，可以通过使用这条公路而获得。不同的无性繁殖群体就像是各个不同的公司，它们决定使用这条公路需要支付多少的税金。"净收入均衡法则"（law of equalization of net incomes）告诉我们，只要知道有多少无性繁殖群落要为组成这支茎做贡献，每个无性繁殖群落就会得出同样的结果，算出大约多少比例要分配给孢子（净收入）。其余部分就必须要牺牲掉去做支茎（税收）。在这场游戏中作弊是被禁止的，尽管到底是如何禁止的现在我们还不太清楚。[21]

人类当中也总是存在自私的个体和更大的公共利益之间的矛盾。实际上，这种矛盾几乎无处不在，所以建立在这一矛盾基础上的一整套政治科学理论才得以出现。公共选择理论（public choice theory）是詹姆斯·布坎南（James Buchanan）和戈登·塔洛克（Gordon Tullock）在 20 世纪 60 年代提出来的，该理论认为政治家和官员并不能排除私利。尽管他们负有追求公共职责而非个人发展和报酬的职责，但他们还是不可避免地总是追求自身和所属机构的最大利益，而不是为付钱给他们的客户或纳税人说话。他们利用了诱导的利他主义：先实施合作然后又开始背叛。这看起来好像有点嘲讽的味道，但是与其相对的观点，即官员都是为公共利益做出无私奉献的公仆（布坎南所称的"经济太监"），才显得有点太过天真。

恰如诺斯科特·帕金森（Northcote Parkinson）在界定著名的"帕金森定律"（对上述同一理论的生动预言）时所说的那样："一个官员想要增加的是自己的下属，而不是自己的对手，所以当官的都会官官相卫。"帕金森运用耐人寻味的反讽口气，描述了1935～1954年英国殖民部的公务员在数量上增加了四倍这一现象，而这段时间需要他们去统治的殖民地的数量和大小却在急剧萎缩。"在帕金森定律还没有被发现之前，"他这样写道，"假设一下帝国版图发生的这些变化将会在其中央行政人员的数量上得以体现，也许还不失为合理的想法。"

肝脏的反叛

古罗马的庶民和贵族这两个阶层间的区别泾渭分明。伴随着对塔尔昆⊖的放逐，罗马废除了君主专制而成为共和制国家。但很快罗马贵族阶层开始垄断政治权力、宗教事务和法律特权。庶民不管有多富裕，也不准成为元老院议员或者神职人员，他们也无权起诉一个贵族。只有加入罗马军队，为罗马的荣耀而战这扇大门才向他们敞开，而这是不是一项特权尚值得怀疑。公元前494年，庶民阶层受够了这种不公待遇，他们开始积极行动，拒绝再去打仗。临时匆匆就职的独裁官伽列里乌斯向他们允诺，免除他们的债务，所以他们又回到战场，很快打败了埃奎人（Aequi）、萨宾人（Sabine）和沃尔西人（Volsci），班师回到罗马。但是，忘恩负义的元老院立刻推翻伽列里乌斯的诺言，于是盛怒的庶民阶层秩序井然地在城外的圣山（Mons Sacer）安营扎寨，形势变得一触即发。元老院派了一个有大智慧的人——梅奈纽斯·阿格里帕（Menenius Agrippa）前去对他们晓之以理，他告诉这些人一个寓言故事：

⊖ 公园前6世纪，罗马国王塔尔昆以暴君的身份统治，他的行为激怒了罗马人，他们联合起来把塔尔昆赶出了罗马。

从前，身体的各个成员开始纷纷抱怨，因为它们累死累活，而肚子却在那里无所事事，不劳而获地享受它们的劳动成果。所以手啊，嘴啊，牙齿啊，它们一致同意，要好好饿一饿肚子，好让它投降就范。可是它们越是加倍地饿肚子，自己就变得越发虚弱不堪。所以道理很明显，肚子也有它的工作要做，那就是将接收到的食物好好消化后重新分配，以滋养身体的其他成员。

用这个寓言替那些腐败的政客委婉地表达道歉，阿格里帕平息了这场叛乱。换来的是从庶民中选举两位护民官（tribune），他们有权在惩罚庶民时投票参加表决，庶民因此解散军队，罗马的秩序又恢复了。

你的身体成为一个整体，全因为有精妙的机制可用来镇压反叛。我们可以通过一个女性体内的肝脏这个器官的视角来考虑这一问题。肝脏辛辛苦苦工作70年，默默为血液解毒，一般还会调节体内的化学成分，而不求任何回报。到最后，它只是默默坏死，腐烂，完全被忘却。而就在它的隔壁只有几英寸远的位置，卵巢安静而又耐心地坐在那里，除了释放一点没什么必要的荷尔蒙，对身体简直毫无贡献可言。它只凭产生出一个卵子，将其基因遗传给下一代，就在这不朽盛业上抢先拔得头筹。卵巢简直就像是肝脏的寄生物。

借助从汉密尔顿的亲缘选择理论中得到的裙带关系来解释，我们可以说肝脏不应该那样"介意"卵巢的寄生，因为从遗传学的角度来说，肝脏是卵巢的一个克隆品。只要同样的基因通过卵巢得以存活下去，那么肝脏中的基因消亡掉也没有什么大不了。这就是卵巢和肝脏寄生物之间存在的区别：卵巢和肝脏分享同样的基因。但是假设有一天一个变异的细胞出现在肝脏里，它拥有特殊的能力，能将自己输送到血液中，然后流到卵巢里，用自身细小的复制细胞替换掉卵巢中的卵子。这样一个反叛细胞将会不顾正常肝脏的死活而迅速成长，并且会逐渐扩散开来。遗传了几代以后我们就全都从妈妈的肝脏里生出来，而不是从她（原来）的卵巢里出生。这个变异的肝脏细胞并没有遭到裙带关系逻辑的阻止，因为当它刚出现的时候，它的基因并没有与卵巢共享。

这个例子只是构想出来的，并非来自医学实践，但是它比你想象的要更加接近事实。这也是对癌症的一个大致描述。癌症就是指细胞丧失了停止复制这项能力。细胞无休无止地复制自己，不惜牺牲正常细胞来获得自身的快速滋长，所以癌症肿瘤，尤其那些外表看来足以扩展到全身（即扩散到身体其他部位）的肿瘤最终注定要侵占人的整个身体。为了阻止癌细胞扩散，人体必须说服上千亿的细胞每个都要服从命令，在生长或者修复过程完成后就不要再复制自己。这一点说来容易做来难，因为在上万亿年的代代相传的过程中，这些细胞从没有做过的一件事就是停止分裂——如果它们停止分裂的话，也就称不上是遗传细胞了。你的肝脏细胞并不是来源于你母亲的肝脏，而是来源于她卵巢中的卵子。让它停止复制并且变成一个好的肝脏细胞的这个命令，在它们20亿年几近不朽的生存中还从没有听到过（在女人一生中，她的卵细胞不会停止复制，只会在复制中暂停，受精之后又开始复制）。但是它们必须第一时间服从，否则的话身体就会被癌细胞完全侵蚀。

幸运的是，有一系列的手段确保这些细胞能够服从命令，如果癌症要爆发，它必须得突破一整套的安全制动和故障保险措施，让这些手段都失去效用。只有在生命走到尽头，或者受到极端辐射或化学损伤的侵害后，这些机制才开始失去作用（一半也是有意为之：对每一个物种来说，癌症会在不同的年龄段开始侵袭）。但是，最危险的一些癌症都是通过病毒进行传播的，这也并非出于偶然。肿瘤的叛逆的细胞找到扩散的其他途径，它们不是通过占据卵巢，而是通过进入一种病毒囊中之后再自由扩散。[25]

寄生虫的世界

这种逻辑不仅适用于解释癌症。老年期的很多功能失调在这种逻辑下也都变得明朗起来。在你的人生即将油尽灯枯之时，必然会有生存能力比较强的细胞系适应选择继续生存，这自然也包含那些牺牲整个身体以保证自身存活的生存能力极强的细胞系。这并不是什么邪恶的设计，而只是不得已而为之。布鲁斯·查尔顿（Bruce Charlton）生造了"内源寄生现象"（endogenous parasitism）这个术语来称呼这一过程。他说："这个有机体可以被概念化为一个实体，从它形成的那一刻起就逐渐开始自毁的过程。"所以衰老不需要加以解释，老当益壮才需加以解释。[26]

在一个发育的胚胎里，自私的细胞与较大的利益之间的矛盾才构成更大的危险。随着胚胎日渐成长，任何让自己的细胞取代生殖细胞，也就是会繁殖的细胞而发生的基因突变，都注定会不惜牺牲任何其他突变体以获得自己的扩散。所以，胚胎的成长必定是各种自私的细胞组织间的一场争夺战，最终胜利的组织会变成生殖腺。但事实为什么不是这样呢？

根据有一种解释，其答案就在于一个胚胎生命所具备的两种奇怪的特征：母亲基因的预定和生殖细胞系的隔离。在胚胎生命开始的那几天，受精卵从基因上被隔离起来。它的基因不允许再被转录，这种静默是由母亲的基因控制的，它们通过分配自身的基因产物而在胚胎上施加了一种模式。等到胚胎自己的基因从禁闭中释放出来时，它们的命运很大程度上已经被决定了。不久以后，拿人类来说，受精后只需 56 天的时间，生殖细胞系就已发育完成并成功分离，会成为成年人的卵子或精子的那些细胞已经从胚胎的其余细胞中分离出来。在那里它们不受所有基因突变、突发伤害和脑电波的影响，而身体的所有其他细胞则概莫能外。在孕期超过 56 天后，发生在你身上的任何事都不会直接影响到你后代的基因，除非这些事影响到你的睾丸或卵巢。任何其他的细胞组织都被剥夺了成为细胞原型的机会，而剥夺一个细胞组织成为细胞原型的机会也就是剥夺了它通过牺牲其对手的利益以获得进化的机会。因此身体细胞的雄心不得不服从更大利益的意志。基因突变遭遇大范围的挫败。正如一个生物学家所说："胚胎成长过程中那其乐融融的和谐反映的不是各个独立、合作机构间的共同利益，而是一台精心设计的机器中强制的协调结果。"27

母亲的基因预定和生殖细胞系的隔离只有在试图压制细胞那自私的突变时才有意义。它们只会在动物身上发生，植物和菌类中都不会出现这样的现象。植物通过其他方式来压制基因突变——它们保留任何一个细胞变成生殖细胞的能力，却利用它们僵硬的细胞壁来阻止任何细胞在体内活动。植物身上不可能发生系统性的癌症。而菌类的方法又有所不同：它们根本就没有细胞，基因必须凭运气来获得繁殖的权利。28

自私的颠覆也威胁着下一个俄罗斯套娃式的内部的聚合。正如你的身体好不容易战胜细胞的自私才换得一团和谐一样，细胞本身也是同样微妙的妥协。你身体的每一个细胞内都有 46 个染色体，各有 23 个染色体分别来自你的父母。这就构成你的"基因组"，即染色体组，它们全都极其和谐地一起工作，支配细胞的运作。

但是，有百分之二三的人会不知不觉地被一种奇怪类型的寄生物感染，如果你是这些人中的一个，那么你对染色体可能就会有狭隘的偏见。这种寄生物叫作 B 型染色体，外表上和普通染色体没什么两样，如果有不同，也只是比寻常染色体稍小一点。但是它们并不会成对活动，它们对细胞的运作几乎不起任何作用，并且普遍拒绝和其他染色体交换基因。它们只是在染色体流动中随波逐流。因为需要化学资源的惯常补充，它们一般都会减缓寄居其中的生物的生长速度，或者是降低它们的生育能力并威胁到它们的健康。到目前为止人体内的这种寄生物还几乎没有被研究过，但至少在一种情况下已经确知它们会延缓女性的生育。而在很多其他动物和植物中，它们数量更多，造成损害的效果也会更加明显。

那么，它们究竟为什么会在那儿呢？为了回答这个问题，生物学家也是绞尽脑汁。有些人说它们的存在是为了促进基因之间的差异性。另一些人说它们的存在是为了压制基因之间的差异性。这两种说法都不可信。事实是，B 型染色体是寄生物。它们茁壮成长并非因为它们有益于自己所寄生的细胞，而是因为这对自身非常有利。它们特别狡猾，经常聚集在生殖细胞中，而即使这时它们也不会听天由命。当细胞分裂形成卵子时，细胞会随机抛弃一半的基因（这些基因会被来自受精精子的基因取代），将它们储存到所谓的细胞极体当中。而狡猾又神秘的 B 型染色体却几乎从来不会被储存进细胞极体。所以尽管比起没有携带 B 型染色体的动物和植物来，携带 B 型染色体的动物和植物存活和繁殖的机会不大，B 型染色体却比其他基因更有可能出现在它们的后代身上。B 型染色体是染色体中的叛变者：它们是颠覆基因组内部和谐的自私者。[30]

每个染色体内部也有反叛。在你母亲的卵巢里，一个叫作"成熟分裂"（meiosis）的高雅卡牌游戏会上演，然后形成卵子，这卵子就是半个你。庄家先洗牌，然后切一下她的自身基因这副牌，把一半的牌扔掉，另一半留下来变成半个你。每个基因都在这场卡牌游戏中赌一个机会，它有一半对一半的概率会变成卵子。那些赌输的基因十分优雅地接受它们灭亡的命运，并祝愿那些更幸运的伙伴在通向永恒的路上能一路顺风。

但是，如果你是老鼠或者果蝇，那么你有可能遗传一个叫作"分离变向因子"（segregation distorter）的基因，它只会在这场卡牌游戏中作弊。它有一种方法，不管牌怎样切，都能保证自己进入卵子或精子。分离变向因子，就像B型染色体一样，对老鼠或者果蝇的更大利益不起任何作用。它们只为自身服务。因为它们特别擅长于扩散，哪怕对自己寄生的宿主产生危害，它们也要继续成长。它们是现行秩序的叛变者。它们暴露了掩盖在基因表面和谐下的紧张态势。

更大的利益

但是这些现象毕竟还是少数。是什么阻止了基因的反叛呢？为什么分离变向因子、B型染色体和癌细胞不奋发图强在竞争中赢得胜利呢？为什么和谐一直能够压制住自私而成为主流呢？因为有机体也好，聚合物也好，都坚持它的更大利益。但到底什么是有机体？根本就没有这样的东西。只不过是各个自私部分构成的总和而已；一群选择自私的个体自然不会变得一心为公。

要解决这个矛盾，我们就得回到蜂巢那里。每只工蜂都有生育雄蜂的私心；但每只工蜂同样又有不让别的工蜂生育雄蜂的私心。对每只雄蜂生育者来说，都有成千上万只怀有私利的蜜蜂防止它生育出雄蜂来。所以一个蜂巢绝不会像莎士比亚想象的那样会变成一个专制王国，自上而下实行垂直统治。它是个民主政体，其中多数个体的愿望会压制住单个个体的自私而得到实现。

同样的道理也适用于癌细胞、无法无天的胚胎组织、分离变向因子和B型染色体。一些基因在镇压其他自私基因中形成的基因突变，很可能会像自私的基因突变体那样迅速成长。有太多的地方可以让这些基因突变发生：对于一个地方爆发的每个自私基因的突变，都有可能让千万个其他基因得以茁壮成长，前提是这些基因偶然发现可以抵制上述自私基因突变体的那些机制的话。恰如埃格伯特·雷（Egbert Leigh）所说："我们好像不得不和一个基因议会打交道，每个基因都为自身的利益而奋斗，但是如果它的行为伤害到其他基因，后者就会联手对其加以镇压。"[31] 就分离变向因子而言，是通过将基因组分配到很多染色体中，以及在每个染色体内部进行"基因交换"而防止自私行为发生的，这种交换就是将基因前后互换，达到将一个分离变向因子同防止其自毁的安全机制分隔开来的效果。这些方法也并不是万无一失。恰如工蜂能逃脱蜂巢的议会监督，分离变向因子也会逃脱大部分基因议会成员的监管。但通常情况下，恰如克鲁泡特金所希望的那样，多数人的利益永远处于上风。

第 2 章

劳动分工
证明自给自足的能力受到了高估

想想看，无数有机体四处走动，每个有机体都痴迷于一个简单的道理，所有这些道理都大同小异，它们在逻辑上都互不相容："我的基因物质是地球上最重要的物质，只要它能生存下去，哪怕你遭遇挫折、痛苦甚至死亡都是值得的。"而你就是这些有机体中的一员，在这荒谬逻辑的支配下生活。

——罗伯特·赖特（Robert Wright），
《道德动物》，1994

比起大部分教派而言，哈特教派的信徒可谓锲而不舍并能如愿以偿。哈特教派 16 世纪发源于欧洲，他们在 19 世纪全体移民到了美洲，在整个北美地区建立了他们的农业公社。较高的人口出生率、普遍的社区繁荣和自给自足的生活，证明了他们特别出色的生存准则，即使在加拿大的边荒地区，其他农民根本无法垦荒播种，他们也一样可以繁衍生息。这个生存准则概括起来只有一句话，那就是集体主义。他们最主要的美德就是"泰然处之"，大意是不管上帝给什么，哪怕苦难和死亡，他们都心怀感激地接受，不惜牺牲所有的自由意志、所有的自私自利和所有对私人财产的关切。他们的教派领袖埃伦普赖斯（Ehrenpreis）1650 年时曾经说过，真爱意味着整个有机体的茁壮成长，这个有机体的所有成员都互相依存，相互服务。

简单说来，哈特派信徒就像蜜蜂那样，是由各个俯首听命的部分组成的较大整体。其实，他们很喜欢这个类比，并且随时随地加以利用。他们有意识地重建了同样类型的保障措施来对付集体内部自私的反叛，这种反叛是由基因、细胞和蜜蜂的各种聚合体从上百万年前进化而来。比如，如果一个哈特派组织壮大到必须要分裂的程度，那么它首先要为新的团体挑选住址，然后根据年龄、性别和技能将人员加以配对，直到一切完全准备妥当，到分家那天，人们开始抓阄决定哪些人去新的地方居住，哪些人留在原来的老地方。这种成熟分裂、洗牌分牌的过程，好比将幸运的基因挑出来进入卵子，而运气不好的基因则加以抛弃，再没有哪个类比能和这一过程同样确切了。[1]

所有这些措施都必不可少，包括表现出自私自利的哈特教徒要受到严厉惩处，这一事实证明了一个现实，那就是颠覆性的自私行为一直都是潜在的危险。同样，成熟分裂也证明了基因叛变无所不在的可能性。有些观察者指出，这一现象根本不能证明哈特教派是人类当中的蜜蜂一族，而是恰恰证明了相反的情况。在评论戴维·威尔逊（David Wilson）和埃利奥特·索伯（Eliot Sober）对哈特派教徒的分析时，李·克朗克（Lee Cronk）说道："哈特教派的例子真正证明的情况是，想让人们像哈特教徒那样行事非常、非常地困难，很多这样做的企图最终都归于失败。"

然而所有人都和哈特派教徒一样迷恋着一个忌讳，即对自私的忌讳。自私几乎就是邪恶的同义词。谋杀、偷窃、强奸和欺诈之所以被认为罪大恶极，因为它们都是自私且令人不齿的行为，都是以损害受害人的利益为代价而实现犯罪者的一己之私。与此相反，美德几乎从定义上来说就是为了实现集体的更广大利益。那些从其动机上来说并不是直接对他人有利的美德，如节俭和节欲等，是极为少见且难以界定的。而那些明显体现出美德并让我们都赞赏有加的事情——如合作精神、利他主义、慷慨、同情、善良和无私等——都清清楚楚地与他人的幸福有关。这并不是狭隘的西方传统，而是全体人类共有的倾向。只有像荣耀这样的东西，通常通过自私，有时是暴力行为来获得，才属于例外，而这种例外情况恰恰证明了规则的存在，因为像荣耀这样模棱两可的美德，很容易就演变成极度的虚荣心。

我想说的是，我们所有人从本质上来说都和哈特派教徒一样。不管是有意还是无意，我们都有追求更广大的集体利益的信念。我们都颂扬无私精神而谴责自私自利。而克鲁泡特金把这个道理弄反了。人类这种本质上的高尚行为并不是通过动物界中的同样行为加以证明的，而恰恰因为在动物界缺少令人可信的同样行为，所以才凸显了人性的高尚。对人类需要加以解释的东西并不是他们经常出现的恶行，而是他们偶尔为之的善行。乔治·威廉姆斯这样表述上述问题："最大程度的自私又怎么能产生这样一个有机体，能经常提倡并偶尔实施慈善行为，不仅针对陌生人行善，甚至对动物表达爱心？"[2] 人类对美德的迷恋对我们和真正的社会性动物而言是独一无二的。那我们是不是也属于一个聚合的种族呢？我们是否已开始失去自己的特性，变成被称为"社会"的这个包罗万象的进化物中的一个个部分？这是不是体现人类独特性的一种特征？如果是这样的话，我们在一个关键的方面显得与众不同：我们自己繁殖后代。

尽管我们没有将生育权交给一个女王，我们人类却确实和任何一只蚂蚁或蜜蜂一样极度依靠自己的同类。在我写这段文章的时候，我使用的这个软件并不是自己开发出来的，电脑我也根本造不了，电脑使用的电力是我永远无法发明的，我也根本不用担心自己的下一餐饭从何处来，因为我知道自己可以走到店里买东西吃。所以一句话，社会给我带来的好处就是劳动的分工。正是专业化的分工让人类社会的功用比起个体加起来的总和要大得多。

集体主义精神

如果一种动物将更大的集体利益置于个人利益之上，那是因为个体的命运与集体不可分割：个体与集体同呼吸，共命运。一只不育的蚂蚁要想获得不朽，最大的希望就是通过蚁后的繁殖来实现代理生育，恰如飞机乘客将最大生还希望寄托在飞行员身上，它们是一个道理。通过亲属来获取代理生殖的现象解释了细胞、珊瑚和蚂蚁种群怎样聚合成多数情况下和谐合作的队伍。恰如我们看到的那样，为了巩固单个细胞的无私奉献精神，胚胎阻止了它们的再生能力；为了增强工蚁的无私劳作精神，蚁后让它们全部失去生育能力。

动物的身体、珊瑚的无性繁殖系和蚁群都是大家庭。家庭里的利他主义并不是什么值得大惊小怪的事情，因为恰如我们所见，基因间的紧密联系是彼此合作的极好理由。但是人类能在家庭成员之外的层面上和其他人合作无间。哈特教派的成员并非来自同一家庭。渔猎社会的团队也不是由家庭成员组成。农耕居民的村庄同样也不是一个大家庭。此外，军队、运动队或宗教团体的成员都不属于同一个家庭。换句话说，除了19世纪西非王国里的流产企图可能算得上是个例外，还没有已知的人类社会试图将生育权限制给一对夫妻，或者给一个多妻的男人。所以无论人类社会是什么形态，它都不是一个大家庭。这就让它那慷慨大方的一面更加难以解释。确实，人类社会在生育权平等这方面显得与众不同。其他群居的哺乳动物，如狼、猴、猿等都将生育权限制给极少数的雄性，有时也限制给极少数的雌性，而人类则不管在哪里，人人都拥有生育权。理查德·亚历山大（Richard Alexander）写道："不管人类怎样实行劳动分工和专业化生产，但是所有的生育活动他们一定要亲力亲为，这一点他们几乎总是人人坚持。"亚历山大还强调，最和谐的社会恰是那些给自己创造平等的生育机会的社会，比如说，一夫一妻制的社会常常要比一夫多妻制的社会更有凝聚力，更具征服能力，这已得到证明。[3]

人类不仅拒绝将生育权让渡给别人，实际上他们为了实现社会的更大利益，往往设法压制偏袒亲属的行为。裙带关系毕竟是个不干净的词。任何一个社会，除非涉及特别私密的家族事务，任用自己的亲戚而不是社会其他成员总是腐败行为的显著标志。罗伯特·莱顿（Robert Layton）在20世纪70年代早期研究法国汝拉省一个村庄的村民时发现了大量的证据，证明他们对裙带关系的不信任。在局部的事务上，村民当然更偏爱自己的亲人，可一旦涉及社群的集体利益，这种任人唯亲的现象就遭到强烈压制。公社和农业合作社禁止父子或兄弟同时参加竞选。防止公共资源的管理权落入以亲属为单位组成的小集团手里，这被认为和每个人的利益密切攸关。在人类社会里，由亲属关系构成的小集团总是臭名昭著：黑手党就是个典型的例子。[4]

缺少裙带关系使得人类和群居昆虫间的类比显得不伦不类。人类绝对不会欢迎由别人来代替自己生育，而是不遗余力地设法避免这样的事情发生。但这并不会影响人类和染色体之间的类比，染色体在复制繁殖上甚至更强调平均主义。染色体这样做可能并不是出于利他主义，它们不会放弃自己复制繁殖的权利，但它们也不是自私自利的。它们也有"集体精神"（groupish）：为了维护整个基因组的完整而抑制单个基因的自私反叛行为。[5]

大头针制造商的比喻

我们有一点远远胜过蚂蚁，那就是劳动分工。蚂蚁之间确实也存在劳动分工——如工蚁和兵蚁各司其职，有的留守巢穴，有的外出觅食，有的负责筑造，有的专管卫生，等等。但是按照人类的标准，这只是非常低层次的劳动分工。在蚂蚁中，至多只有四种不同体力劳动类型的层级划分，但常常有40多种不同的任务等着它们去完成。虽然工蚁随着年龄的增长确实会更换工作职责，这样也增加了劳动分工的类型，而有些蚂蚁，比如牢蚁以团队的形式工作，这极大扩展了它们的技能。[6]

而在蜂巢当中，根本就没有永恒不变的劳动分工，只有蜂后和工蜂之间的劳动存在显著区别。莎士比亚在《亨利五世》当中创造的蜜蜂形象有大臣、建筑工、搬运工、做生意的蜜蜂，但这终究只是想象。只有工蜂，所有工蜂都是有活儿就干，无所谓分工协作。对一只蜜蜂而言，群落存在的优势就在于蜂群是个高效的信息处理工具，引导大家将力量往回报最大的地方使。这并不需要劳动分工。

相反，在人类社会，社会的众多优势正是在劳动分工上得以体现。因为从某种意义上来说，每个人都是专业人员——通常从很小的年龄就开始学习，一直到心智完全成熟，能够擅长自己选择的行业为止。这样所有分工不同的人一起努力就会带来极高成效，如果每个人都必须样样活都会干，其效果就会小很多。只有一种专门化劳动，蚂蚁欣然采纳而人类则避之唯恐不及：那就是生殖方面的分工协作，有的专门负责繁殖后代，有的则在一旁打下手。还没有一个人类社会当中会有人理所当然且热情高涨地甘心将生育权交给自己的亲人代理。老姑婆与和尚的数量并不多。

正是这种各种不同专业人员之间的分工协作,让人类社会得以运转不息,也正是这种分工将我们和其他群居动物区分开来。只有看看构成身体的细胞群落时,我们才可以找到一个各司其职的复杂结构,和人类社会差可匹敌。劳动分工是让一个躯体值得创造出来的条件。红细胞对肝细胞的价值与肝细胞对红细胞的价值一样大。它们之间的合作可以实现单个细胞永远也无法实现的更大价值。在整个身体系统当中,每个器官、每块肌肉、每颗牙齿、每条神经、每块骨头都发挥各自的作用。没有哪一个会大包大揽,这就是我们能取得黏菌无法取得的更多成就的原因所在。确实,在生命本身的形成初期,劳动分工是一个决定性的步骤。不仅单个基因在维持细胞功能方面分工合作,而且基因本身也已经独有所长,可以存储信息,实现同蛋白质之间的劳动分工,让蛋白质专门去执行化学和结构方面的任务。我们知道这也是劳动分工,因为核糖核酸(RNA),也就是构成基因的更为原始、更加稀缺的材料,本身就得什么都会,既要能储存信息,又要做化学催化剂。但在存储信息方面它比不上 DNA,在作为化学催化剂方面它也比不上蛋白质。[7]

亚当·斯密最先认识到劳动分工是让人类社会比其各个组成部分效率更高的原因。在他那本伟大著作《国富论》(*An Inquiry into the Nature and Causes of the Wealth of Nations*)的第一章里,他就用一个大头钉制造商的例子来说明了这一点。一个在制造大头钉方面没有受过专业训练的人可能一天只能生产 1 个大头钉,即使在熟能生巧之后一天大概也只能生产 20 个左右。但是通过在大头钉制造商和非制造商之间进行劳动分工,然后再进一步将大头钉制造的任务分配到不同的专业领域,我们极大增加了每个人能生产的大头钉的数量。斯密说,一个大头钉工厂里十个人每天就能够并且实际生产出48 000根大头钉。因此从这家工厂购买20个大头钉，只需花费1/240的工作日，而购买者至少要花上一整天来自己制造这些大头钉。

斯密说，这种优势的原因就在于劳动分工带来的三个主要结果。首先，通过专门从事大头钉生产，大头钉制造者经过不断练习提高了自己的劳动熟练程度。其次，他节省了大量时间，不用不停地从一种工作转换到另一种工作。再次，他去发明、购买或者使用专业化机器设备提高工作速度，可以给他带来巨大收益。斯密的著作写于工业革命的萌芽阶段，他在书里花几页篇幅颇有预见地描述了接下来的两百多年里，英国和全世界的物质财富都会大量增长的唯一原因。（他同时还认识到太多的专业分工所带来的疏离效果，他写道："人的生命被耗费在机械地执行一些简单的工作上，因此变得越来越笨、越来越无知，堪称史无前例。"马克思和卓别林也都曾这样预言过。）现代经济学家无一例外地同意亚当·斯密的观点，认为现代世界的经济之所以能快速增长，完全得益于劳动分工带来的累积效果，市场对其加以分配，新科技的发明又为之助燃加速。[8]

如果说生物学家没有进一步发展亚当·斯密提出的这个理论，那么他们至少证明了它。斯密对社会中的劳动分工还说了两点：一是市场规模的扩大进一步增强了劳动分工，二是在既定的市场规模内，随着交通和通讯的发展，劳动分工也会不断细化。这两条准则都在细胞的简单群落中得到了验证，在这种情况下我们可以看看一种叫作团藻的生物，它生活在相互协作的环境当中，但主要都是些自给自足的细胞。团藻越大，就越有可能实行劳动分工，有些细胞需要专门从事繁殖工作。而细胞之间的联系越紧密，其劳动分工的程度也就越高。在麦里斯团藻（merillisphaera）那里，细胞失去了彼此之间的私密联系，化学物质无法通过这种联系从一个细胞流向另一个细胞，而在铕团藻（euvolvox）中，这种联系则继续存在。因此铕团藻能够将更多的剩余精力投入其专门化的生殖细胞中去，这样就能让生殖细胞更快成长。[9]

约翰·邦纳（John Bonner）从研究黏菌的劳动分工转而研究机体中和社会中的劳动分工。众多事实证明亚当·斯密关于规模大小与劳动分工之间关系的说法是正确的。较大的机体一般会有更多不同种类的细胞。组织成更大集体的社会一般会有更多不同层次的职业，塔斯马尼亚人（Tasmanians，现在已经消亡）15人一起生活，只有两个不同层面的劳动分工；毛利人（Maoris）将近2000人一起生活，因此会区分60种不同的个人职责。[10]

亚当·斯密之后，不论生物学家还是经济学家，关于劳动分工几乎再没人写过什么有趣的东西。在经济学界，只有劳动分工和它最终导致的毫无效率的垄断之间的矛盾吸引了大部分研究人员的注意：如果每个人都从事不同的工作，那么没有人会受到竞争的激励。[11]

生物学家一直无法解释为什么有些蚂蚁拥有几种工作分工，而其他蚂蚁却只有一种工作职责。迈克尔·盖斯林（Michael Ghiselin）写道："看起来很奇怪，无论生物学家还是经济学家都鲜少注意到劳动分工这个问题。好像道理太过明显，根本无须加以解释就被大家当成原始事实接受了，而其功用方面的重大意义却几乎完全遭到忽视。尽管劳动有时候出现分工，有时候出现合作，到目前为止还没有合理的解释能对其加以说明。"[12]

盖斯林发现了一个矛盾，蚂蚁、白蚁、蜜蜂自从抛弃"渔猎"方式走向"农耕"方式之后,从某种意义上来说,它们变得更加专业化。和我们人类一样,它们利用劳动分工的社会群体来种植庄稼或养殖家禽——只不过它们的对象是菌类和蚜虫,而不是我们人类的麦子和牲畜,但原理都一样。另一方面,在食物的口味上,群体性的昆虫没有独立活动的昆虫那样专一和挑剔。每个甲虫或蝴蝶幼虫只吃一种类型的植物,每个单独行动的黄蜂也都精心策划,只捕杀一种类型的猎物。但是大部分蚂蚁几乎吃掉路上遇到的任何东西,蜜蜂也遍采百花之蜜,不论其形状类型,白蚁吃的虽是木头,而树木的类型却从不过问,即使专事养殖的农学家也是遍尝百物。叶刀蚂蚁就用各种树的树叶来喂养它们的菌类。

这是劳动分工带来的巨大优势:通过个体层面的专业化,族群能够在集体层面实现普遍化。因此蚂蚁比甲虫的数量要多得多,但在种类上却远远不如甲虫,这个矛盾就是这样产生的。[13]

我们再回到亚当·斯密的大头钉生产者的比喻,注意他和顾客双方都得到了好处,顾客得到了便宜的大头钉,而生产者通过制造足够多的大头钉来换取大量他需要的其他物品。从这里出发,我们可以推出整个思想史上最不受人待见的观点。斯密提出一个悖论性的看法,那就是社会利益源于个体的私欲。人类社会固有的合作和进步并不是善行带来的结果,而是追求一己私利造成的。自私的欲望促人勤奋努力,憎恶阻止了进犯心理,虚荣可能正是善行的起因。斯密在书中最出名的章节里写道:

> 几乎在每种其他的动物中,在单独的个体长到成年以后,就会实现完全的自立,在它的自然生存状态中,大多数情况下不需要任何其他生物的帮助。但是人类几乎时刻需要自己的同胞鼎力

相助，这样看来，仅仅期望人们大发善心提供帮助就显得不切实际。如果他能够调动人们的利己之心加以利用，向人们展示提供他所需要的帮助乃是为他们自身的利益着想，那么他就更有可能畅通无阻……我们吃到美味可口的宴席，不是拜屠户、酿酒师或者面包师的善心所赐，而是基于他们为自身利益着想这一点。我们并不是求助于他们的仁爱之心，而是寄希望于他们的利己主义，我们从来不会对他们倾诉自己的需求，而是大谈这样做带给他们的好处。除了乞丐以外，没有人会选择依靠同胞大发善心来获得帮助。[14]

正如塞缪尔·布里坦（Samuel Brittan）提醒过我们，斯密的话很容易遭人误解。屠户可能不是因为大发善心才提供肉食品，但这并不是说他没有同情心或者对别人有什么恶意。追求自身利益不等于追求恶意和刁难，恰如它和追求利他主义不同那样。[15]

斯密的意思和人类的免疫系统之间有着异曲同工之妙。我们的免疫系统主要依赖于那些将外源蛋白团团围住的分子。它们要这样做，就必须精确命中目标，那就意味着它们必须目标明确。每一个抗体，或者说 T 细胞，只能攻击一种类型的入侵者。因此，要顺利工作，免疫系统就必须拥有几乎不计其数的各类防御细胞才行。它们的类别超过 10 亿种。每种细胞的数量都很稀少，但是在遭遇目标的时候它们随时可以繁殖。从某种意义上说，它的"动机"就是出于自私自利。当一个 T 细胞开始繁殖时，它意识不到任何其他东西，当然也不会受到某种杀死外来入侵者这样的动机所驱使。但从某种意义上说，它受到繁殖这种需求的驱动：免疫系统是个充满竞争的世界，在这里只有那些一有机会就努力分裂的细胞才能茁壮成长。要实现繁殖，一个"杀手"T细胞必须从一个"辅助"T细胞那里获得白介素的供应。允许这个"杀手"得到所需白介素的分子也就是那些让其辨认出外来入侵者的分子。而那些"辅助"者之所以愿意提供帮助，是因为迫使它提供帮助的分子也就是它实现自身成长所需要的那些分子。所以对于这些细胞来说，攻击外来入侵者就是它们努力生长和分裂这一正常行为带来的副产品。整个系统设计得非常完美，以便每个自私自利的细胞的野心只有在老老实实为身体尽责的时候才会得到满足。自私自利的野心服务于身体的更大利益，恰如自私自利的个体通过市场服务于社会的更大利益。仿佛我们的血液里充满了各种各样的"童子军"，他们四处巡视，寻找入侵者，因为每当他们发现一个入侵者，就会得到一个巧克力作为奖赏。[16]

斯密的洞见，用现代人的话来说，就是人生并不是一场零和游戏。一场零和游戏是指一场有人赢就有人输的游戏，就像一场网球比赛。但并不是所有的游戏都是零和游戏，有时候游戏双方都是赢家，或者游戏双方都是输家。斯密看出，就贸易而言，因为存在劳动分工，所以我想通过和你做生意从中获利的这种自私心理，以及你想通过和我做生意并从中获利的私心，二者能够同时得到满足。我们彼此双方都出于私利而选择做生意，但双方最终都从中获利并且造福世界。所以事实就是如此，尽管霍布斯说我们都很邪恶，并非高尚，这个观点没有错，卢梭说没有政府也能实现和谐与进步的观点也同样正确。那只无形的手一直在引导着我们前进。

在一个自我意识更强的时代，这样愤世嫉俗的态度令人震惊。尽管如此，坏的动机可能会带来好的结果这样一个微妙的主题却不容我们忽视。

我们不得不承认，很多好事不知不觉做出来了，人类社会的共同利益也得到了实现，但这并不需要我们相信天使。追逐私利也能产生慈善。"我们不打算怀疑任何人在追逐一己私利方面会有什么缺陷。"斯密在《道德情操论》(*The Theory of Moral Sentiments*) 这本书中说。确实，斯密指出，对于在一个大型社会中建立合作关系这样的任务来说，慈善是不太合适的，因为我们只会对自己的亲人和朋友大发善心，我们在这方面怀有不可救药的偏见，一个建立在慈善基础上的社会将会充斥着任人唯亲的不良风气。在陌生人之间，市场这只无形的手会在各种私心之间进行分配，它显得更加公平。[17]

技术的石器时代

但是我只描述了现代社会中的劳动分工现象，而没有解释简单的部落社会里的情形，而我们的大部分进化形成期都耗费在这种社会形态上。难道这种劳动分工只是最近才出现的现象？阿尔弗雷德·艾默生（Alfred Emerson）是个白蚁研究专家，间接受到克鲁泡特金的影响，他在20世纪60年代说过："随着专业人员之间劳动分工的发展，更高单位系统间的联合也在不断推进，并且随着社会自身平衡机制的完善，单个的人会逐渐丧失一部分自律，其自身生存更加依赖于劳动分工和社会系统间的联合。"[18]

艾默生暗示劳动分工只是晚近才出现的新事物，还处在不断发展之中。经济学家甚至更倾向于得出劳动分工是现代发明的结论。从前每个人都是农民的时候，谁不是样样手艺都会一点呢。只有当文明在我们中遍地开花，我们才开始走向专业化。

我对这种解释表示怀疑。我怀疑那些渔猎部落里的人早在千万年以前就已有了精细的专门知识。当代的渔猎者当然是这样：在巴拉圭的埃克人（Ache）中间，有的猎人以善于在洞穴中找到犰狳而知名，有的猎人则善于将犰狳从洞穴里挖出来。在澳大利亚的原居民当中，直到今天，有些人还是因为特定的技术和才能而备受他人的尊敬。[19]

我8～12岁的时候在一所寄宿学校就读，在那里，打发功课和体育活动之间的时间让人有点烦神，我们最主要的活动就是拉帮结派打架。就像黑猩猩的队伍那样，我们也分成不同帮派，每个帮派都以头目的名字命名，然后开始在大树上或地下通道里修筑固若金汤的堡垒，从中对其他敌对派别展开袭击。尽管打斗起来只会受点儿轻伤，那时大家对这事却都异常认真。我还清楚地记得，有一天，我觉得自己的能力没有得到充分的赏识，因此信心百倍地自动请缨，要求率领爬树小分队去爬一棵大树（为什么要爬树我记不清了）。这是公然的反抗行为，让大家都为我捏了一把汗，因为我只是这个队伍里的小喽啰，大家都知道某某在队伍中专门指挥爬树行动。我当然被允许去一试身手并败下阵来，某某又得意扬扬地重归宝座，继续做他的爬树小队长，而我在队伍里瞬间又降了几个级别。我们这样的小帮派中也有劳动分工。

很难想象一群成年人拉帮结队一起工作相当长的时间（如我们的狩猎先辈们所做的那样）却没有出现类似形式的专业分工。

那么劳动分工早在工业革命之前就已出现是毋庸置疑的事情。哪怕是一件临时工穿的粗制滥造的羊毛大衣，也需要无数不同行业的人参与其中才能制成，亚当·斯密曾将这些行业一一列举出来：牧羊人、织工、商人、工具制造者、木工,甚至是矿工,矿工挖出煤来,才能提供燃料、烧火锻造出大剪刀,有了大剪刀,牧羊人才能修剪出羊毛来,他说得很清楚,有了大规模的劳动分工以后,18世纪的工人才能从中受益。同样的事情也发生在中世纪、罗马和希腊时期的社会。我们还可以再往前一直追溯到新石器时代,同样的说法依然适用。1991年在蒂罗尔人居住过的阿尔卑斯山上一块融化的冰层里,发现了一具木乃伊尸体,裹得严严实实,是个新石器时代的人,距今已有5000年的历史,他所携带的装备种类之多、制作之复杂精细,令人叹为观止。在他生活的时期,欧洲还是个部落社会,人口稀少,属于石器时代的文化。铜已经提炼出来,但还没有熔炼出青铜器。种植玉米和养殖牛群早已经取代了狩猎活动,成为人们主要的谋生手段,但是文字、法律和政府还没有出现。这个人穿着毛皮,外面罩着茅草编成的蓑衣,身上配备石头制成的匕首,匕首安装着岑木手柄,还有一把石斧、一把用紫杉木做的弓、一个箭筒、十四支山茱萸做的箭,他还带着用菌类植物做成的用来生火的引火绒、两个桦树皮做的箱子,其中有个箱子里装着他最近生火后留下来的一些余烬,可用枫树叶将其隔离开来,有榛木做的背篓、一个骨头制的碗、石头做的钻子和刮刀、椴树和鹿角做的打磨器(可用来将精致石材磨尖)、抗菌的桦滴孔菌(可用作药品),还有各种各样的备用件。他的铜斧头锻造并锤炼得无比尖锐,这种尖锐程度即使运用现代的冶金知识也很难做到。它被毫厘不差地安装到一个紫杉木把手里,形状极为合理,获得了机械学上最理想的杠杆作用的比例。

  这是一个技术时代。人们的生活中到处弥漫着技术的影子。他们知道怎么去利用皮革、木材、树皮、菌类植物、铜、石头、骨头和草来制造各种武器、衣服、绳索、袋子、针、胶、箱子和装饰品。可以说,这个不幸的木乃伊身上所带的不同装备的种类，比那对发现它的登山夫妻身上携带的装备还要齐全。考古学家相信他很可能依靠专业人员来制造他所携带的大部分工具，也许还依靠专业人员在自己的关节处纹上各种图案。[20]

为什么在这儿止步？我不相信同样的劳动分工就不适用于10万年前，那时候我们祖先的身体和大脑跟我们现在丝毫没有什么两样。一个人会制造石器工具，另一个人知道怎么发现猎物，第三个人掷矛百发百中，第四个人足智多谋料事如神。因为人类对自己年轻时学过的技艺印象尤其深刻，这种劳动分工通过青年时期的训练可能会得到强化。因此，显而易见的道理是，如果要培养一个好的网球手或象棋手，首先就是要找到一个好苗子，然后将这人送到专门训练这种技能的学校去学习。我怀疑在原始人的部落里，最好的手斧制造者也是从年轻时就给老师傅当学徒，然后逐渐学会这门手艺的。

难道只有男人？在这个想象中我忽略了女人，并不是轻视她们，而只是为了清楚说明我的观点起见。女人之间的劳动分工很可能也和男人的情况一样显著。但是，有一种类型的劳动分工在所有已知的人类社会中都显得尤其突出，那就是男人和女人间的劳动分工，特别是丈夫和妻子间的劳动分工。丈夫到外面寻找富含蛋白质的稀有的肉类食品，妻子则采集大量蛋白质含量不高的水果，人类的夫妻相互从彼此的世界里得到最多的回报。再没有其他灵长类动物通过这种方式实现两性间的劳动分工并从中获益（这个主题我会在第5章里详细论述）。

人类社会的最大优势就在于劳动分工以及它所带来的非零和游戏。这个术语是罗伯特·赖特（Robert Wright）发明的，干脆利落地抓住了问题的关键，那就是社会作为一个整体的效果要比各组成部分相加之和更大。

但是这还是没有告诉我们人类社会一开始是怎样形成的。我们知道它并不是通过裙带关系产生的。没有证据表明人类社会有近亲交配和替代繁殖现象，而这却是任何亲属群落必不可少的组成部分。那么到底是什么促成了人类社会的形成呢？最可能的假设就是互惠互利。用亚当·斯密的话来说，就是"以物易物、实物交换和用一种东西换取另一种东西的倾向"。[21]

第 3 章

囚徒的困境

电脑学会了协同合作

> 我学会帮助他人,而并不期待他感恩戴德:因为我可以预见,有一天他会以实际行动报答我,同时期待别人也依样画葫芦,这样才能维持与我或他人之间的良好互助关系。所以,在我帮助他以后,他因我的所作所为而欠下我一份人情,因为预见到欠债不还会带来严重后果,所以他日后肯定要履行自己的职责。
>
> ——大卫·休谟,《人性论》
> (*A Treatise of Human Nature*, 1740)

在意大利歌剧作曲家普契尼的歌剧《托斯卡》(Tosca)中，女主角面临一个可怕的两难抉择。她的爱人卡瓦拉多西已经被警长斯卡皮亚判了死刑，但是斯卡皮亚提出和她做笔交易。如果托斯卡愿意和他睡一次，他就会饶她的爱人一命，让执行枪决的士兵行刑时使用空弹壳。托斯卡决定欺骗斯卡皮亚，假装答应他的要求，等到他发出让士兵使用空弹壳的指令，她就用匕首将他刺死。她真的这样做了，但是等她发现斯卡皮亚同样选择欺骗她时，已经为时太晚。开枪的士兵根本就没有使用空弹壳，卡瓦拉多西饮弹而死，托斯卡横刀自尽，三个人最终都死于非命。

尽管他们没有用这种方式表述，但托斯卡和斯卡皮亚两个人其实都在进行一场博弈，实际上这也是所有博弈论中最著名的一个。这个数学上难解的流派，在生物学和经济学之间架起了一座奇怪的桥梁。这个博弈论对近年来一个最令人激动的科学发现极为重要：那就是理解人们为什么会彼此友好相处。此外，托斯卡和斯卡皮亚两个人都按照博弈论所预言的方式完成了这场博弈，尽管给双方都带来了灾难性的后果。这到底是怎么回事呢？

这个博弈论叫作囚徒困境（prisoner's dilemma），无论在哪里，只要私人利益和公共利益之间发生了冲突，这种博弈就会起作用。如果托斯卡和斯卡皮亚两个人都信守诺言达成这场交易，那么两个人都会从中受益：托斯卡可以救下爱人的性命，斯卡皮亚则可以如愿和她上床。但是如果托斯卡或者斯卡皮亚欺骗了对方，让对方信守诺言，而自己则违背承诺，那么作为个体的话自己就能得到更多的利益：托斯卡能救下自己的爱人并保全自己的贞操，而斯卡皮亚则既能享受桃花运又能除掉自己的眼中钉。

囚徒困境为我们呈现了一个鲜明的例子，告诉我们怎样在自私的人之间实现合作——这种合作不受禁忌、道德或伦理规则的制约。个体怎样才能受私利的驱使而为更大的公共利益服务？这场博弈之所以被称为囚徒困境，是因为用来解释它的最常见的故事描述了两个犯人，每个人面临的选择都是提供证据指证对方，这样就可以减轻自己的刑罚。他们的困境就在于，如果两个人都不指证对方，警察只能以较轻的罪名来给他们两个人定罪，所以如果两个人都三缄其口，那么他们都能从中获益，但是如果其中一个人选择背叛，他自己就能独自获利。

为什么？我们先把囚徒放到一边，而把这当成你和其他伙伴做的一个简单的数学游戏，以分数多少定胜负。如果两个人都合作（三缄其口）的话，每个人都可以得3分（这被称为合作报酬）；如果两个人都背叛，每个人只能得1分（称为背叛惩罚）。但是如果其中一个人背叛而另一个人合作，那么合作者1分都拿不到（受骗支付），而背叛的人独得5分（背叛诱惑）。所以，如果你的伙伴背叛你，那么你最好也选择背叛他才能让情况变得对你有利一点。因为这样做的话你至少还能得1分，而不是一无所有。但是如果你的玩伴选择合作，那么你选择背叛照样能得到较好的分数，你能独得 5 分而不是 3 分。也就是说，不管你的同伴怎样选择，你选择背叛都会得到更好的结果。但是，因为对方也抱有同样的想法，所以必然的结果就是双方都选择背叛：每人只能得 1 分，而其实选择合作的话你们每人都能得 3 分。

不要被你自己的道德感所误导。你们双方在合作中发扬的高尚风格和我们目前的问题毫无关系。我们所追寻的是在一个道德"真空"的情况下逻辑上"最好的"行为，而不是"正确的"事情。那就是选择背叛。选择自私自利才合情合理。

广义上的囚徒困境和山川一样的古老；霍布斯一定也理解这个道理，卢梭更是心知肚明，他在过世之前描述了一个相当复杂的版本，有时也被称为协同博弈（co-ordination），他说了个叫作猎鹿的有名的故事，故事很短，是设想有一群原始人外出打猎，他说：

> 如果是猎鹿这样的事情，每个人都很清楚，他必须要守住自己的位置，一刻也不能离开，但如果有一只野兔恰好经过其中一个人的身旁，他一转身就可以捉到，我们不用怀疑，他肯定会离开去追那只兔子，而良心上不会有丝毫的不安，而且，等他抓到了兔子，他也不会再去想，正因为他的离开，使得同伴失去了他们的猎物。[1]

为了把卢梭的意思说清楚，让我们假设这个部落里的每个人都出去合围一头鹿。这头鹿躺在一个小树丛里，他们将小树丛团团围住，然后大家一步步往里逼近，直到这头鹿最终被迫从猎人的包围圈里设法出逃，这时候，如果大家都紧守自己的位置，那么最靠近它的猎人必定能杀死这头鹿。但是假设其中一个猎人看到一只野兔，他只要一出手就能抓住这只兔子，但他必须得离开这个包围圈才行。而他刚一离开，包围圈就漏出一个空，那头被围的鹿就从这个空缺里逃了出去。抓住兔子的那个猎人并没有什么错，他有了兔肉可吃，但是因为他的自私，其他人就得付出饿肚子的代价。作为个人做出的正确决定对于集体而言则是错误的，这样就证明了集体合作是个多么没有前途的项目（愤世嫉俗的卢梭这样绝望地说道）。

猎鹿博弈的现代版本是道格拉斯·霍夫施塔特（Douglas Hofstadter）提出的一个博弈，名叫"狼的困境"。20个人坐在一起，每个人都坐在一个小隔间里，手指放在按钮上。10分钟以后，如果大家都能保持现状，那么每个人都能得到1000美元，但是如果其中有人按动了按钮，那么除了按动按钮的那个人会得到100美元，其他人则什么也得不到。如果你聪明的话，那么你就不要按动按钮，最后拿到1000美元走人，但是如果你非常聪明，你就会想，可能会有那么一点点可能，20个人里面难保没有一个傻瓜，会不顾他人而只管自己按下按钮，如果这样的话，你还不如自己提前一步按下按钮，这样才不会吃亏；而如果你非常非常聪明的话，你就会明白20个人里的其他聪明人也会推断出这一点然后按下按钮，所以你最好也按下按钮让大家扯平。恰如囚徒困境一样，真正的逻辑推理将你引向集体的灾难。[2]

虽然这个想法颇有历史，但直到20世纪50年代囚徒困境才被正式作为一个博弈论提出来，提出它的人是梅里尔·弗勒德（Merril Flood）和梅尔文·德雷希尔（Melvin Dresher），他们任职于加利福尼亚州的兰德公司（RAND Corporation），几个月以后，普林斯顿大学的阿尔伯特·塔克（Albert Tucker）首次将其重新表述为一个关于囚徒的小故事。恰如弗勒德和德雷希尔意识到的那样，囚徒困境无处不在。从广义上来说，任何一种情况，只要你受到诱惑去做一件什么事，但同时又意识到如果每个人都这样做的话将会是个大错误，那么这种情况就会构成囚徒困境。（囚徒困境的正式数学定义是，在任何情况下，只要背叛诱惑大于合作报酬、合作报酬大于背叛惩罚、背叛惩罚大于受骗支付，这种情况就构成囚徒困境，尽管如果背叛诱惑足够大的话，这场博弈也会发生改变。）如果人人都值得信赖，不会去干偷车的勾当，那么汽车就无须上锁，而且保险附加费、汽车安全装置之类的东西都可以不要买，这样可以节省很多的时间和金钱，我们所有人都会变得更宽裕一些。但在这样一个诚信的世界里，一个人却可以通过背叛社会契约，窃取一部车辆，而让自己变得更宽裕。同样，如果每个渔夫都很节制，不会下网捕太多的鱼，那么所有的渔夫都会从中获利，但是如果每个渔夫都想捕多少就捕多少，那么表现出节制的渔夫只会白白失去自己的份额，让更自私的渔夫给抢占了。所以我们大家都在为个人主义行为付出集体代价。

很奇怪，热带雨林变成了囚徒困境的产物。在热带雨林里生长的树木将自己的绝大部分精力都放在长成参天大树上，而不去繁殖自己的树种。如果它们能和自己的竞争对手约法三章，共同遵守树木最高不超过 10 英尺的约定，同时宣布树干不在此例，那么每棵树都会从中获益。但是它们做不到。

将复杂的人生简化成一场愚蠢的博弈，正是这类事情给经济学家带来了坏名声。但是事情的重点并不在于设法将现实生活中遇到的每个问题都塞进一个名叫"囚徒困境"的小盒子里，而是要创造出一个理想的范本，用来表述当集体利益和个人利益发生矛盾时会发生什么情况。然后你可以用这个理想的范本来做实验，直到发现令人惊讶的结果，之后再回到现实世界，看看它能否为现实中发生的事提供一点解决的线索。

这样的事情确实发生在囚徒困境这一博弈上（尽管有些理论家拼死拼活，他们还是不得不被拖回到现实世界中来）。在20世纪60年代，数学家开始近乎疯狂地到处搜寻，想要从囚徒困境带给人的惨淡教训（即背叛是唯一理性的方法）当中找到一条出路。他们反复声称已经找到了一个解决方法，最著名的是1966年奈吉尔·霍华德（Nigel Howard）用博弈对象的目的而不是博弈对象的行动来重新表述这一理论。但是霍华德用来解决这个矛盾的方法，像其他人提出的一样，被证明只是一厢情愿的幻想。考虑到博弈开始时的种种条件，合作变得不合逻辑。

这一结论非常令人不快，并不仅仅因为它的含义是那样毫无道德可言，而且因为它和现实世界里人们的所作所为格格不入。合作是人类社会一个司空见惯的特征，而信任则是社会生活和经济生活的重要基石。难道这是荒谬无理的事？难道我们只有违背自己的本性才能对别人好？那么犯罪要不要付出代价？人们是不是只有在能获得好处的时候才肯坦诚待人？

到了20世纪70年代晚期，囚徒困境开始变成"经济学家在痴迷于个人私利研究方面大错特错"的代名词。如果这场博弈证明对于个人而言在这场困境中唯一理性的事情就是选择自私自利，那么这只能证明这个假设的不充分性。既然人们并不是一成不变地自私自利，那么他们就不可能是受个人私利的驱使，而有可能是受集体利益的驱动。因此，两百年的古典经济学完全建立在自私自利这个假设的基础上，完全是捕风捉影，找错了对象。

让我们先岔开话题来说说博弈论：这个理论诞生于1944年，出自伟大的匈牙利天才约翰·冯·诺依曼（Johnny von Neumann）那妙想迭出却不近人情的头脑。它本来是数学的一个分支，特别适合经济学这一沉闷枯燥的学科的需要。这是因为在博弈论主要关注的领域里，什么是正确的事情取决于其他人在做什么。二加二等于几的正确答案并不取决于周围的环境，但是像买进卖出这类的投资如何决定则完全取决于周围的环境，尤其取决于其他人怎样做决定。即使在这种情况下，可能还是存在一种万全之策，不管其他人怎么做它都照样起作用。但要在现实情况中找到这个策略，例如做出投资决定，可能比登天还难，但这并不是说完美策略不存在。博弈论的重点就在于要在简化版的世界中找到这个策略——找到这个万应良方。它在这一领域以"纳什均衡"而知名，它以普林斯顿大学的数学家约翰·纳什的名字命名（纳什1951年研究出这个理论，后来他长期罹患精神分裂症，痊愈以后，他于1994年因为这一理论荣获诺贝尔奖）。纳什均衡的定义是，每个博弈者的策略是其他博弈者采用策略的最佳回应，并且没有人产生违背他们选定的策略的动机，这时的情况就叫纳什均衡。

比如，我们来看一个例子，这是彼得·哈默斯坦（Peter Hammerstein）和莱因哈特·赛尔顿（Reinhard Selten）发明的博弈游戏。参加游戏的两个人叫康拉德和尼可；他们必须一起分享得到的钱财。康拉德先玩，他决定两人是平分这些钱（公平）还是按比例分成（不公平）。尼可后玩，他决定两人一起分多少钱：是一大笔钱还是一小笔钱。如果康拉德选择不公平分法，那他就可以和尼可九一分成；如果尼可选择分一大笔钱，每个人分到的钱都是选择一小笔钱时分得的金额的10倍。康拉德可以要求自己分到的钱是尼可的9倍，而尼可则毫无办法。如果他决定分一小笔钱，那他在惩罚康拉德的同时也惩罚了自己。所以他甚至连口是心非地威胁要通过分一小笔钱来惩罚康拉德都做不到。纳什均衡就是让康拉德选择不公平分法，让尼可选择分一大笔钱。这对于尼可来说并不是理想的结果，但这是没办法当中最好的办法了。³

注意最好的结果并不一定就是通过纳什均衡取得的，远非如此。纳什均衡所处的两个策略常常让游戏的一方或双方遭受痛苦，但是谁也无法采取不同策略来改善自己的境遇。而囚徒困境正是这样一场博弈。当在两个纯洁的伙伴之间玩一场这样的博弈时，那就只有一种纳什均衡存在：两个伙伴都选择背叛。

鹰与鸽

后来有个实验完全改变了这个结论。这个实验显示，30年来，从囚徒困境这场博弈中得出的经验完全是错误的。选择自私终究不是一件明智的事情——只要博弈的次数不止一次。

讽刺的是，这个难题的解决措施在博弈刚发明的时候就已经在他们的面前一闪而过，只是随后就被忘得一干二净。弗勒德和德雷希尔几乎在一开始就发现了一个令人惊讶的现象。他们邀请两位同事——阿尔孟·阿尔奇安（Armen Alchian）和约翰·威廉姆斯（John Williams）将这场博弈进行100次，每次只赢取小额的奖金，结果证明实验对象出乎意料地渴望互相合作，100次实验中有60次两人都相互配合，然后拿到相互帮助带来的好处。两个人在博弈进行期间所做的笔记中都承认，自己努力向对方示好，以诱使对方做出好心的回报——直到游戏快要结束的时候，当两个人都看到只要牺牲对方的利益，就有机会给对方一记绝杀而赢得比赛时，情况才会发生变化。而当这场博弈在同一组人中间反复进行，无休无止，那么与人为善似乎取代了品质恶劣而大占上风。[4]

这场阿尔奇安－威廉姆斯比赛早已被人遗忘，但无论何时，只要人们被要求参加这个比赛，他们都无一例外地证明想要尝试合作这种逻辑上错误的策略。这种想合作的不适当的行为被理解为实验者的不理智和一般无法加以解释的好心肠。有两位博弈论家这样写道："很显然，这些普通的玩家不够精明强干，没有足有的策略意识，想不到双方相互背叛的策略才是唯一合理的防御策略。"我们太迟钝了，想不明白其中的道理。[5]

到了 20 世纪 70 年代早期，有个生物学家重新发现了阿尔奇安－威廉姆斯的经验。他就是约翰·梅纳德·史密斯（John Maynard Smith），是个遗传工程学家，从来也没有听说过囚徒困境这场博弈。但是他看出生物学同样可以像经济学那样利用博弈论来取得丰硕成果。他说，恰如理性的个体应该采用那些已被博弈理论预言过的策略，以便在任何情况下都不会做出最糟糕的选择一样，自然选择也应该设定动物会做出本能反应而采用同样的策略。换句话说，决定在博弈中采用纳什均衡原则，既可以通过有意识的、理性的推导得出这样的结论，也可以通过进化的历史而获得同样的结论。通过自然选择，而不是个体，也能做出这样的决定。梅纳德·史密斯把这个符合纳什均衡的进化本能称为"进化稳定策略"：任何选择这种策略的动物都不会比选择不同策略的动物获得更糟糕的结果。

梅纳德·史密斯的第一个例子就是尝试去解释为什么动物一般不会争斗至死。他将这场博弈设定为老鹰和鸽子之间的一场比赛。老鹰大致相当于囚徒困境中的"背叛"策略，与鸽子相遇时轻而易举就能打败鸽子，但与另一只老鹰争斗时则会身负重伤鲜血淋漓。鸽子相当于囚徒困境中的"合作"策略，当它遇见另一只鸽子时就能大为受益，但是与老鹰相遇时则注定要九死一生。可是，如果这场游戏一次次地玩下去，鸽子那相对温柔的品质就变得越来越有用。尤其是，复仇者，即遇到老鹰时变得和老鹰一样凶猛的鸽子，被证明是一种成功的策略。我们稍后再详细讨论复仇者这个话题。

梅纳德·史密斯的游戏遭到经济学家的忽视，因为这些游戏仅仅局限在生物学领域。但是到了 20 世纪 70 年代晚期，有件相当令人不安的事情开始发生。电子计算机开始利用它们那冰冷、无情而又理性的"大脑"来进行囚徒困境这场博弈，它们开始和那些愚蠢而又天真的人类做着一模一样的事情——同样不合理地倾向于合作。警报的铃声响彻了整个数学界。1979 年，一位青年政治科学家罗伯特·阿克塞尔罗德（Robert Axelrod）设定了一场比赛，用来探索合作的逻辑。他要求参赛者提交一个电脑程序，这个程序要和其他选手提交的程序进行博弈，和这个程序本身进行博弈，然后再和任意选择的一个程序进行博弈，一共进行 200 次。在这场浩大的比赛结束时，每个程序都会获得一定的分数。

有 14 位参赛者提交了复杂程度不等的电脑程序，让大家感到吃惊的是，那些"友好的"程序取得了不错的比赛结果。8 个最佳程序当中没有一个发起背叛行动。此外，所有程序中最后赢得比赛的恰恰是最为友好——也是最为简单的那个程序。阿纳托尔·拉波波特（Anatol Rapoport）这个加拿大的政治科学家，对核武器对抗非常感兴趣，他以前是音乐会上的钢琴师，可能比在世的任何一个人都更加了解囚徒困境，他提交了一个叫作"以牙还牙"的电脑程序，这个程序非常简单，一开始时设定为合作，然后和它对垒的家伙采用什么策略，它就采用这个策略对付下一个对手。在实践中，"以牙还牙"是"梅纳德·史密斯复仇者"的代名词。

阿克塞尔罗德又举行了一场比赛，邀请选手设法打败"以牙还牙"程序。有62个程序参赛，然而最后胜出的那个程序竟然是——"以牙还牙"自己。它的得数还是排在最上面。

正如阿克塞尔罗德在他所写的书里解释这个主题时所说：

> "以牙还牙"程序之所以能百战百胜，原因在于它是友好相待、报复反击、仁慈宽恕和一清二楚的结合体。它的友好相待避免让自己陷入不必要的麻烦；报复反击让对方一旦尝试过背叛以后就不会再坚持使用这一策略；仁慈宽恕有助于恢复相互合作的关系；一清二楚让它容易被对方理解，因此引发长期的合作。[8]

阿克塞尔罗德的下一场比赛设定在一场适者生存的战争中，各种策略相互争斗，其中有一个例子自此以后就被称为"模拟生命"，并以此而知名。自然选择这个进化的驱动力，很容易就在电脑上模仿出来：各种软件生物在电脑屏幕上相互竞争空间，恰如真正的生物在现实世界里生殖繁衍并竞争生存空间。按照阿克塞尔罗德所说，那些不成功的策略慢慢被击败而靠边站，让最强有力的程序掌控电脑屏幕。这就产生了一系列令人着迷的事件。一开始，那些卑鄙无耻的策略不惜牺牲天真友善的策略而得以迅猛发展，只有像"以牙还牙"这样的复仇者能和它们并驾齐驱。但随后，慢慢地，那些卑鄙无耻的策略将容易攻击的对手一一清理干净后，遭遇到的全是和自己一样的对手，它们的数目也开始急剧萎缩，这时候"以牙还牙"开始步入前列，最后它又一次傲视群雄，在战场上独领风骚。

蝙蝠兄弟

阿克塞尔罗德觉得他的实验结果可能会让生物学家感兴趣，所以他联系了密歇根大学的一位同事，此人不是别人，正是威廉·汉密尔顿（William Hamilton），他马上就想起了从前的一段轶事。大概十几年前，哈佛大学有个年轻的生物学研究生，名叫罗伯特·特里弗斯（Robert Trivers），他把自己写好的一篇论文拿给汉密尔顿看。特里弗斯假设动物和人类通常都是受私利驱使，但他观察到它（他）们之间却经常相互合作。他认为，这些以自我利益为中心的个体之所以能相互合作，其中一个原因可能是"互惠原则"：从根本上说，就是投之以桃，报之以李。一个动物提供的帮助可能会在日后得到相应的回报，这样双方都会受益，只要提供帮助付出的代价要比获得回报得到的好处小就行了。因此，群体性动物远不是自私自利，它们可能只是相互交换私心渴望的帮助而已。得到汉密尔顿的鼓励以后，特里弗斯最后发表了一篇文章，提出的论点就是动物世界里存在互惠的利他主义，并且引用了一些可能存在的例证。实际上，特里弗斯尽其所能地描述了重复的囚徒困境，将其作为证明他的观点的一种方法，并进而预测一对个体之间互动的时间越长，合作的机会就会越大。实际上他已经预言了"以牙还牙"这个策略。[9]

不想十几年以后，汉密尔顿的手里突然就有了扎实的数学证据，证明特里弗斯的想法果真有千钧之力。阿克塞尔罗德和汉密尔顿共同发表了一篇文章，名叫"合作的进化"（The Evolution of Cooperation），以吸引生物学家注意"以牙还牙"策略。结果引发了人们极大的研究兴趣，同时还引发了一股在动物界寻找真实例证的热潮。[10]

很快就有例子摆到了大家的眼前。1983 年,生物学家杰拉尔德·威尔金森(Gerald Wilkinson)从哥斯达黎加回到加利福尼亚,带回一个稍微有点儿恐怖的故事,讲的是合作的主题。威尔金森研究过吸血蝙蝠,这种动物白天待在树洞里,晚上则出来寻找大型动物,然后偷偷摸摸在它们身上弄个小口子,悄悄地吸血。这是一种不太稳定的生活,因为一只蝙蝠偶尔会饿着肚子飞回来,要么没有找到合适的动物,要么找到动物却没能从伤口里一次吸个饱。对于年老的吸血蝙蝠,这种情况每十个晚上大概只会碰到一次,但对年幼的蝙蝠来说,大概每三个晚上就有一次会无功而返。有时连续两个晚上没有吸血也不算稀奇。而连续 60 个小时没有吸到血,这种吸血蝙蝠就有饿死的危险。

但幸运的是,对这些吸血蝙蝠而言,当他们真正找到动物可以美餐一顿时,它们通常可以喝下超过自己当前需要的量,因此超量的那部分血就可以回涌出来,提供给另外一只蝙蝠享用。这是一种慷慨的行为,蝙蝠发现它们陷入了一种囚徒困境:那些相互喂血的蝙蝠比不这样做的蝙蝠生活得更好一点,但是,那些享受了别人的鲜血馈赠而又不用偿还的蝙蝠生活得最为优裕,而献出血来喂养别人却没有得到相应偿还的蝙蝠则生活得最为窘迫。

因为这些蝙蝠一般都栖息在同样的地方,并且能活得相当长久——大概能活 18 年——单个蝙蝠之间全都相互熟识,因此它们可以有机会不断重复这样的博弈,这就和阿克塞尔罗德的电脑程序差不多。顺便提一下,平均来说,这些蝙蝠不会和自己的邻居关系特别近,所以裙带关系不能用来解释它们的慷慨行为。威尔金森发现它们好像在利用"以牙还牙"策略。过去曾经捐赠过血的蝙蝠将会从昔日受益的蝙蝠那里接受血液偿还,而拒绝偿还鲜血的蝙蝠，相应也会被拒绝赠予鲜血。每只蝙蝠似乎都特别擅长于计数，这可能就是它们热衷于相互打扮的目的。这些蝙蝠相互梳理对方的羽毛，尤其注意肚子周围那一小块地方。饱吸鲜血后，肚子鼓胀的蝙蝠很难向另一只替它梳理羽毛的蝙蝠隐瞒这个事实。因此作弊的蝙蝠很快就能被识别出来。互惠原则在蝙蝠的栖息地起着统治性的作用。[11]

南非黑颚猴同样也遵循着互惠的原则。实验人员放映一盒录音磁带，里面记录了一只与其他动物交战的猴子的啼叫声，要求别的猴子过来增援，如果求助猴子以前曾帮助过被求助猴子，那么被求助猴子就会非常乐意地回应它的叫声。但是如果这两只猴子之间关系十分密切，那么被求助猴子的回应并不特别依赖于求助的猴子以前有没有帮助过自己。所以，正如博弈论所预测的那样，"以牙还牙"策略是在相互没有亲缘关系的个体间产生合作关系的机制。婴儿将妈妈的仁慈视为理所当然，并不需要用各种善行来换取。兄弟姐妹之间也无须有恩必报。但是相互没有关系的个体间就会敏锐地意识到"人情债"的存在。[12]

以牙还牙的机制要顺利运作，最主要的条件就是存在一个稳定的不断重复的关系。两个个体间的相遇越是偶然和随机，以牙还牙的机制在建立合作关系中取得成功的机会就越渺茫。特里弗斯注意到支撑这种思想的证据可以在珊瑚礁的一个不寻常的特征中找到：清理站。这些清理站处在珊瑚礁里一些特殊的位置，当地的大鱼，包括肉食鱼类，都知道它们可以定期来到清理站，通过小鱼和虾子将自己身上的寄生物清理干净。

这种形式的清洗是热带鱼类生活中必不可少的一个组成部分。超过45种类型的鱼和至少6种类型的虾在珊瑚礁上提供这种清理服务，有些小鱼小虾完全依靠这种方式作为它们获取食物的手段，它们大部分都会展示与众不同的颜色和活动以突出自己，吸引潜在的动物过来清洗。各种类型的大鱼都会光顾以获得清理服务，大鱼常常从公海来到这里，或者从珊瑚礁下面的藏身处游过来，有些大鱼还特意改变身体的颜色以显示自己需要清理。对于大鱼来说，这好像是一项特别有价值的服务。很多大鱼花在清洗身体上的时间和它们进食的时间一样长，并且一天回来几次接受清理，尤其在它们受伤或者生病的时候。如果这些提供清理服务的小鱼小虾从珊瑚礁上被转移走，马上就会产生立竿见影的效果：这里大鱼的数量急剧下降，而随着寄生生物的扩张，身体疼痛和伤口感染的大鱼的数量则会急速上升。

小鱼得到食物，大鱼得到清理，这是拜互惠关系所赐。但这些提供清理服务的小鱼常常和接受清理的大鱼的食物大小和形状都差不多，而这些清理工从客户张开的大嘴里进进出出，从它们的鳃里游来游去，常常是在拿自己的生死做赌注。但这些清理工不仅毫无装备，并且当这些客户清理完成准备离开的时候，一般都会发出慎重而又易懂的信号，清理工们回应这些信号的方式就是立刻离开。支配清理行为的那些本能特别强烈，在特里弗斯引用的一个例子当中，一条大鲶鱼，已经在水族箱里养了 6 年之久，身长足有 4 英尺，虽然早已习惯猛地一口咬住任何扔到水族箱里的鱼，但是当它第一次遇到一条清理工鱼的时候，它的反应就是马上张开大嘴和鱼鳃，邀请这条鱼进去，即使它身上根本就没有任何寄生物。

让人困惑的是为什么这些客户不会采取两全其美的做法：先接受清理服务，等到这工作圆满结束时再一口把清理者吃掉。这就类似于囚徒困境中的背叛。两全其美的做法遭到阻止，恰恰和背叛行为非常稀少是同一个原因。一个没什么道德感的纽约人，如果你问他为什么要不嫌麻烦地支付那个非法移民的清洁女工工资,而不是干脆把她炒掉,下礼拜再找一个清洁女工,这个纽约人给出的答案,大概和上述问题的答案差不多:因为好的清洁女工千里难寻。这些来珊瑚礁清理身体的大鱼放过提供清理服务的小鱼,并不是出于对后来的客户的一种责任感,而是因为对它们而言,一个好的清理工,长期的价值要远远大于作为一顿现成美餐的价值。之所以这样,是因为同样的清理工可以在同样的珊瑚礁的同一个地点日复一日年复一年地找到。这种关系的永久性和持续性对于维持这种平衡来说至关重要。一次性的相遇会鼓励背叛,而经常性的相遇则会促进合作。但在公海游荡不定的生活中并没有这样的清理站存在。[13]

阿克塞尔罗德研究的另一个例子来自第一次世界大战的西部前线。因为战场上的僵局一直无法化解,战争变成了在同一块土地上的长期拉锯战,这样任何两支队伍发生遭遇战的经历就会一次又一次重复上演。这种重逢,就像囚徒困境中不断重复的博弈,将战术从敌对明智地变成了合作。实际上,因为协约国部队和德国军队之间僵持过一段时间,西部前线非官方休战让人十分头疼。双方发展出一套精妙的交流体系,用来达成协议条款,为偶尔的犯规行为道歉并确保双方间的相对和平,所有这一切都是在双方长官毫不知情的情况下发展起来的。这种休战通过简单的复仇行动来加以监督。发动突袭和大炮齐射是用来惩罚对方背叛行为的常见方式,这种报复行动有时候会急剧升级而失去控制,和血海深仇没什么两样。因此,这种情况和以牙还牙的机制间有着极大的相似性:虽然它促进了相互合作,但是对背叛行为会以背叛予以回应。当这种休战现象被发现以后,双方长官所采取的简单而又有效的纠正办法,就是频繁地调换部队,不让一支军队和对方某支军队长期对抗,以防双方建立起相互合作的关系。

但是，以牙还牙的机制也存在着黑暗面，正如一战的例子提醒我们的那样。如果两个以牙还牙的博弈者遭遇，一开始双方就合作得异常顺利，那么他们就会永无止境地合作下去。但是如果其中一方偶尔或无心背叛了对方，那么一系列无止境的相互指责就会开始，再也找不到出路。这就是"以牙还牙的杀戮"这个短语的意思所在，在诸如西西里岛、16世纪的苏格兰边境、古罗马时期和现代的阿马佐尼亚地区，人们现在（或一直以来）沉迷于派系争斗和相互复仇。我们将会看到，以牙还牙绝对不会是万应良药。

但是人类应该吸取的教训是，我们在社会中经常利用的互惠行为也许是我们本性中不可或缺的一部分：它是我们的本能。我们无须运用推理得出好人有好报这样的结论，我们也无须违背我们更好的判断力来接受这样的教育。它只会在我们内心扎根并随着我们的成长而慢慢发展，这是无法消除的禀性，是通过教育得以培养还是没有受到教育的开化，完全看情况而定。为什么？因为自然选择已经选中了它，让我们从群体生活中获得更多利益。

第 4 章

分辨老鹰和鸽子

培养一个好名声大有好处

只要是符合自己的利益,每个有机体可能都会帮助自己的同类。当他别无选择的时候,他只有屈从于群体的奴役统治。但是如果给他自由让他完全按照自己的兴趣行事,除了一己私利以外,就再没什么能限制他变得血腥粗暴,残忍伤害乃至谋杀自己的弟兄、配偶、父母或子女,划伤"利他主义者",你会看到一个伪君子在流血。

——迈克尔·盖斯林(Michael Ghiselin)
《自然经济和性别的进化》(*The Economy of Nature and the Evolution of Sex*,1974)
伯克利:加利福尼亚大学出版社

以它们的身体比例而论，吸血蝙蝠的脑部显得非常大。那是因为它的大脑新皮层——前脑较为聪明的那一小部分与后脑的常规部分相比较，比例大得失调。到目前为止，在所有的蝙蝠中，吸血蝙蝠的新皮层体积最为庞大。因此，它们比大部分蝙蝠拥有更复杂的交往关系也就绝非偶然了，例如我们在上一章谈到的吸血蝙蝠群体中，居处相邻而彼此没有亲缘关系的蝙蝠之间就建立了互惠关系。要做这样互惠的博弈，它们首先需要彼此相识，记住哪一只蝙蝠报答了恩惠，哪一只欠债未还，并记住相应的亏欠或怨恨。灵长类动物和食肉动物这两种所有陆生哺乳动物里最聪明的动物家族，其大脑尺寸和社会群体间存在着密切的联系。个体所栖身生活的社会群体越大，其大脑新皮层的体积与大脑其他部分相比就会越大。要在一个复杂的社会里生存发展，你就需要一个体积较大的大脑。而要想获得一个体积较大的大脑，你就需要生活在一个复杂的社会里。不管逻辑向哪一边发展，两者之间的相互关系都会起到推动作用。[1]

实际上，两者间的关系如此紧密，即使你不知道某一个种群的群体规模，你也可以用大脑体积来预测它的自然群落的大小。这个逻辑显示，人类生活的群体规模可以达到150人。尽管很多小镇和城市的人口远远不止此数,这个数字实际上还是大致准确的。典型的渔猎群体,典型的宗教团体,普通人的通讯录,部队里的一个连,好管理的工厂里的最多员工,人数都和这差不多。总之一句话,这是我们能互相知根知底的人数。[2]

只有在人们相互认识的情况下,互惠原则才会起作用。如果你根本不知道怎么找到或认出对你有恩或与你有仇的人,那么有恩报恩、有仇报仇也就无从谈起。此外,互惠原则还有一个极重要的构成因素,也是目前为止我们讨论博弈论时一直遗漏的一点:名声。在一个所有人你都认识并且知根知底的社会里,你根本就不用盲目地进行囚徒困境这场博弈。你可以精心挑选自己的伙伴。选择那些你知道在过去一直比较合作的人,也可以选择那些别人告诉你比较能信得过的人,还可以选择那些表明自己会好好合作的人。这些人你都可以分辨出来。

比起小城镇和乡村地区,大都市的特点就是人们的态度更粗鲁无礼,更随意地出口伤人,暴力行为也更普遍。在自己生活的小镇或者乡村里开车,没人会想着像在曼哈顿或巴黎市中心那样做——对别的司机挥舞拳头,喇叭按得震天响,恨不得把自己的不耐烦告诉全天下的人。为什么会这样,原因大家都知道。大城市里谁也不认识谁。在纽约、巴黎或伦敦,你对陌生人想怎么横就怎么横,因为再遇到他的概率微乎其微,所以风险也可以忽略不计(尤其你坐在车里)。而在你生活的小镇或乡村,让你行为大加收敛的原因就是你对互惠原则的敏锐认知。如果你对别人态度蛮横,说不定马上你就会撞在他们手里,他们必对你还以颜色。而如果你与人为善,那么你的体贴获得别人回报的机会也相应增加。

人类处于不断进化的各种环境中,在较小的部落撞见陌生人是百年难得一遇的事情，所以大家礼尚往来互惠互利的意识必定非常明显——在现今的各类农村人中这种现象还是很普遍。也许"以牙还牙"是人类社交本能的根本，也许它解释了为什么在所有哺乳动物中，人类在社交本能这方面和裸鼹鼠的习性最吻合，最接近。

捕猎蛇鲨

在罗伯特·阿克塞尔罗德的实验之后，涌现了对博弈论里"以牙还牙"这一策略的小规模反击。经济学家和动物学家蜂拥而来，纷纷提出一些蹩脚的反对意见。

动物学家认为"以牙还牙"的主要问题在于自然界中很少有例子可用来印证这个策略。除了威尔金森的吸血蝙蝠、特里弗斯的珊瑚礁清理站和来自海豚、猴子和猿类的有限几个例子，"以牙还牙"策略并没有得到普遍应用。和20世纪80年代为了寻找"以牙还牙"的例证所付出的辛苦努力相比，这几个例子实在可算是微不足道的回报。对有些动物学家来说结论很明显：动物应该奉行"以牙还牙"的策略，可其实它们并没有这样做。

狮子可以作为一个好例子。母狮子生活在紧密团结的狮群当中，每个狮群都会保护自己的领地不受敌对狮群的侵犯（雄狮依附狮群的目的只是为了交配，它基本什么事都不干，不管寻找食物还是防卫领地都和它无关——除非受到来自其他雄狮的侵犯）。母狮子展示领地所有权的方法就是大声吼叫，所以想要愚弄它们，让它们以为面临严重侵犯，方法也很简单，就是把狮子的吼声录下来，然后在它们的领地上播放。罗伯特·海因森（Robert Heinsohn）和克雷格·帕克（Craig Packer）对一些坦桑尼亚的狮子使用了这个方法，然后观察它们的反应。

母狮子通常会走到声音的来源处查看一番，有些表现得异常急躁，另一些则有点迟疑不前。这是展示"以牙还牙"策略的大好时机。一头勇敢的母狮子，首当其冲跑去查看"入侵者"，理应期盼从因踌躇而落后的狮子那里得到互惠的帮助：下次这只畏缩不前的狮子就应该先去打头阵，先去以身犯险才对。但是海因森和帕克发现根本就不存在这样的模式。那些打头阵的狮子完全认识落伍者，只是不停地回头看它们，似乎愤愤不平，但下一次事发，打头阵的狮子通常还是会冲锋在前，而落伍者则一直就是落伍者。

> 我们认为可以根据对待外敌入侵的四种互不相关的态度来对母狮子加以分类：一是无条件的合作者，它们总是冲锋在前；二是无条件的落伍者，它们总是落在后面；三是有条件的合作者，它们在最需要的时候决不退缩；四是有条件的落伍者，它们在最需要它们时，反而落得最远。[3]

根本没有任何落伍者受到惩罚或互惠原则得以实施的迹象。领头者不得不接受这样的事实，它们的勇敢得不到任何感激。母狮子根本就不玩"以牙还牙"这一套。

其他动物不怎么使用"以牙还牙"策略的事实并不能证明人类社会不是建立在互惠原则的基础之上。我们在后面的几章里还会看到，证明人类社会充满互惠义务的例子多如牛毛，并且这样的例子还在日渐增多。就像语言或可以与其他手指搭配的拇指那样，互惠原则可能是人类为便于自身使用而发展出来的，很少有其他动物能发现这种用途或具备人类这样的智能。换句话说，克鲁泡特金只因为人类中存在互助行为，就希望在昆虫中也能找到互助现象，他可能错了。但尽管如此，动物学家还是说对了一点。"以牙还牙"这个简单思想似乎更适合电脑比赛这样简化了的世界，而不适合纷繁复杂的现实生活。

"以牙还牙"的致命弱点

经济学家对"以牙还牙"策略有一套不同的说辞。阿克塞尔罗德的研究成果先是以系列论文的形式刊载，然后结集出版于《合作的进化》这本书里，吸引了大众的想象力，又在媒体上得到广泛传播。光是这一点就足以让那些妒火中烧的博弈论家对这些成果表示鄙夷不屑，当然对他的抨击也很快就应声而起。

胡安·卡洛斯·马丁内斯-科尔（Juan Carlos Martinez-Coll）和杰克·赫什莱佛（Jack Hirshleifer）直截了当地说："这样一个骇人听闻的说法竟然能被人们广为接受。所谓的'以牙还牙'这种简单的互惠行为，不仅在阿克塞尔罗德设计的特定模拟情景中是最好的策略，并且还是个普遍现象。"他们说，人们同样很容易就能设定一个比赛的种种条件，让以牙还牙的策略发挥不了什么作用，而且，更让人担忧的是，好像根本就无法模拟出一个世界，让卑鄙的策略和友善的策略一起共存——而这其实才是我们生活的世界。[4]

肯·宾莫尔（Ken Binmore）是对"以牙还牙"策略批评得最不留情的一个人。他说，即使在阿克塞尔罗德的模拟实验中，"以牙还牙"策略也从来没有在与"更卑鄙"的策略的对阵中赢过单场比赛：所以，如果你进行的是单场赛,而不是巡回赛,那么使用"以牙还牙"策略就是个糟糕的选择,注意这一点非常重要。如果你在单场赛中使用"以牙还牙"策略,那你就是个十足的傻瓜。别忘了,阿克塞尔罗德是将很多不同策略之间比赛拿到的分数相加。"以牙还牙"策略是通过将很多高分和低分相加而最终赢得比赛,而不是在单局比赛中获胜。

宾莫尔认为,"我们发现'以牙还牙'策略是很自然的想法——因为在内心深处我们都知道正是互惠原则维系着社会的运转。这个事实本身就让我们不假思索地欣然接受这一说法在数学上的合理解释"。他还说:"其实人们应该加倍小心,不要轻易接受从计算机模拟情景中推理出的普遍结论。"[5]

很多这样的批评都失之偏颇。我们不能因为阿克塞尔罗德没有抓住这个世界上发生的一切事情而对他横加指责,正如我们不能批评牛顿没有用万有引力定律来合理解释政治现象一样。大家都认为囚徒困境让人们对这个世界灰心失望,因为不仅背叛是合理的选择,而且没有认识到这一点的人就是傻瓜。但是阿克塞尔罗德发现,用他自己的话来说:"未来的影子"完全改变了这一切。简单而又友善的策略能一遍又一遍地赢得他所设定的比赛。即使他设定的那些比赛条件后来证明不切实际,即使生活并不完全是这样一场比赛,阿克塞尔罗德的工作还是彻底推翻了先前研究过这个问题的所有人的假设:在囚徒困境中唯一能采用的合理策略就是卑鄙无耻。善良的人最先完蛋。

至于人们所说的"以牙还牙"策略在得分高的比赛中失败而只通过累计积分赢得最后的胜利,这说到了问题的关键。"以牙还牙"策略在每一场小战役中失败或打成平局,但最后却赢得整场战争的胜利,主要就是确保在它所参加的绝大部分比赛中都能拿到较高的分数,这样它最后的得分就会最高。"以牙还牙"策略并不会嫉妒或非要打败它的对手。它认为,生命并不是一场零和游戏:我的成功并不一定要损害你的利益,双方都能在比赛中实现共赢。以牙还牙把每场博弈当成参与者之间的一场交易,而不是双方之间的一场比赛。

生活在新几内亚中部地区的高地人民,他们的部落之间亦敌亦友,关系错综复杂,充满了危险和不稳定因素,同时又互惠互利。他们最近开始踢起了足球,但是他们发现输掉比赛的压力太大,让人有点承受不了,所以他们干脆调整了比赛的规则。球赛会一直进行,直到双方都踢进一定数量的球才会结束。这样所有人都享受比赛的时光,却没有输掉比赛的球队,每个进球的球员都可以把自己当成比赛的赢家。这不是一场零和游戏。

有个初来乍到的牧师,看完一场这样的平局比赛后,对裁判抗议道:"难道你不知道?比赛的目的就是要想法打败对方的球队。必须分出胜负才行!"但是对方球队的队长不紧不慢地回答道:"不行,神父。事情不能这样干,至少在我们阿斯马特(Asmat)这里不行。如果有人赢了,就得有人输——这样绝对行不通。"[6]

这事之所以显得非常怪异,是因为这样的想法让我们本能上觉得难以接受,至少在比赛的情况下(我也怀疑这种新几内亚式的足球比赛有什么乐趣可言)。但是我们可以看看贸易的例子。对经济学家来说,在贸易当中所获的收益是双向的:如果两国之间增加贸易额,双方都会从中获利,这是不言自明的道理。但是对普遍路人而言,他们看待这个问题的方式就会截然不同,更不用说他们那些煽风点火的代表了。对他们而言,贸易就是你死我活的竞争，所以出口就是盈利，进口就是亏本。

我们可以设想一场足球赛，和新几内亚式的足球赛稍稍有所不同。在这场比赛中获胜的球队是进球总数最多的球队，而不是打赢大多数比赛的球队。现在假设有些球队还是按照以前的老规矩踢球，严防死守让对方进的球越少越好，同时自己踢进的球越多越好。而另外的球队则采用不同的策略——让对方球队踢进一球，然后自己再设法踢进一球。如果对方让他们进球，他们就会回报他们的好心，让对方也踢进一球，比赛就这样一直进行下去。你很快就知道哪支球队最后会取得最好的成绩：那就是采用"以牙还牙"策略的球队。这样足球赛就从零和游戏变成了非零和游戏。阿克塞尔罗德的成就正在于将囚徒困境从一场零和游戏变成一场非零和游戏。生命很少会是一场零和游戏。

但是，在很重要的一点上，宾莫尔和其他批评者说对了。阿克塞尔罗德过于匆忙地得出结论说，"以牙还牙"策略本身在进化论上是个稳定不变的机制——采用以牙还牙策略的民族面对采用任何其他策略者的入侵都会岿然不动。这个结论很快就受到质疑，通过进一步的电脑模拟比赛，就像阿克塞尔罗德的第三场比赛那样，罗布·博伊德（Rob Boyd）和杰弗里·洛伯鲍姆（Jeffrey Lorberbaum）向人们展示，很容易就能设计出比赛使"以牙还牙"根本无法获胜，这就极大削弱了阿克塞尔罗德结论的说服力。

简而言之，在这些比赛中，随意混合的策略之间相互争斗，通过它们在上一场比赛中所获得的分数（5分、3分、1分或0分）来取得相应的繁殖速度，最后获得对有限空间的控制权。在这些情况下，那些卑鄙的策略如"始终背叛"，一开始优势明显，尽情屠戮那些单纯合作的策略，将它们淘汰出局。但是很快它们就变得行动迟缓后继乏力，因为它们遇上的总是和自己一样的背叛策略，所以总是只能拿 1 分。现在才是"以牙还牙"策略大展身手的时候：和"始终背叛"策略对垒的时候，它很快通过背叛，让对手不止一次丢掉 5 分的背叛诱惑，但是，在和采用同样策略的同类对垒时，它却能采用合作方式拿到 3 分。所以，只要"以牙还牙"策略能够找到几个其他的同类，哪怕形成很小的合作团队，它们就能快速蓬勃发展，将"始终背叛"策略赶尽杀绝。[7]

但正是在这个时候"以牙还牙"策略的弱点开始暴露出来，比如"以牙还牙"策略经不起错误的考验。我们应该还记得，"以牙还牙"策略一直适用，直到它遭遇第一次背叛，然后它就会惩罚背叛者。当两个采取"以牙还牙"策略的博弈者遭遇，他们会愉快地合作，但是如果其中一方纯粹因为无心的失误而背叛一次，那么另一方马上就会打击报复，不久双方都会陷入可悲的相互背叛的循环中，彼此侵害，难以自拔。我们可以看一个活生生的例子。在北爱尔兰，爱尔兰共和军的枪手瞄准英国的一个士兵射击，却失手误杀了旁观的一个新教教徒，这场失误煽动了一场复仇的烈火，效忠英国的枪手可能会随机挑选天主教徒作为射杀对象，这当然又会引起一轮新的复仇，这样一直冤冤相报，无休无止。这样一系列的仇杀事件多少年来在爱尔兰早已尽人皆知，就叫"以牙还牙"的杀戮。

因为存在这样的弱点，"以牙还牙"策略之所以在阿克塞尔罗德设计的比赛里取得成功，显然大部分是比赛形式所起的作用。这些比赛恰好没有暴露出这类弱点。在一个难免犯错的世界，"以牙还牙"只不过是很平庸的策略，其他各种策略证明都要比它优越。那么阿克塞尔罗德得出的清晰结论瞬间变得阴云密布，只有精心打造的新策略上场才能廓清其阴霾。

巴甫洛夫上场

现在场景转移到维也纳，20 世纪 80 年代后期的一天，卡尔·西格蒙德这个思维活跃的天才数学家正在那里给一群学生讲解博弈论。听众当中有个学生叫马丁·诺瓦克（Martin Nowak），他当场决定放弃自己的化学研究，转而专攻博弈论。西格蒙德被诺瓦克的决定深深感动了，给他布置了一个任务，让他解决"以牙还牙"策略出现后困扰囚徒困境的复杂难题。西格蒙德说，你给我在现实世界里找出一个完美的方案来。

诺瓦克设计了一个不同类型的比赛，其中一切因素都不确定，一切都受数据的控制。各种策略都有可能随机犯错，或以同样的概率在不同战术间转换。但是系统程序却可以通过不断改进和抛弃不成功的战术得到"学习"或进化，甚至各种策略行事的概率也会随时受到逐步进化带来的改变的影响。结果证明这种新的模拟很有帮助，将所有的阴霾全都一扫而空。比赛的结果并不是几种策略都能赢得比赛，而是有一种策略明显要独占鳌头。这种策略并不是以牙还牙，而是一种与其关系非常相近的策略，叫作"宽容的以牙还牙"，为了方便起见我称之为"宽容"策略。

"宽容"策略偶尔会原谅单次的失误。也就是说，大概有 1/3 的时间，它都会宽宏大量地放过一次针对自己的背叛行为。宽恕所有的单次背叛行为，这种策略被称为"一牙还两牙"，只会招致别人的利用盘剥。但是随机抽取大约 1/3 的背叛行为既往不咎，效果就会非常显著，既可以打破那种相互指责的循环，又不至于让背叛者利用到自己。在纯粹由偶尔会犯错的"以牙还牙"策略构成的电脑程序里，"宽容"策略会力克"以牙还牙"

策略而获得迅速扩展。所以，具有讽刺意味的是，"以牙还牙"策略不过是为一个比自己更友善的策略扫清了道路，但它是施洗者约翰，而不是拯救者弥赛亚。

但"宽容"策略同样也不是拯救者弥赛亚。它太过忍让，以至于让更善良、更单纯的策略得以蔓延。例如，"始终合作"这样的简单策略就可以在众多"宽容"策略中繁衍生息，尽管它实际上并不能击败"宽容"策略，但它却能从被打败的"尸体堆"里爬回来。但是"始终合作"却是个致命的慷慨策略，很容易遭受所有策略中最无耻的"始终背叛"策略的侵袭。而在"宽容"策略之间，"始终背叛"策略却无处容身，但是如果其中一些策略开始改用"始终合作"策略，它马上就会得偿所愿。所以，博弈远不是以一个互惠互利的快乐世界来圆满结束，而是"以牙还牙"引出"宽容"策略，"宽容"策略又引入"始终合作"策略，"始终合作"策略相应又会放纵永恒的背叛，这样就又回到开始时的原点。所以阿克塞尔罗德的一个结论是错误的：这场博弈根本没有一成不变的结论。

囚徒困境这场博弈没有持续稳定的解决方案，1992年初夏，西格蒙德和诺瓦克还在为这个结论而郁郁寡欢。博弈论者不喜欢这样拖泥带水的结论。真是无巧不成书，西格蒙德的妻子是个历史学家，这年正要去罗森堡宫殿待一个夏天，这座神话仙境一般的城堡位于奥地利北部的瓦尔德威尔特尔区，因为她正在研究城堡主人格拉芙家族的祖先，所以格拉芙邀请她去那里做客。西格蒙德让诺瓦克和他们同行，他们顺便带了两台手提电脑去玩囚徒困境这场比赛。这座城堡当时被用作猎鹰训练场，所以白天的时候，每隔两小时，就会有帝国鹰（imperial eagle）从古堡庭院上方的千米高空俯冲而下，练习俯冲技术，两位数学家不禁被这种现象吸引而分神。这是个理想的中世纪场景，非常适合他们在电脑里所组织的骑士比赛。

他们又回到游戏开始的地方，把各种从前抛弃掉的策略全部都输入他们的比赛清单，设法要找出一种策略，不仅能赢得比赛，而且在赢得比赛以后还能成功卫冕，保持不败。他们尝试让参加比赛的自动程序拥有较好一点的记忆力，不是像"以牙还牙"策略那样仅仅对玩伴的上一回合表现做出反应，新的策略同时还能记住自己在上一回合采用的战术，并采取相应行动。有一天，正当几只老鹰从窗外俯冲而过的时候，他们突然间有了灵感。一个从前有人用过的策略，是谁用过的？是阿纳托尔·拉波波特（Anatol Rapoport）第一次用过，突然间不断在比赛中胜出。拉波波特早已将这个策略排除了，认为它毫无希望，将其命名为"傻瓜"。但那是因为他将这个策略和"始终背叛"策略对垒，与之相比，它确实显得相当单纯。诺瓦克和西格蒙德将它输入一个由"以牙还牙"策略统治的世界，结果它不仅打败了那些老手，并且从此以后战无不胜。所以，尽管"傻瓜"不能打败"始终背叛"，一旦"以牙还牙"将"始终背叛"从战场上赶尽杀绝，它很快就能大出风头。"以牙还牙"策略又一次扮演了施洗者约翰的角色。

"傻瓜"的另一个名字叫"巴甫洛夫"，尽管有人说这个名字更容易误导别人——它和给人的条件反射正好相反。诺瓦克承认他应该用"胜而续用，败而更换"这个冗长却十分准确的名字来称呼它，但他就是说不出口，所以最后还是用"巴甫洛夫"这个名字。"巴甫洛夫"就像一个头脑非常简单的美式轮盘赌赌徒，如果这次押红色赢了钱，下次他就继续押红色，如果输了钱，下次它就换成押黑色。赢了会得 3 分或 5 分（合作奖励或背叛诱惑）；输了会得 1 分或 0 分（背叛惩罚或受骗支付）。我们在很多日常活动中都贯彻这个原则——不撞南墙不回头，包含驯狗和带孩子。我们教育子女的时候，就是假定得到奖励的事情孩子会继续做下去，而遭受惩罚的事情他们则不会再去做。

巴甫洛夫策略像"以牙还牙"一样友善，因为它愿意和玩伴建立合作关系；它也坚持互惠互利，因为它会回报玩伴的好意；它还像"宽容"策略那样乐于宽恕，因为它惩罚过失之后又会回到合作状态。但是它有一丝恶毒的倾向，这使得它能够利用那些单纯的合作者，比如"始终合作"策略。如果它遇到的是个傻瓜，它就会一直背叛下去。这样一来，它就建立起一个合作的世界，但又不会让这个世界退化成一个太过信任他者的乌托邦，让不劳而获者得以滋生蔓延。

但是巴甫洛夫的弱点也广为人知。就像拉波波特发现的那样，它在面对"始终背叛"这个无耻的策略时往往显得很无助。它不断转换到合作策略，然后得到的却是受骗支付，这就是它原来那个"傻瓜"绰号的由来。所以巴甫洛夫只有等"以牙还牙"策略已经大功告成，清理掉战场上的坏人之后，它才能大展雄风。但是诺瓦克和西格蒙德发现，巴甫洛夫只在决定性的游戏中——比赛中所有的策略都提前设定好，才会出现这样的弱点。在充满各种可能和学习机会的更现实的世界里，每种策略都随机决定下一步怎么做，就会出现截然不同的情况。巴甫洛夫很快就会适应它的种种可能，建立自己的霸权地位，"始终背叛"策略再也无法撼动它。它才是进化过程中真正稳定不变的策略。[8]

敢于叫板的鱼

那么动物和人类会不会使用巴甫洛夫策略呢？直到诺瓦克和西格蒙德发表他们的观点之前，从动物当中找到的与"以牙还牙"最接近的一个例子是曼弗雷德·米林斯基（Manfred Milinski）所做的一个实验，他使用的是一种刺鱼。刺鱼和米诺鱼都是梭鱼的食物，一旦梭鱼出现，它们的反应就是有一小股刺鱼离开大批的鱼群，组成侦查队伍，小心接近梭鱼，看看梭鱼带来的危险有多大。这种明显的蛮勇肯定能带来一定的回报，博物学家认为它能给刺鱼带回一些有用的信息。例如，如果它们打探出梭鱼并不饿或刚吃过食物，它们就可以回去继续吃饱。

两条刺鱼一起前去打探梭鱼的情况时，它们总是一前一后轮流向前冲刺。每次都是一条鱼上前冒险。一旦梭鱼有所行动，两条鱼马上就会游回去。米林斯基说这就是一系列小小的囚徒困境，每条鱼都得摆出合作的姿态，暗示自己下次会主动往前冲，或者选择背叛者的角色，让另一条鱼独自上前冒险。米林斯基巧妙地使用镜子，给每条鱼都呈现出一个清晰可见的伴侣（实际上是它自己的影像反射），或者紧跟在它的后面，或者在它越来越接近梭鱼的时候离它越来越远。米林斯基一开始用"以牙还牙"策略来解释他的实验结果：和合作者一起时，试验的刺鱼要比和背叛者在一起时更加勇敢。但是，在听到巴甫洛夫实验以后，他突然想起来，当出现在这条鱼面前的是以前曾合作过但后来一直背叛的同伴时，它好像就会在合作和背叛之间不停摇摆——更像"巴甫洛夫"而不是"以牙还牙"。

观察鱼类的行为而期待在它们中发现老练的博弈理论家，貌似显得有点荒诞不经，但实际上这个理论并没有要求鱼类必须理解自己的所作所为。互惠原则能够在完全无意识的自动状态下发展出来，只要它在类似囚徒困境的环境里和其他自动的物体之间反复展开互动——正如电脑模拟环境证明的那样。制定这样的策略并不是鱼类自身的作用，而是进化带来的结果，进化到这个程度后策略自然进入鱼类的反应中。

"巴甫洛夫"的出现并不意味着故事的结束。既然诺瓦克已去了牛津大学，剑桥大学无论如何得有人接受挑战，超越"巴甫洛夫"策略。这个人就是马库斯·弗林（Marcus Frean），他采用新的策略，在更加现实的情境中玩这个游戏，两个游戏玩家不用同时活动。吸血蝙蝠相互间并不会同时提供帮助，而是轮流帮忙——仅为了好玩而互换食物没有任何意义。弗林设计了一个比赛，在电脑里置入这种"轮流的囚徒困境"，结果毫无疑问，他发展出一种策略，打败了巴甫洛夫。弗林将其称为"坚定但公平"（Firm-but-Fair）策略，和"巴甫洛夫"一样，它遇到合作者就与其合作，互相背叛以后它还会回到合作策略上来，通过继续背叛来惩罚那些傻瓜。但它和"巴甫洛夫"不同的地方在于，它在上一轮上当受骗以后还会选择继续合作。所以它要稍微友善一些。

这一实验的意义并不是将"坚定但公平"策略提升到一个新的完美高度，而是提醒人们注意，让实验不同步进行，就让有戒心的宽容得到更多回报。这也和我们的常识相一致。如果你必须在同伴之前采取行动或同伴要在你之前采取行动，通过友善行为诱使对方合作就会大有好处。换句话说，你不会对陌生人怒目相向，以免他们对你产生不好的印象，通常你都会对他们笑脸相迎。

第一批说教者

然而有个更棘手的问题出现了。囚徒困境是个双人博弈。如果同一组的两个人无止境地将这场游戏玩下去，似乎合作就会成为自发的选择。或者更准确地说，如果你一辈子只和自己的邻居打交道，对他态度好点肯定有好处。但现实世界并非如此。

即使在两人之间，互惠原则也很难带来合作关系：两个人必须确保能再次相遇并能认出对方，这样才能监督彼此之间的合约。那么三人或超过三人之间情况势必会更为艰难。小组成员越多，合作收益就越难实现，横在中间的障碍也就越大。实际上，博弈论家罗布·博伊德（Rob Boyd）说，不仅"以牙还牙"策略，任何互惠策略都无法解释较大团体中的合作行为，原因就在于较大团体中的成功策略必须对偶然出现的背叛行为严惩不贷，否则不劳而获者，即总是背叛、不肯互惠互利的个体，就会以损害良好公民的利益为代价四处扩散。但是让一个策略不能容忍偶然背叛的那些特征，恰恰也正是让一开始数量稀少的互惠者难以聚焦起来的特征。[9]

博伊德自己提供了一个解决方案。他说，如果有一种机制，不仅惩罚背叛者，而且惩罚那些没有惩罚背叛者的对象，那么互惠合作可能就会得以发展。博伊德称之为"说教"策略，它不仅让合作行为四处扩散，而且让任何个体付出高昂代价的行为都广为传播，不管它有没有给集体带来利益。这传达的实际上是个阴森可怖和权威独断的信息。而"以牙还牙"策略提倡在自私自利者中传播善良行为，却没有任何权威来告诉它们要善待他者，在博伊德的道德规则里我们则看到一个法西斯分子或邪教教主能够动用的权力。

解决大集体当中那些不劳而获者的难题还有另一个可能更有力的方案，那就是社会孤立的力量。如果人们能认出背叛者，他们只需要拒绝和这样的人博弈即可。这就有效剥夺了背叛者的背叛诱惑（5分）、合作奖励（3分），甚至是背叛惩罚（1分）。他们根本就没有机会累计任何分数。

哲学家菲利普·基切尔（Philip Kitcher）设计了一个"选择的囚徒困境"的游戏，用来探索排挤（ostracism）的威力。他在一台电脑里设置了四种策略：一是有鉴别能力的利他主义者，它们只和那些以前从来没有背叛过它们的对象合作；二是积极的背叛者，总是要去背叛对方；三是孤独者，遭遇任何对象总是马上撤离；四是选择性的背叛者，随时和那些以前从来没有背叛过的对象合作，然后再狡猾地背叛它们。

有鉴别能力的利他主义者（简称鉴别者）侵犯那些孤独者并很快大获全胜，因为它们找到彼此并获得奖励分（3分）。但令人惊讶的是，选择性的背叛者后来则无法侵犯鉴别者这个团体，而鉴别者则可以侵犯选择性背叛者中的任意一个。换言之，鉴别者和"以牙还牙"策略一样"友善"，可以重新侵犯反社会类型的种群。它并不比"以牙还牙"策略更稳定，因为它同样容易遭受不加辨别的合作者的侵犯而被其取代。但是它的成功暗示排挤在帮助解决囚徒困境时所发挥的威力。[10]

基切尔的实验项目完全依赖博弈对手过去的行为来判断它们是否值得信任。但是在潜在的利他主义者当中鉴别则不需要这样追溯过往。我们有可能提前辨别出潜在的背叛者并避开他们。经济学家罗伯特·弗兰克（Robert Frank）设计了一个实验用来辨别背叛者。他将一群互不相识的人一起关在一个房间里半小时，然后再让他们每个人私下预测，在一场囚徒困境的博弈里，哪一个和他们结伴的人会合作，哪个人会背叛。结果证明他们预测的结果要比全凭偶然预测的好。哪怕只是 30 分钟的接触，他们也能获得足够的信息来识别某个人，并据此来预测他的合作可能。

弗兰克并没有说这个实验的结果多么令人惊讶。我们一生大部分时间都在估量别人的可信度，我们一眼就能判断别人可不可信并对此充满信心。他对那些持怀疑态度的人做了一个思想实验：在那些你认识的人当中（但你从来没看过他们怎么处理农药），你能否想出什么人会开车 45 分钟去处理一份剧毒农药？如果你能想出来，那么说明你接受了这样的假设，即人们能够预测出合作这种倾向。[11]

鱼可不可信任

现在突然之间，人们有了全新并且有力的理由来善待别人，那就是说服人们和你一起博弈。那些没有表现出可信度并且没什么好名声的人既得不到合作的报酬也拿不到背叛的诱惑。合作者总能找到人合作。

当然，要让这样一个系统顺利起作用，个体之间必须学会彼此辨认出对方，这也不是个容易掌握的本领。我不知道在一万条鱼当中有没有一条鲱鱼，或者一万只蚂蚁中有没有一只蚂蚁对自己这样说过：又见到老朋友了。但是我敢肯定，它没有这样说过。另一方面，如果我说一只草原猴可以通过声音和长相认出群体中任何一个成员，我觉得也不会错，因为专门研究灵长类动物的动物学家多萝西·切尼（Dorothy Cheney）和罗伯特·希法斯已经证明了这种情况。所以，猴子拥有互惠合作所需要的那些特征，而鲱鱼则没有。

但是，我可能也污蔑了鱼类。曼弗雷德·米林斯基和李·艾伦·杜加金（Lee Alan Dugatkin）发现，刺鱼冒着生命危险侦察自己的天敌时，也表现出一种非常清楚的排挤模式。一条鱼可以容忍另一条鱼更多的背叛行为，只要它过去一直和自己合作，而对过去没有与自己合作过的鱼，它的背叛行为就变得难以容忍。并且刺鱼每次都会挑选同样的伙伴来陪伴自己执行侦察任务——总是挑那些一直都是良好合作伙伴的鱼。换句话说，刺鱼不仅特别擅长认出其他个体，而且它们好像也擅长给每条鱼做记录——记住哪条鱼可以信任。

鉴于互惠合作在动物世界里极为稀少，这一发现实在令人困惑。裙带关系解释了蚂蚁之间的合作，也解释了每种动物照料其年幼成员的行为，和裙带关系相比，互惠行为已经被证明极其稀少。这很可能是因为互惠不仅需要不断重复的互动交往，还需要具备辨认出其他个体并保持交往记录的能力。只有高等哺乳动物——猿猴、海豚、大象和其他少数动物才被认为拥有足够的脑力，能够辨别出足够多的其他个体。现在我们知道刺鱼也能保持记录，至少记得住一两个"朋友"，看来这种假设的条件也许不得不放宽一些才行。

不管刺鱼有什么样的能力，可以肯定人类拥有惊人的记忆力，能够回忆出哪怕极偶然认识的人的各种特征，并且活得长、记忆久，无疑比任何其他种族更能从容不迫地进行"选择的囚徒困境"这样的博弈。地球上所有的生物中，最有可能满足囚徒困境这个比赛标准（用诺瓦克的话来说，就是重复遇见对方、认出对方并且能记住以往遭遇结果的能力）的动物无疑就是人类。确实，这可能正是我们区别于其他动物的地方：我们尤其擅长互惠的利他主义。

请想一想：互惠原则就像达摩克利斯之剑那样高悬在每个人的头顶。他之所以邀请我参加他的派对，目的即是想让我为他的新书写篇好点的书评。他们已经吃了我们两餐饭了，可是还没有回请过一次。我为他付出那么多，他怎么能这样对我？如果你帮我这个忙，我保证以后会加倍偿还。无功而受禄，让我寝食难安。这是你欠我的。义务，欠债，帮忙，交易，合同，交换，买卖……我们的语言中，我们的生活里充满互惠互利的想法。而这一想法在任何领域，都没有我们在对食物的态度方面体现得更为真实。

第 5 章

义务和宴会

人类对食物的慷慨行为得到了解释

理解了狒狒的人,对于形而上学的贡献要远远大于洛克。

——达尔文,《笔记》(*Notebooks*) [1]

我们假想一下，性交一般都在大庭广众之下公开进行，而吃饭则在私密场所悄悄去做。没有什么特别的理由可以解释为什么世界不能是这个样子——想在没人的地方性交显得非常奇怪，而在公共场所吃饭被人撞破则感觉羞愧难当。没有理由可以解释，只能归之于人类本性。吃饭是公共行为而性交则是私密活动，这不过是我们天性的一部分。这种思想深深植根于人们的心理，以致相反的做法会让人觉得匪夷所思。历史学家钟爱的奇怪想法，认为性爱的私密是中世纪基督教世界的文化产物，在很早以前就已被人驳得体无完肤。纵观全世界，无论人们的信仰如何不同，不管人们在公共场合穿多穿少，性爱都是一种隐秘的活动，或是在夜深人静的时候悄悄进行，或是白天在郊外没人看见的地方野战。这是普天下人类的共性。而另一方面，饮食则属于一种普遍的公开活动。[2]

无论在世界什么地方人们都喜欢聚在一起吃饭。一帮人一起吃吃喝喝是意料中的正常行为。我们围桌而坐一起用餐，我们约朋友在饭店见面然后一起吃饭，中午工作餐时我们和同事聚在一起吃三明治，我们追求自己心仪的对象或是被喜欢自己的人追求时都爱一起吃烛光大餐。如果有客人被邀请到你家或者办公室，你会用食物来招待她——哪怕只是一杯咖啡和几块饼干。吃饭就意味着分享。主动与人分享食物只是一种社交本能。

我们与人分享最多的食物是肉类食品。聚餐的人数越多，社交性越强，餐桌上缺少肉类食品就越显得不可思议。对罗马或中世纪时期宴席的描绘无异于一份肉食品清单：云雀肉、野猪肉、公鸡肉、牛肉。当然也有蔬菜，但是让大宴宾客显得和家常便饭不同的地方就在于肉的多少。或者可能是编年史家觉得肉食比萝卜更值得一提。至今肉类食品仍在宴席中占据重要角色。如果你参加一个资金雄厚的公司在四星级酒店举办的豪华宴会，而主菜不过是意大利面，那么你肯定会觉得莫名其妙；但是如果你在家里吃饭，主菜是意大利面，你不会有任何其他想法。

即使在家里吃饭，肉食仍然被当成一日三餐的主要原料。晚饭吃什么？随便问个人。牛排，不管谁烧饭都会这样回答，或者是鱼，大家都不提西红柿和白菜，尽管从营养上来说，它们也是一顿饭的重要组成部分。肉通常会被首先放到盘子里，或者摆在盘子最中间的位置。以前男主人作为一家之主，通常会当着众多来客的面，仪式性地将肉切开并平分成很多块，现在有些家庭还保留这样的传统。而你白天匆匆吃下的零食里又有多少含有肉呢？很少。[3]

我选的这些例子只局限于不多的几种文化，描述的也只是一些西方的习俗。但我认为世界各大洲各个文化中人类的情况大多如此：吃饭很大程度上都是公共、群体性和分享的行为，而肉类通常又是所有食物中共享最多的食品，尽管也不尽然。从根本上说，人类最无私、最具共产主义性质的行为就是分享食物，这是社会存在的基础。我们不会与人分享性伴侣，在性爱上我们都会独享、嫉妒并讳莫如深，如果有机会，我们恨不得杀掉情敌，守住我们的性伴侣。但食物却可以拿来与人分享。

分享食物即使不是人类独有的特征，至少也是人类的一个独特癖好，即使在小孩子身上也表现得异常明显。比鲁特·戈迪卡斯（Birute Galdikas）研究生活在婆罗洲森林里的红毛猩猩，她的孩子宾迪是在满是小红毛猩猩的营地里长大的。这让她能注意到一些人们通常认为理所当然的现象，人类和红毛猩猩在对待食物分享的态度上存在显著差异。"分享食物好像给宾迪带来极大的快乐。相反，'公主'却和其他红毛猩猩一样，一有机会就会哀求、偷窃食物并三口两口吃掉。分享食物在'公主'那个年纪并不是红毛猩猩本性的一部分。"[4]

你所拥有的其他东西中，还有哪些是你愿意像分享食物一样与别人共享的？我们在这里偶然发现了人类本性中奇特的慷慨一面——分享食物这个慈善行为的奇怪来源，人们好像对待其他财产时都不会表现出这样的态度。在攫取美德带来的好处（即劳动分工和协作配合的机会）的斗争中，正是猎取肉食让人类获得了第一次伟大的机遇。

黑猩猩用食物换取性交

人类学家早就认识到，食物分享是人类的普遍习性，而且肉类比其他食物分享得更频繁。这主要是因为与其他食物相比，每次获取肉类的量一般都要大得多。

委内瑞拉的雅诺马马人经常将在森林里捕到的大型猎物与人分享，但是小一点的猎物，或者在菜园里种植的大蕉则留作己用。在巴拉圭的埃克人（Ache）当中，猎人把90%的猴子肉或者野猪肉都拿出来共享，但是棕榈树汁或者小穿山甲则大部分都留下来自己吃。在澳大利亚阿纳姆地的提维人（Tiwi）中，猎人家将小猎物的80%都留下来，但超过12公斤重的猎物，他们则只会留下20%左右的肉自己食用。

在所有灵长类动物中，人类是最喜欢吃肉的动物。即使按照大部分现代渔猎部落相对素食主义的标准来衡量，我们吃的肉也比人类最近的竞争者狒狒和黑猩猩多得多，更不用说富裕的西方人过度依赖肉食的饮食习惯了。比如生活在南非喀拉哈里沙漠的昆申人，他们所吃的食物里肉类大概占到20%，而坦桑尼亚的黑猩猩，其饮食结构中肉类至多只占所吃食物总重量的5%。但是，这并不是否认肉食对黑猩猩的重要性。它们投入大量的精力用来猎取食物，不放过任何一个捕获肉食的大好机会。同样，狒狒显然认为小瞪羚的肉才是美味佳肴。

但即使在黑猩猩当中，我们好像也能看到由肉食分享行为带来的合作文化迹象。在黑猩猩当中猎取肉食是群体性的活动，大部分由雄性黑猩猩团体负责实施。参与狩猎的黑猩猩越多，成功的概率也就越大。在坦桑尼亚的贡贝河，黑猩猩的主要猎物是红色疣猴，总体说来它们出猎十次大概有五次都能成功捕获这种猴子，如果有超过十只雄黑猩猩加入狩猎队伍，那么成功的概率可以上升到将近100%。黑猩猩通常只会抓住一只疣猴幼崽，这样一只小小的战利品，如果在一大群成年黑猩猩中分享，每只猩猩分到的肉必定不足以果腹。

那么它们为什么还要集体捕猎呢？有段时间科学家认为捕猎可能是反常的行为，可能因为有人类观察者的存在，他们总是跟着黑猩猩，让作为猎物的猴子受到惊吓而容易被黑猩猩抓到。但是后来他们发现在别的地方也有大猩猩集体捕猎的现象，并且在贡贝河地区，即使没有科学家出现在观察现场，这些年来也一直有猩猩集体捕猎，所以现在他们认为这属于正常现象。于是研究野外动物习性的科学家现在得出了一个新的理论。他们认为黑猩猩根本不是出于营养的目的去捕猎，而是为了社交和繁殖。他们捕猎是为了交配。

如果一群黑猩猩在森林里遇到一群疣猴，它们有时候选择去捕捉这些猴子，有时则选择放弃。如果黑猩猩的队伍足够庞大，它们就更有可能会展开捕猎，这样做可以理解，因为它们捕猎成功的机会非常大。但到目前为止，对黑猩猩到底会不会展开捕猎，最可靠的预测是看这支队伍里有没有乐于接受交配的母猩猩。如果其中有个母猩猩"情欲高涨"——到了发情期而欲火难耐，那么队伍里的雄猩猩通常就会展开狩猎活动。一旦它们抓到一只猴子，就会优先将一部分猴子肉献给这只发情的母猩猩。然后令人惊讶的是，哪些雄猩猩出手送猴子肉更大方，母猩猩就更乐意和它们交配。

这在蝎蛉中也是个常见的习性：雄蝎蛉常常用食物向雌蝎蛉行贿，比如说把抓住的一整只昆虫都送给雌蝎蛉吃，然后雌蝎蛉才让它和自己交配。这种交易在黑猩猩当中还没有表现得如此露骨，但这种行为确实还是存在。雄性动物和发情的雌性动物分享食物，以此换取交配机会。[5]

劳动的性别分工

黑猩猩是人类的近亲。大部分人类学家都认为早期原始人——南方古猿生活的群落和黑猩猩的群落十分相似，很多成年男性一起分享食物，一起竞争与成年女性性交的机会。除了生活在大草原的猴子或猿类没有任何别的社会系统之外，目前还没有确凿的证据可以证明这点。

那么就让我们暂时假设人类和黑猩猩一样，外出狩猎都是为了同一个目的。在早期原始人当中，男人外出狩猎，是为了获取肉类献给女人，以用来换取性交的机会。这个假设也并非那样不合情理，在亨利·菲尔丁的名著《汤姆·琼斯》中，就有与此类似的情节，其中肉食和性行为总是紧密联系在一起。其实，在现代渔猎部落里，这种现象虽然令人不快，却非常接近事实。而在那些滥交行为司空见惯的部落，男性常常花费大量时间去猎取肉食。

我们来看两个例子。在埃克人的部落里，性行为相对比较自由开放。女人可以和丈夫以外的男性自由约会，所以婚外性行为非常普遍，打情骂俏属于稀松平常，不同的团体经常聚会。滥交虽然并没有得到鼓励或认可，但发生的可能性非常大。埃克部落里的男人都是敏锐的猎手，平均一天花7个小时在森林里寻找猎物。那些大获成功的猎人常常有更多的出轨机会。相反，锡维部落的人则都是禁欲的教徒。他们的性别比例中女多男少，不喜欢拜访其他的团体，婚外性行为几乎绝迹。锡维部落里的男性和埃克部落男性的空闲时间大致相同，但是他们很少花时间出去打猎：一周只会抽出一两天，每次打猎只有几个小时。打猎得到的肉类都归自己的家人所有。在非洲同样的对比也可以在哈扎人和昆申人两个部落中发现。哈扎部落里的男性都是痴迷的猎人和偷情的圣手。而昆申部落的男性只偶尔狩猎，绝大多数都是忠实的丈夫。[6]

从四个例子中并不能构成一套理论，但是以此假设现代社会的男人心里还是念念不忘通过设法猎获肉食来换取发生性关系的机会，似乎也不无道理。但是人类的狩猎行为远远不止以上一种原因。毕竟，对于很多觅食的人来说，肉食只是一道主食，并不是什么稀有的奢侈食品。肉食诱惑模式可能是人类食物分享行为的起源，但是它最终演化成更加根本、更为关键的东西，演变成所有人类社会中最重要的一项经济制度，那就是劳动的两性分工。

人类和黑猩猩之间有个极大的区别，那就是我们称之为婚姻的社会制度。在几乎所有的人类文化当中，包括渔猎部落社会在内，男人都会独占他们的配偶，反之亦然。哪怕男人最终娶了不止一个妻子（就像渔猎部落里少数男人所做的那样），每个男人还是和为他生儿育女的那个女人一起维持长期的家庭关系。而黑猩猩则不同，一旦母猩猩过了发情期，雄猩猩多半会对其丧失兴趣。男人和雄猩猩不一样，他们一般都和自己的妻子保持多年亲密而又好吃醋的性伙伴关系，即使不是一生一世。长期稳定的伴侣关系并不是人类社会特有的文化建构，而是人类普遍的生活习性。[7]

因此，男性的狩猎行为就有了不一样的动机。男人外出打猎，正如雄鹰或狐狸所做的那样，是为了给自己的儿女提供食物。这只会让男人在打猎时占有更多优势。以这种男女结合的方式生活，男人能将自己获得的肉食与妻子分享，而妻子则把自己获得的蔬菜和丈夫共享。两个人因此都能生活得更好。劳动分工是天生而来，交换食物的一对夫妻每人都比独自谋生活得更幸福。女人可以采集足够两个人吃的根茎、浆果、水果和坚果，而男人猎取一只野猪或野兔，让炖出来的食物富含更多的蛋白质和维生素。

40年前，人类学家就注意到劳动的两性分工实际上是所有人类社会中普遍存在的现象。在20世纪60年代，由于过分拘泥于这种说法中隐含的性别歧视，他们放弃了对这个主题的研究，开始谴责由重男轻女的偏见造成的差异。但是这样的解释并不能令人信服。劳动的两性分工并不是一种歧视。即使在最平等的社会里这种现象也会发生。人类学家实际上一致认为渔猎部落比农耕部落更少持有性别歧视观念，女性受到的支配更少。但他们也同样都注意到男女在寻找食物方面不同的角色分工。

男人和女人的劳动分工非常彻底——即使在合作的时候也分工明确。在中世纪的法国，根据传统，杀猪是件男女合作但分工非常细致的活儿。女人负责挑选待宰的猪，男人负责挑选杀猪的吉日，如此这般一直细分下去，直到香肠的制作（女人负责）和猪油的腌制（男人负责），全都分得清清楚楚。[8] 直到今天，男人和女人在很大程度上还是从事不同的工作。即使在北欧国家，将近 80% 的女人都属于劳动力，男人的工作和女人的工作之间还是有着明显的区分：只有不到 10% 的女性从事的职业，其领域内的性别平衡大致实现了对等；有一半的工作者在从事的工作领域里，自身的性别比例占到所有职员的 90%。[9]

这样问题就来了：从什么时候开始，男人将狩猎从单纯作为勾引女人的手段变成和妻子之间约定的一部分？实际上，有这样一个时刻，男人猎获肉类不再只是为了勾引更多的女人，而是为了养育他们的儿女。有一派观点认为，劳动的两性分工正是人类作为一个种族早期开始进化的关键特征。没有两性分工，在干燥草原这样恶劣的自然环境里，我们根本不可能存活下来。我们的狩猎技术太差，依靠狩猎根本无法生存，而通过采集获取的食物又太不稳定，并且对我们这样庞大的身躯和杂食的肠胃而言，营养不够充分。但是将二者结合起来，人类就拥有了一套切实可行的生活方式。加上用火烧煮食物这种预先消化方式，让我们能吃下通常只有比人类肠胃更强大的肠胃才能消化掉的坚硬的果蔬，这样我们就有了能养活自己的生态小环境，适合我们这样庞大而又群居化的平原猿类生存。

澳大利亚、新几内亚、南非和拉丁美洲的部分地区至今还有成百上千的部落依靠他们能够捕获和找到的食物维持生存。多数部落现在都不免受到人类学家的侵扰，他们发现男人狩猎、女人采集这样的模式对所有的部落都同样适用。当然，其具体比例可能会有所不同。因纽特人的饮食完全由肉类构成，绝大部分由男性提供；南非昆申部落的饮食80%由蔬菜构成，主要由女性提供。但是几乎所有的肉类食品都由男性获取，而几乎所有的蔬菜食品都由女性采集，只有一个例外，那就是菲律宾吕宋岛的阿埃塔人。阿埃塔的女人都是激情而又高效的猎人，尽管比起男性她们还是有点逊色。但是阿埃塔人并不是真正的渔猎部落，他们用狩猎获取的肉类和其他部落换取农产品。

男女之间的劳动分工这样普遍，即使在渔猎部落中有女性经常获取肉类食品，那也总是些较小的哺乳动物、贝类、鱼、爬行动物或者幼虫——都是通过挖掘或者采集获得的小猎物，而不是通过埋伏和追逐捕获的大猎物。女性经常面临一个禁忌，那就是不准触摸或者制造武器或打猎用具，甚至不能陪同出猎，但是由于这样的禁忌导致男女间的劳动分工似乎不太可能，而可能正是劳动分工带来了这样的禁忌。如果说劳动的两性分工只是生物学上的一个反映，女人受到怀孕和照料孩子的限制，需要做一些更安全、节奏更慢和离家不是太远的工作，这种看法也不足以令人信服。这样看待劳动分工的方式显得太过消极。相反，劳动分工的发明是经济上的一大进步，因为它让人类能够同时开拓两个不同的专业领域，产生的结果要比部分相加得到的总和大得多。这和身体内部细胞之间的劳动分工如出一辙。

但是另一派的不同思想认为，男女之间的劳动分工直到上一个十万年期间才开始出现，此前男人和女人都是各自捕食，自给自足。男人比女人可能更偏爱肉食，但是还没有出现婚姻制度，也没有更大规模集体层面的食物分享模式来利用劳动分工带来的巨大好处——通过贸易来获取收益。我们可能永远也不知道这种转变最迟是在什么时间发生的，但是婚姻的出现以及部落内核心家庭的出现与食物共享属于同一时期，则是非常有可能的事情。[11]

食物分享行为使男人外出狩猎成为可能。没有食物分享，人类就不会出外狩猎，因为他们无法通过这种方式来获取足够的热量。在很多热带的渔猎部落，采集食物获得的热量回报要远远大于狩猎活动。但男人还是对狩猎活动和肉类食品情有独钟，这种执着程度和它作为身体热量来源的重要性极不相称。即使在男人也须花费大量时间采集食品的社会中，捕猎肉食也被看作男人的重要任务。在乌干达的一个地区，即使一只瘦骨嶙峋的鸡，其价值也相当于花四天时间采集的芭蕉。[12]

19世纪有个传说，说新西兰有种垂耳鸦，如果你猎杀了它的配偶，它就会忧伤而死。我们永远也无法知道这是否仅是个寓言，因为垂耳鸦的整个种族在1907年已完全灭绝，但我们知道的是垂耳鸦和我们一样实行劳动的两性分工。雄性的垂耳鸦的喙短小坚硬，可以啄开烂木头寻找藏在里面的小虫，而雌性垂耳鸦的喙弯曲细长，可以在缝隙中取出食物。两只垂耳鸦采用这种独特的合作方式，啄开木头并找到自己需要的食物。和我们一样，它们的这种劳动分工也依靠婚姻维系。

和垂耳鸦一样，人类可能也会发展出不同的身体特征和心理特征，以适应两性之间不同的生活方式。狩猎和采摘可能在我们身上分别留下了各自的印记。男人天生就比女人擅长投掷，平均说来男人更喜欢吃肉（和同一年龄段的男性相比，女性成为素食主义者的比例一般要高出一倍，这种差异还在不断增长）；男人一般更喜欢吃大餐，而不会经常吃零食，这可能是狩猎生活方式留下的特征。同样，男人一般总是比女人更擅长看地图，穿越错综复杂的迷宫或者做特别费脑力的拼图游戏。这些正是一个猎人需要的技巧，用来制造梭镖并向动物投掷，然后找到回家的道路。打猎本身就是个绝对男性化的职业，即便在西方社会也是如此。女性则更擅长语言表达，更善于观察，更加注意细节，更吃苦耐劳，这些技巧都更适合采集。

我想强调一下，这里有大量的材料可以被那些对女人有固定偏见的人利用，但没有任何材料可以证明女人的位置就是待在家里。毕竟，这里的论点是说男人和女人在更新世都得外出工作，男人负责狩猎，女人负责采集。没有哪一种活动看起来会和走进办公室接一整天电话有什么联系。男性和女性都不适合做这样的事情。

奉行平等主义的猿

但是，尽管两性分工合作的故事听起来这样引人入胜，它却不是食物分享这个发明带来的最为深远的影响。带一只打死的兔子回家给你的妻子，或者拿一些黑莓给你的丈夫，这并不是什么值得大惊小怪的事情。和在众多其他族类中一样，人类家庭都是通过基因的裙带关系联结在一起的合作单位。夫妻在他们的子女身上有共同的基因利益，就像蚂蚁和蜜蜂那样，这一点给了他们合作的一切理由。获取食物时的劳动分工只不过是这种合作的另一种表现方式而已。

但是人们不仅仅和他们的配偶子女等人分享食物，他们还邀请没有亲属关系的朋友来家中做客。他们和生意上的伙伴共进午餐，甚至和竞争对手一块儿吃饭。他们即使不是普遍与人分享食物，至少与分享性行为相比要慷慨大方得多。如果食物分享对于夫妻之间发展更亲密的伴侣关系至关重要的话，那么它对于人类社会的发展是不是也起了同样重要的作用？美德是不是一盒大家集体分享的巧克力？

分享食物的行为并不仅限于人类。狮群和狼群也一起吃掉猎物，虽然在吃的过程中难免会出现争抢，但在这种情况下，森严的等级秩序依然存在。狼群里年长的狼绝不会容忍年幼的狼从它们口里抢夺肉食，它们只允许这些幼狼吃它们自己不吃的那部分肉。人类的食物分享则与此不同——将精挑细选的一小部分食物拿出来与人分享，通常大家分到的食物都相当平均。确实，想到人类的宴席上还有支配食物的先后等级，实在是很荒谬的事情。当然，中世纪的领主得到的是上等的烤肉，而坐在桌子下方的那些封臣吃的肉则要差很多。但是人类宴席最值得注意的地方就在于它的平等。一餐饭的全部意义就在于与席的每个人都能均享美味。

此外，在人类进化的历史长河中，男女之间结伴生活的方式还只是相对后期才出现的现象，这是人类特有的现象，和我们最相近的动物族类也鲜少具备这一特征。而男人之间缔结各种关系在人类社会里则更为历史悠久，因为这也是猿类的特征，尤其在猩猩和人类当中表现得最为突出，即雄性和他们的亲人集体住一起，而雌性成年后即离开她们出生的集体。在这一点上我们和猴子完全不同，它们奉行的恰好是相反的习性：雌性和她们的亲人住在一起，而雄性成年后则从出生成长的地方迁出去。因此，我们可以说，男人喜欢一起聚餐的爱好可能要远远早于他们与妻子分享食物的倾向；这可能是关系亲近的雄性猿猴之间共享食物遗留的印记。

这种分享食物的平均主义确实是我们与猩猩共有的一个特征。猩猩在一餐共享的宴席上暂时忘记了尊卑。小猩猩经常向大猩猩乞求食物，并且往往都会如愿以偿。确实，作为头目的雄猩猩偶尔也会独自霸占一只刚猎杀到的猴子，但这绝不是正常现象。老猴子绝不会让小猴子从它们那里拿走已经到手的食物，除非这些小猴子是它们的亲人。而大猩猩却经常让小猩猩从它们那里拿走食物，并且，那些小猩猩还会讨要食物，而除了向它们的妈妈要吃的，这样的情形在小猴子那里从来没有见到过。黑猩猩有一整套的手势专门用来指代食物。发现了一大堆水果，它们会发出呜呜的声音，好像招呼自己的朋友一起过来用餐，它们使用传神的手势，乞求朋友与它们一起分享食物。但这并不是说它们总是分享所有的食物——远不是这样。但它们有时候确实会这样做。

针对这一特点，弗兰斯·德·瓦尔（Frans de Waal）在亚特兰大的耶基斯地方灵长类动物研究中心（Yerkes Regional Primate Research Center）对大猩猩展开研究。他向猩猩的围场里送进一束束新鲜的带叶子的树枝，都是从枫香树、郁金香、山毛榉和黑莓上刚采下来的，每一束树枝都用金银花的藤蔓紧紧缠绕起来，以确保这些树枝有时落入较小的猩猩手里。然后他仔细观察这些树枝上的叶子会遭遇怎样的结果。他之所以选择树叶，是因为高能量的食物，如香蕉，有时候会在猩猩中引起暴力的争斗，而树叶尽管也是猩猩爱吃的食物，却不会让它们那样迫切地想要据为己有，所以常常会拿来与其他同类分享。任何一只猩猩拿到一束树叶都允许其他猩猩从上面攀折一枝，或是自己折下来与其他猩猩分享。

一看到这些树枝，它们的第一反应就是不停地欢呼雀跃，和在野外发现好吃的食物时常表现出的举动一样。它们相互亲吻、拥抱，呼朋引类。（倭黑猩猩，或者小黑猩猩，是和黑猩猩非常亲近的族类，生活在非洲中部，当它们找到一棵结满果子的树时，偶尔会彼此交媾以庆祝这样的喜事。）接下来发生的是不断升级的"地位确认展示"活动。换句话说，就在团体中的等级地位被暂时搁置以前，它会得到确认和重申。在进食期间还会有越来越多的相互侵犯和争吵。

但是，大家得到的食物却都极其平均。那些处在统治地位的猩猩更倾向于给予，而不是索取。等级远没有互惠那样重要。如果甲常常给乙树叶，那么乙也会经常给甲树叶吃。这里存在一种轮流的模式：如果乙最近给甲梳理过毛发，那么甲更可能给乙食物，但是如果甲已经帮乙梳理过毛发则不用这样做。黑猩猩会通过攻击来惩罚另一只小气吝啬的猩猩。

对德·瓦尔来说所有这些都暗示黑猩猩"拥有一种交易的意识"。他们彼此分享食物，并不是因为它们无力阻止其他猩猩从它们那里抢走食物——否则，为什么统治者分给属下食物呢？它们分享食物是为了相互讨好，以便日后获得受惠方的回报，并且维护自身德行高尚的好名声。它们好像是高明的博弈理论家。"黑猩猩之间的食物分享"，德·瓦尔写道，"镶嵌在由各种复杂的关系、群居的压力、延迟的报酬和相互间的义务构成的多面矩阵当中。"

但是黑猩猩几乎从来不会自愿把食物递给对方。只有在对方提出要求的时候食物分享行为才会发生。所以虽然德·瓦尔相信它们从猴子的自私自利往前发展了很多，并且获得了互惠的利他主义带来的好处，但是，他认为人类已经跨越的互惠互利这条进化链上的界线，它们却还没有越过。

分摊风险

在新墨西哥大学金·希尔的桌子上方悬挂着一幅巨型照片，照片上是一位巴拉圭的埃克人，肩上扛着一个割下的大貘的头颅，鲜血一直流到这个人裸露的屁股上，然后顺着他的大腿后面一直流下来。希尔和他的三位同事引发了一场研究人类食物分享活动的革命，通过这样做他们揭开了经济学的根源。

这一切都始于1980年纽约的哥伦比亚大学。尽管入学时他是要成为一名生化学家，希尔在大学前两年的夏天一直都在巴拉圭为联合国维和部队工作，而现在他则在大学里攻读人类学的研究生学位。希尔和同学希拉德·卡普兰（Hillard Kaplan）争论人类社会的起源，设法想要说服他相信人类学已经走进了黑暗的胡同里，因为它太过沉溺于社会。希尔说，社会不存在需求，只有个体才存在需求，而社会是个体的总和，而不是其自身的实体。因此只有懂得什么对个体有意义，人类学才能取得进步。

例如，那时的人类学家主要从社会或者集体的利益角度来解释食物分享行为，而不考虑个体的利益。他们认为部落社会里的人相互分享食物是有意为之的平均主义策略——有助于消除地位上的差异。而这反过来又有助于群体和它周围的环境维持生态平衡，主要是不鼓励人们在成功获取食物方面过分追求。如果获取的食物超过一定的量，那就失去了意义，因为超过一定量的食物人们只得拱手送人。像大多数社会科学家一样，人类学家没有感受到经济学家为慈善行为辩解的强烈需求。

因为对这样的辩解感到不满，希尔说服了卡普兰，并劝说卡普兰陪他一起在1981年重新回到乌拉圭，开始研究埃克人。卡普兰承认他对人类学背后的支撑理论几乎一无所知,尤其是他这时还没有受到哈佛大学对喀拉哈里沙漠里的渔猎部落昆申人所开展的伟大研究的影响。这一点至关重要,因为希尔和卡普兰的想法是要沿着不同的方向来设计对食物分享行为的研究。此时,两个天才的女性开始隆重登场:一位是委内瑞拉人麦格德纳·赫塔多(Magdalena Hurtado),她也在哥伦比亚大学学习,另一位是克里斯汀·霍克斯(Kristen Hawkes),她在20世纪70年代第一次遇到埃克人。霍克斯接受过经济学和人类学的培训,但她执意要用从生物学中衍生的一些思想来理解人类是如何做决定的。15年后,经过多次研究,对猎人为什么会分享食物,霍克斯和希尔、卡普兰以及赫塔多的看法完全不同,但他们彼此的关系并未受到影响。他们的分歧我将会在下一章里详细介绍。

埃克是个很小的游牧部落,直到最近为止,埃克人几乎完全靠在原始雨林里狩猎和采集维生。只是在20世纪70年代,因为乌拉圭政府将他们安置在教区营地中,他们才开始经常和现代社会产生联系,但是到20世纪80年代他们还是花费1/4的时间长途跋涉,穿过森林去采集食物和捕猎野兽。他们所有人排成一列长队,大清早出发,走了大概半小时后,男人散开进入森林,女人和小孩继续沿着既定路线慢慢前进,直到傍晚时分再到集结地汇合。男人四处搜寻蜂蜜和猎物。如果他们找到蜂蜜,他们就会呼喊女人,让她们来到采集地点,然后留下女人将蜂蜜从他们发现的树洞里挖出来。中午以后女人开始搭帐篷,从附近的森林里采集食物——通常不是昆虫的幼虫,就是棕榈树中富含淀粉的树髓。然后男人归来,带来较小的猎物,如猴子、犰狳和刺豚鼠等,偶尔也会有野猪和鹿这样大点的猎物。绝大多数这类动物都是大家集体合作捕猎的成果,一个人看到猎物时会喊另一人前来帮助。

没人会说我们人类所有的祖先就是这样生活的。人类的一个特征就是他们有能力适应当地的生活条件，巴拉圭雨林与非洲大草原之间的差异，或者它与澳大利亚沙漠之间的差异，就和它与冰河时期欧洲的干草原之间的差异在程度上没什么两样。但是让希尔、卡普兰、赫塔多和霍克斯感兴趣的是，这些非农耕的人怎样解决人类面临的普遍难题，即怎样合作分享和分配狩猎得来的战利品。他们并没有宣称这个问题的解决方案证明适用于所有种族，它只是可以用来解释埃克人的所作所为。

埃克人是不可思议的平均主义者。尽管回到定居地之后，他们一般只和自己的家人分享食物，但夜间在森林的狩猎之旅中，他们和团体里非亲非故的成员之间自由地分享各种食品。分配食物的人通常并不是捕杀猎物的人。从森林里空手而归的人，饭桌上绝不会没有他的一席之地。每个人所吃的食物，有 3/4 通常都是从家庭之外的成员那里获得的。但是，这种慷慨行为大部分仅限于肉类食品。相反，植物食品和昆虫的幼虫，他们通常不会和核心家庭成员之外的人分享。

同样模式的慷慨行为在秘鲁的尤拉（Yora）人中也可以看到。在一趟捕鱼之行中，每个人都与他人分享食物；而回到营地之后，只有家人才会自由分享食物；而在所有时间里，肉类食品都比蔬菜分享得更普遍。因此，鱼肉、猴肉、短吻鳄和海龟肉都可以与人分享，而芭蕉则一直隐藏在森林里直到成熟，以防邻居偷窃。[14]

为什么会有这样的差异？肉类到底有什么特殊之处使得它必须要比水果更频繁地被人分享？

卡普兰觉得存在两种可能的解释。第一种解释认为肉类是大家集体合作得来的食品。猴肉、鹿肉和野猪肉都是埃克人中的几个猎手集体参与追捕后才有的收获,不仅这样,即使穿山甲这样的小猎物通常都是由一个人帮另一人从洞穴中挖出来才能捕获。同样,秘鲁的尤拉人中,沿着河流撑篙划船的人对捕鱼活动来说也必不可少,但是他自己却没有捕到鱼,所以只有将捕获的鱼和他一起分享才是明智的做法。恰如狮子、狼群、野狗或者鬣狗一样,人类都是合作的猎手,大家彼此依靠才能成功捕获猎物,谁也承担不起不分享食物带来的严重后果。因为存在劳动的专业分工,人类的捕猎机制比狮子的更为灵活。有人可能擅长用梭镖射鱼或者从洞穴中挖出穿山甲,因此他就专门做这类事情,而他的同伴则充当其他角色。和前面说过的一样,我们发现人类区别于其他动物的地方就在于劳动分工。

对于为什么肉类比蔬菜更多地用来分享,还有一种解释就是肉类代表着运气。一个人之所以能带着两只穿山甲或一头大野猪回到营地,就是因为他的运气非常好。他也可能打猎技术很不错,但是即使技术最高超的猎人也需要有运气。在埃克人中间,任何一个出猎的日子,都有40%的男人什么猎物也没捕到。而从另一方面来说,一个只从森林里带回一点儿棕榈树的树髓的女人,也许并不是因为运气不好,很可能是她太过懒惰。采集和打猎不一样,采集不是全凭运气,而打猎有时候却只能依靠运气。所以,分享食物可以分摊风险,同时也可以共享打猎带来的丰厚回报。如果一个人完全依靠他自己的才能,那他难免要常常饿肚子,但偶尔食物又会多得吃不掉。但如果他把肉食拿出来与别人分享,同时希望别人也和他分享食物,那他就能基本保证每天都能得到一点儿肉吃。所以肉食分享代表了一种互惠互利,其中一个人用自己当前的好运换取一份保险,为以后的坏运气做保障。这种方式和吸血蝙蝠给自己的邻居分一份它们吸来的鲜血完全相同，和证券交易员拿固定利率交换浮动利率的方式也没什么两样。

这种分享肉食的行为在热带地区会进一步加剧，在那里因为肉食腐烂得太快，储藏肉食并不是个可行的办法。分享肉食则是减少风险而不用减少总体食物供应的一个行之有效的方法。根据一项计算，六个猎人合伙将捕到的猎物放在一起可以减少他们食物供应的变化性，和六个不合伙将猎物放在一起的猎人相比，其变化性可减少80%之多。这就是食物分享行为中存在的所谓风险降低假设。[15]

但这里也有个问题。用什么方法来阻止懒汉利用勤劳猎人的慷慨行为？如果你可以依靠任何一个打到猎物的人来获取肉食，那么你就可以悠闲地坐在路边挖鼻子，直到猎人从森林归来，手里提着一只捕杀的猴子。分享食物的人越多，自私的人就越有机会利用那些容易上当的人，自己则可以不劳而获。某种意义上，我们又回到了囚徒困境那里，但这次涉及的人数更多。我们可以举一个老掉牙的例子：如果灯塔的光免费为所有人指路，那么谁还会为灯塔付费呢？

第 6 章

公共产品和个人礼物

没人吃得下一整只猛犸象

回报别人的善举是义不容辞的责任。
没人会相信一个忘恩负义的人。

——西塞罗

地球表面的大部分陆地都是天然的沙漠或者森林。如果不是因为人类的活动，雨林将会遍布整个热带地区，落叶树林将会覆盖温带地区，漫山遍野长满松树，云杉和冷杉会像毛毯一样铺满亚洲北部和北美地区。只有少数地区——非洲的平原、南美洲的大草原、亚洲中部的干草原和北美洲的平原地带，才会由草地主宰着生态系统。

然而我们人类却是草原物种。我们在非洲的无树平原上进化发展，以后无论走到哪里仍然想要重建这样的草原：建公园、铺草皮、修花园和牧场，或多或少地都是为了草的生长才精心打理。确实，正如列·考瓦斯基（Lew Kowarski）最先提到的那样，你也许可以说草是地球的主人，因为它雇用我们作为它的奴隶。我们在以前曾是森林的地方种植小麦和水稻，我们悉心照料它们，并且忠心耿耿地和它们的敌人交战。[1]

对于地球来说，草相对而言算是新事物，第一次出现大概在两千五百万年前，和猴子从猿当中分化出来的时间大致相同。草从植物的根部生长出来，而不是长在植物顶部，所以它不容易因放牧活动而遭到灭绝。因此，它不必将宝贵的精力用于以有毒化学物或荆棘来保卫自己。只有在面对一张张饥饿的嘴巴里伸出的锋利牙齿时，它才会不断遭遇挫折溃败。不过没关系，越是遭到过度放牧，就会有越多的营养通过食草动物的粪便回收循环到土壤中，在冬去春来或者干旱的季节过去后，草地重新生长的速度也就会越快。

所以，草生长在什么地方，那里的大型动物数量就会急速增长。塞伦盖蒂平原上满是牛羚、斑马和瞪羚，一张张忙碌的嘴巴将地上的草变成了身上的肉。北美大草原曾经挤满了成群的水牛。相反，在北部的雨林或云杉林里，或温带地区的橡树林中，大型动物的数量稀少且彼此远隔，因为那里可供它们食用的东西太少。在草原地区，猎杀大型动物变成很多肉食动物的一种切实可行的生活方式，如狼、野狗、狮子、猎豹和鬣狗等都是这样，我在这里只列举一些一直存活到今天的动物。值得注意的是，所有这些捕猎者——除了猎豹以外，都是高度群居性的动物。要在草原上猎杀大型动物就需要合作，并且因为猎物足够大，可以满足很多张嘴巴的需要，也允许这种合作方式的存在。

人类就是在这样的世界中进化发展的。双足行走，步伐轻快，直立的姿势，发达的汗腺和光滑的皮肤，可以让大脑冷静下来的特殊血管，可以拿东西的自由双手，这些都让我们特别适合生活在非洲空旷而又饱受太阳炙烤的草原上。我们人类是草原上的动物，特别擅长长途奔跑，而我们的近亲黑猩猩特别擅长爬树。从最早的记录来看，我们也是捕捉大型动物的猎人。在距今已有140万年或者更久的古代屠宰场遗址，人们发现了用来切割东西的石器工具和兽骨化石一起散落在那里，通过严谨的实验证明，它们之间的联系绝非偶然，这一结果令大多数人满意。我们的祖先确实以大型动物为食。我们也像鬣狗和狮子一样，是高度群居性的动物。[2]

在冰川期的巅峰期，大概距今 20 万～1 万年之间，草地覆盖了地球上大部分的陆地区域。随着越来越多的水被锁在冰盖和冰川里，海平面逐渐下降，气候变得越来越干燥，雨林也萎缩到很小的区域，渐渐被大草原取代。在北方，干旱严重威胁着树木的生存（树木有 90% 的部分裸露在地面之上），但是却让草地大受裨益（它们有 90% 的部分隐藏在地面以下）。那时鲜有今天这样的云杉森林或者苔原，只有广袤辽阔的草原，上面长满茂盛的草。这些北方的草地被统称为"猛犸大草原"（Mammoth steppe）。沿着比利牛斯山脉，穿过欧洲和亚洲，再越过白令陆桥（这片陆地现在大部分已经淹没在白令海峡之下）一直到加拿大的育空河，猛犸大草原是地球上最大的动物栖息地。

我们这些非洲草地居民跟随着我们的主人——草，来到了猛犸大草原，开始过着主要以狩猎为生的生活。猛犸大草原是一片大草地，以生活在其上的猛犸象为主要特征，甚至它可能是由猛犸象创造出来的。这种长毛象与长毛犀牛、野马和大块头的野牛一起共享这片栖息地，同时这片草地上还生活着体型小一点的猎物，如大鹿（巨型麋鹿）、驯鹿和塞加羚羊等。狮子和狼也成群出现，还有食肉的短脸熊和有锐利长牙的野猫。总之，它就像是一片气候寒冷的塞伦盖蒂平原。

在猛犸大草原上驰骋，我们这些非洲草原人如鱼得水（只是气候稍微有点寒冷）。我们猎杀大型动物，就像在家时所做的一样。实际上，我们似乎最擅长猎杀体型最大的动物。克洛维斯人是最早来到北美洲的人种之一，他们最喜欢吃猛犸象肉。几乎每个已知的克洛维斯人的据点都留下很多的猛犸象骨头。在东欧地区发现的距今 29 000 年的格拉维特人的生活遗址中，他们遗留下来的几乎所有东西都是用猛犸象的獠牙和骨头制成的：铲子、长矛，甚至他们居住房屋的几面墙都不例外。我们的注意力太集中在猛犸象身上了。几乎可以肯定，这种大型食草大象最终因为人类的狩猎活动而遭到灭绝。而这反过来又加速了猛犸大草原自身的消亡。没有了大量的猛犸象在这里吃草和施肥，这片草地的肥沃度迅速下降，草渐渐开始让位于苔藓和树木。而这些植物反过来又将地表隔离开来，使其不受夏天厚厚的融雪的滋润，因而进一步削弱了土壤的肥沃度。这样开始了恶性循环，肥沃的大草原逐渐变成贫瘠的苔原和针叶林。[3]

即使你从来没有试过用长矛射杀大象（我就从来没做过），你也会由衷欣赏这些人的捕猎技术。我们永远也无法确知他们的具体技巧，也许是在水坑边设下埋伏以捕杀猎物（在湿地区域发现了很多的骨架）；也可能是将猎物赶下悬崖；也许是将猎物引诱到沼泽地里；甚至有可能部分猎物已经实现了初步的驯养，尽管这看起来可能性不大。但不管他们怎么做，他们都不是独自一人完成捕猎。他们的成功无疑依赖于团体合作。分享肉食的行为不仅得到提倡——简直就是势在必行。一头死掉的猛犸象基本上属于公共财产。

但是，这又让我们回到一个熟悉的老问题上。为什么要费神去加入捕猎队伍呢？为什么不在猛犸象肉被切分好以后才若无其事地出现，然后自顾自地拿走一份肉食呢？不管怎么说，猎杀猛犸象毕竟是件极其危险的事情。没有人会在可以稳稳当当地拿走别人的一份猛犸象肉时，还有足够的动机去冒着生命危险和这样的猛兽搏斗。这样做势必是甘愿为公共利益而牺牲生命。生活在前现代时期的远古猎人到底怎样解决这个难题，我们无从得知。我怀疑他们根本就没有解决这个问题，在冰河时期的大部分时间里，猛犸象基本上没有受到居住在欧亚大陆的尼安德特人的骚扰。我认为，绝大多数热衷捕猎猛犸象的人类都只能追溯到 3 万年前或距今更近一点的时间，这绝非事出偶然。大概在 5 万年前发生了什么关键性的事情，很可能发生在北非的什么地方。

这就是投镖器的发明，它是最早的抛射武器，也是弓箭的早期雏形。投镖器像弹簧一样先积蓄能量，然后将获得的额外动力释放到一块小梭镖上，让这块梭镖获得的动力远远大于用手掷出去的一根长矛。这是最早出现的可以从安全位置发射的武器。突然间，一群猎人有史以来第一次可以包围一头猛犸象并相互信任，不用担心其他人退缩不前；所有人都可以相对安全地发射自己的武器，不用担心遭到动物的反扑。那么不劳而获的难题就会迎刃而解。危险的大型猎物变成了狩猎的目标。[4]

捕杀大型猎物很可能开始于投镖器发明的这段时期。它具有深远的社会意义。猛犸象这样体型庞大的动物，足够一个大集体的所有人分享。因为它的体型这样庞大，所以分享食物变成不得不然的事情。一头猛犸象的肉实际上已经不再是猎杀到它的人的私有财产，而变成了大家的公共财产，成为集体所拥有的财物。大型动物的捕猎不仅允许大家一起分享食物，并且强迫人们和别人分享。当一个饥饿的人身上带着投镖器，那么拒绝给这个人分一份你捕到的猛犸象肉，所冒的风险可想而知。所以捕杀大型猎物首次给人类带来了公共财产这个概念。

得到容忍的偷窃行为

在这里有必要说一点关于语义的题外话。我一直使用"互惠"

（reciprocity）这个词，好像它的意思大家都清楚，无须解释。但这其实是个意思非常不确定的词。在"以牙还牙"的模式里，它的意思是指在不同时间交换相同的帮助。但是考古学家几十年来一直使用的"互惠"这个词却有着稍稍不同的含义。对他们来说"互惠"的意思是指在同一时间分享不同的好处。当一只吸血蝙蝠和另一只蝙蝠分享一餐鲜血美味时，它期待在以后的日子里获得一餐鲜血作为回报。而当一个店主给顾客一袋糖的时候，他希望顾客当时就用金钱作为回报。

这个区别看起来好像有点学究气，但是我认为它对本章和后面章节中出现的这个概念具有重大意义。只有在非常特殊的情况下对于两个人所处的境地才会使用到"互惠"这个词的第一种含义。必须是第一个人恰好能提供第二个人需要的临时帮助，然后第二个人恰好又能提供给第一个人同样的帮助作为回报。与此同时，两个人都必须要能记住这种交易。而设想出第二种类型的互惠就要容易得多，其中一个人发现自己暂时有一些剩余物品可以处置，然后他就可以和第二个人交换一些现金，人情债立刻就还清了，欺骗的机会也微乎其微。想一想，如果你从商店里买一包糖，日后你必须还这个商店一包糖，那会是种什么情况。

记住这样的含义区别，现在我就可以说一说克里斯汀·霍克斯和金·希尔之间的争论了，它主要围绕渔猎部落为什么要相互分享肉食来进行。希尔坚持认为这完全是件互惠的事情，分享肉食的人因为自己的慷慨大方，立刻就能获得一些直接的回报。霍克斯认为回报比这要显得更加无形，分享食物的人追求的是他的集体主义精神带来的社会知名度，就和维多利亚时期的慈善家希望获得骑士身份一个道理。这两种观点并不是那样水火不容，但其中的争论值得我们深究，因为它为我们理解"互惠"这个词的意思提供了有益的参照。

争论主要围绕一个叫哈扎的民族展开,他们居住在坦桑尼亚埃亚西湖东部和南部树木繁茂的平原地带。和埃克族人一样,哈扎人现在也生活在农业世界的边缘,偶尔也参加农耕劳作,为别人提供体力劳动,但他们还是更喜欢遵循自己的古老传统,捕杀猎物,采集根茎、浆果和蜂蜜。尽管有很多来自政府和教会的恩惠诱惑,但哈扎人中很多人仍旧是(或者放弃后又回归到)地道的狩猎者和采集者。女人搜寻食物的方式和埃克族以及昆申的女人差不多,找出块茎、果实和蜂蜜,蜂蜜常常是从男人狩猎之行中标明的野外蜂巢中采集。但是哈扎族的男人则和埃克族以及昆申的男人不同,他们使用弓箭去猎杀体型特别庞大的猎物——通常是羚羊,偶尔也猎杀长颈鹿那样的庞然大物。一头像长颈鹿这样的猎物包含大量的鹿肉,远远超出一个人的食量范围,在非洲的烈日下也难以储藏。所以这个幸运的狩猎者别无选择,只有将鹿肉和朋友们分享,这样他的朋友平白无故就能从他外出狩猎的无私行动中获益。所以他需要问自己这样一个问题:为什么他要不辞劳苦地这样做呢?他很可能要花费几个月的时间辛苦狩猎,才能捕到这样一头长颈鹿,而如果他布置一些陷阱,那么很可能一个礼拜就可以捕获好多次珍珠鸡,这样他就可以把珍珠鸡留给自己的家人,而不用将这些猎物和他的邻居分享。[5]

克里斯汀·霍克斯让哈扎人使用陷阱和捕兽夹去捕捉一些小一点的猎物,比如说珍珠鸡。虽然他们捕获的肉食总量要少得多,但是通过多天的努力至少能有点东西可吃。而平均起来,捕猎大型动物的时候,他们100天里会有97天空手而归。所以霍克斯得出结论,一个聪明的哈扎男人,如果只关注自家孩子的幸福,那么他就应该靠设陷阱捕猎物过日子,这样他就可以保证家里的餐桌上几乎每天都能见到肉。这当然比每隔6个月才带回超过半吨的肉要让家里人高兴得多。但这并不是他们选择的生活。霍克斯就想弄明白他们为什么不这样做。

此外，既然任何一个猎获长颈鹿的人其实都得将鹿肉和别人分享，这个聪明人就只需等在家里，直到好消息传来，另一个更具集体主义精神的人已经带回大量的熏肉，他直接去取就行了。猎人带回的肉越多，自己留下的肉就会越少，但是哈扎人还是坚持要去追猎庞大的动物，最终将大部分的肉拱手送人。他们为什么要做这样慷慨的分享者呢？

霍克斯相信食物分享行为和"可以容忍的偷窃行为"差不多，这个术语是她的同事尼克·布勒顿－琼斯（Nick Blurton-Jones）造出来的。一旦捕获长颈鹿的人割下他能背得动的足够多的肉，那么他就再没有什么动机去阻止别人在长颈鹿身上割肉了。守住鹿肉不让人割，既显得小气又会带来种种不便。这个想法原是人类学家格林·艾萨克（Glyn Isaac）在20世纪60年代提出来的，提出这个想法之后不久他就不幸早逝。他认为食物分享行为在人类的进化历程中占据中心地位，但它却是从动物中常见的容忍从同类那里窃取食物的行为中进化而来的。例如，狮子活脱脱就是受容忍的窃贼：在一场狮子的聚餐中，那真是自助者天助之。黑猩猩稍微要文雅一点，但它们还是难免要伸手乞食，而人类却可以坐等别人主动提供食物一起分享。在研究过哈扎人以后，琼斯进一步发展了这个思想，后来他逐步提出，可以容忍的偷窃行为并不只是古代原始人经历过的一个发展阶段，对于猎人为什么要和他的同伙分享肉食，它至今仍是个有效的解释。琼斯注意到哈扎人在分享食物的过程中还存在着一丝敌意。[6]

因此，一个哈扎猎人之所以愿意去杀死一头较大的猎物，最符合逻辑的解释是将它看成公共财产世界里最古老的例子：为集体的利益做贡献。公共财产提出了一个被称为"集体行动"的难题，这个难题就像是我们的老朋友——"囚徒困境"的放大版。灯塔就是公共财产的经典例子。修建灯塔需要一定的经费，但是灯塔发出的光却可以供任何人自由使用，即使有人拒绝认捐建造灯塔的费用，灯塔照样会引导他的船只顺利抵达港口。因此让别人出资建造灯塔符合每个人的利益，这样灯塔根本就建不起来——或者，灯塔虽然建了起来，但人们不能立刻弄明白为什么。霍克斯因此推论，一头猎杀的长颈鹿就有点像是一座灯塔：需要有人出去捕获它，但是当它被捕获以后，鹿肉就放在那儿，在这些肉腐烂之前，即使营地里最懒的人也可以自由享用。

因此，霍克斯问，为什么狩猎部落的人还要那么辛苦捕猎呢？为了解决这个问题，她阅读了20世纪60年代一位美国经济学家曼瑟·奥尔森的著作。奥尔森说只要有足够的社会激励，提供公共财产这个难题轻而易举就能得到解答。成功的商人急于在镇上巩固自己的地位和名声，他乐于花点钱来达到这个目的，所以他会宣布自己要出资建造这座灯塔。正是因为这是一个慷慨大方的行为，让其他人受益，所以使他获得了地位和名声。

同样，哈扎族擅长捕猎的男人也可以获得相当高的社会回报。他们的成功遭到其他男人的嫉妒，也许更重要的是，他们得到很多女人的爱慕。直白地说，好猎人会有更多的婚外情。这也不仅仅局限于哈扎人。它同样适用于埃克人、雅诺马马人和其他的南美部族，这很可能是普遍性的原则，并不是什么秘密。

这也许可以解释为什么男人如此痴迷于猎杀体型庞大、可以拿来分享的动物。男人都有个典型的特征，不管住在哪里，他们似乎都喜欢找到那种可以广泛分享的食物，即使忽略掉价值更高的、小点的猎物也在所不惜。让我们从猎人的角度来看看这个问题。如果他捕获一只珍珠鸡，鸡肉只能供老婆和孩子饱餐一顿；如果他猎杀一只小羚羊，也许还能剩点儿肉用来报答猎人群体中曾经对他有恩的人；但是如果他杀死了一头长颈鹿，鹿肉多得吃不完，那么如果他悄悄割下一块精选的鹿肉送给邻居那风姿绰约的妻子，没人会注意到他的这个小动作。

当然，这样就把难题转移到了女人的身上。男人原本可以为家人捕猎珍珠鸡却转而去捕猎长颈鹿的动机突然变得一清二楚起来：原来这样做可以带来性交的机会。比起给自己的孩子找吃的，男人更喜欢对自己的情人有求必应。但是为什么分享食物可以带来性交机会呢？为什么女人会用出轨来奖励那些能干的猎人呢？这就是霍克斯与卡普兰和希尔意见最不一致的地方。霍克斯说这种吸引力是无形的东西，仅仅成功的这种感觉（她称之为"社会关注度"）就足以对女人构成极大的吸引力。她们从这场交易中除了获得一点地位的提升以外没有得到任何实质性的东西。而希尔和卡普兰的看法则与此截然不同。他们说，女人可以从中得到非常实际的好处：那就是精选出来的鹿肉。长颈鹿身上的肉并不是每一块都同样美味可口，猎杀长颈鹿的猎人自然可以分到长颈鹿身上最好的肉，如果他看上哪个女人，想同她发生关系，就可以直接用这些肉来贿赂她们。所以他为什么不愿费神去捕猎珍珠鸡的谜题很容易就破解了，食物分享绝不是受到胁迫不得已而为之的行为，而是个直接的互惠行为，恰如在黑猩猩和埃克人中发生的行为那样。我们又回到贡贝的公猩猩那里（这地方离哈扎人的领地不远），它们出去抓一只猴子是为了给有意与之进行性交的母猩猩当食物。这种互惠是用不同的货币——交配来交换的。

不管怎样，希尔和卡普兰都在挑战霍克斯的理论前提，那就是男人去抓珍珠鸡将会更划算。只要大型猎物的肉拿来和其他人分享，捕猎大型动物就比捕猎小动物可以让哈扎族男人从食物中摄入更多的能量。虽然猎捕到大型动物的机会并不多，但是这些大猎物多出来的肉却极度弥补了这种机会上的欠缺。拿埃克人来说，希尔和卡普兰计算过，猎捕野猪每小时的工作可以带来大概65 000卡⊖的能量，而搜寻昆虫幼虫得到的回报就要小得多，每小时只能带来2000卡的能量。你确实得和团队里的其他人一起分享捕获的野猪肉——平均起来自己只能保留不到10%的野猪肉，而你需拿出60%左右找到的幼虫来和其他人分享。即便如此，65 000卡的10%还是要多于2000卡的40%。所以埃克人捕猎野猪仍然比采集幼虫获得的回报要高。

希尔和卡普兰说，霍克斯对这个数据的评论没有一点能说明猎人不只是拿猎物的肉来交换其他的物品或服务。这一点很关键，因为如果这样的交换很常见的话，大型猎物就不能构成一种公共财产，那么也就不存在集体行动的难题。[7]大部分的渔猎部落在食物分享方面都有一个公开的偏见，猎人自己的至亲能够拿到比例很高的一部分肉，特别是小一点的猎物，这显示，和可以容忍的偷窃这个假设相反，猎人确实具有分配所获猎物的权力。在澳大利亚北部阿拉姆山地的冈温古人当中，满载而归的猎人最后带给家人的肉确实比分给其他人的肉要多一些，他们竭尽全力地偏袒自己的亲人，而不是非亲非故的人。埃克人有时候会把一部分食物留出来，分给那些不在现场的人。最奇怪的是，捕到猎物的猎人吃到的肉往往要少于他

⊖ 1卡=4.1868焦耳。

自己应得的那一份。但这些特征并没有显示可容忍的偷窃行为所暗示的对肉食的竞争。

关键在于谁掌握控制权。是拥有猎物的猎人？还是分享食物的部落成员？如果分享食物是可以容忍的偷窃行为，那么分享食物的部落成员就拥有权利；如果分享食物是互惠行为，那么拥有猎物的猎人就有控制权。即使哈扎猎人知道最终可容忍的窃贼会分掉所有的鹿肉，他还是可以影响食物分享的行为，他的目标是要将自己拥有的这些一下子多出来的鹿肉转换成一些不太容易腐烂的流通物。所以他将这些肉与自己的配偶亲人分享，与那些他想要当作情人的人分享，与那些他曾经受过恩惠或者期望得到恩惠的朋友分享。因为他期望将来可以从其他捕到猎物的人那里分得一点肉，所以将这次多出来的肉全部分掉，并且这样做给他带来了威望和地位。

霍克斯对这些指责做出了有力的回应。她说这个希尔和卡普兰所说的严格意义上的互惠行为其实根本就找不到什么证据。品行不端和不劳而获的猎人并没有受到什么惩罚。但是总是有懒惰或无能的人不断出现。他们虽然失去了社会关注度，却并没有失去吃肉的机会。其他人为什么要平白无故让这些人吃肉呢？

社会市场

因此这场争论一直持续。它很可能反映了埃克人和哈扎人之间一些真正的文化差异，或者说它甚至体现出霍克斯和希尔之间的性别差异。但是，说出来不怕得罪他们双方，我认为他们说的其实是同一回事。霍克斯说一个好猎人获得的回报不是肉食，而是威望；希尔和卡普兰则说猎人出猎是因为这样做确实有回报。这场争论不免让人想起人类学领域"实体主义者"和"形式主义者"之间那场陈旧的论争。就像学术界所有的不同观点那样,双方的论战在 20 世纪 60~70 年代愈演愈烈,一时难分高下,其中很大一部分原因是失败的概率非常之小——两派之间的观点差异其实微乎其微。形式主义者和希尔、卡普兰一样认为,经济学领域的理论也适用于部落社会,对部落社会里人们所做的决定也可以像对西方以市场为基础的国家里人们所做的决定那样分析。因此,对一个形式主义者来说,市场尽管有能力交换各种不同类型的商品,充分利用劳动分工并防止人们过度依赖某一种产品,但是他的根源很可能就来自渔猎部落里那些互惠的食物分享行为。[8]

但是,实体主义者认为经济学理论不能应用于原始社会,因为在原始社会里人们根本就不是生活在市场环境当中。他们不是自由的主体,不能在像购物商场那样毫无情感的世界里自由决定他们的自身利益。他们被深深束缚在社会义务、亲情网络和权力关系构成的一团乱麻当中。一个人和别人分享食物,很可能是出于精打细算的互惠原则的考虑,但也可能是因为他受到习俗的束缚不得已而为之,或者是忌惮于受惠的人具有的权力而不敢不这样做。

霍克斯代表着实体主义者的传统,她反对从纯经济学的角度来对互惠分享行为进行解释。正像我所说的,这不过是吹毛求疵,现代经济学也在设法拓展它的关注范围,要在完美市场之外考虑人们做决定的"非理性"原因。即使霍克斯说得对,哈扎族男人狩猎是为了提高个人威望而不是为了接受回报,你还是可以用无情的经济学观点来分析他们的动机:他们是将长颈鹿的肉转化成一种可以长期保留的有价值的商品——威望,以便在日后兑现成更有优势的流通货币。因为这个原因，理查德·亚历山大（Richard Alexander）将这种用具体利益兑换抽象利益的行为称为"间接互惠"（indirect reciprocity）。[9]

其实，对这场争论进一步讨论，我觉得在渔猎部落的种种行为中看到现代金融衍生产品市场起源的遥远回应，也不至于太过牵强附会。当一个哈扎男人怀着对未来回报的期望分享肉食时，他实际上就是在购买衍生金融工具，以此来规避他的风险。根据希尔和卡普兰的说法，他其实是在签订一份合约，将辛苦狩猎换来的变化不定的回报率转换成由整个集体成员一起获得的更近于固定的回报率。如同一个农民以他6个月后的小麦收成作抵押签订合同，通过卖掉远期合约或者购买一些期货来获得一笔固定收入。如同一个银行家以浮动利率贷出一大笔钱款，然后决定和另一家银行签订一份利率互换合同（或者是签订一份互换期权合同——拥有互换的选择权）来防范风险：它同意支付一系列与短期利率相关联的不同报酬，以此作交换来获得一系列的固定收益。这样做，他就找到了一个所求之物正好和自己相反的交易对手。

根据霍克斯的观点，猎人是通过购买另一种货币（威望）来降低他在一种货币（肉类）上孤注一掷的风险，恰如一家公司可以用很低的美元利率筹集借款，然后将其转换成德国马克，以规避汇率浮动带来的风险。这些类比并不准确，但其中的原理都是一样的：一个人想通过和另一个人或者另一些人做交易来降低自身的风险。那些想嘲笑猎人做这类事实在太傻的人其实都想错了。他们的大脑和我们一样，他们对于划算买卖的本能反应绝不亚于那些芝加哥商业交易所的股票经纪人，这些本能反应都是在自身所处的文化环境里日渐磨炼出来的。用这种方式来看，我们就找到了一个重要的见解。衍生品交易商对他们的交易总有一套辩护词，说他们的专业领域就是通过将风险敞口不同的人搭配到一起来降低风险。他们说，一个期货市场或互换市场可以让每个人都受益。它不是零和游戏。如果他们不能转嫁风险，那么各种生意都会面临更大的风险，而他们则不得不为这些风险买单。同样的论辩也适用于人类狩猎和食物分享活动的起源。狩猎带有一定的风险，而分享猎物则降低了这种风险。这样每个人都能从中受益。[10]

如果哈扎人显得太过遥远，那就让我们来看一个离我们的生活更近一点的例子：好运气带来的意外横财。我们有大量的例子，都是说那些突然大发横财的人，因为舍不得拿出钱来和别人分享，因此遭到自己生活圈子里的人的深深憎恨。有个旧金山的女人演了一部叫作《上帝也疯狂》（*The Gods Must be Crazy*）的电影，赚了很多钱，然后她一个人把这些钱挥霍一空，结果引发了一场大战。[11]

同样，马歇尔·萨林斯（Marshall Sahlins）说渔猎部落的人之所以普遍这样懒散——他们比农耕社会里的人工作的时间短得多，之所以不受资产和财富的羁绊，是因为在他们那样一个平均主义的社会里，积累太多的东西就是拒绝与人分享的标志，所以清心寡欲并因此而得偿所愿就显得更加明智。萨林斯说，渔猎部落的人已经找到禅宗所说的通往财富的道路，他们辛苦工作以实现自己的各种雄心和需求，然后，为了不致招人嫉妒，他们会就此罢手。[12]

1993年8月8日，莫拉·伯克（Maura Burke）因买爱尔兰国家彩票而一举赢得300万英镑。住在莱特莫尔这个小村庄里的450人为他们这个幸运的邻居欢呼喝彩，自发举办了一场宴会。伯克夫人的丈夫在一个月内过世，她的膝下又无儿女，于是整个小村庄里到处都洋溢着期待。但是她没有拿出一分钱来和村民分享，这些村民很快心里就充满了怨恨。"我们一个子儿也没有看到！"其中一位村民怒气冲冲地对记者说。伯克夫人开始不断收到死亡威胁，不得不搬到伦敦去住。她的好运气迫使她搬离自己生长于兹的故土，只因为她不愿意与人分享。[13]

乍一看，伯克夫人受到的惩罚非常符合霍克斯所说的可容忍的偷窃这个传统。这个村庄里的人不仅期盼伯克夫人慷慨解囊和他们分享这笔意外之财，并且因为她没有这样做而惩罚她。但是对于这件事还有另一种看法，那就是希尔和卡普兰的方式。就像囚徒困境里的博弈者一样，伯克夫人在合作多年以后突然开始背叛，因此她的玩伴打算惩罚她。伯克夫人知道她的邻居将来永远不可能给予她同样的慷慨回报，所以她与这些人们分享钱财的动机非常渺茫。但是一个幸运的原始社会猎人却知道，有朝一日他肯定会处在受赠者的位置而不再充当捐赠者的角色，这不过是时间早晚的问题。未来的长期阴影笼罩在他的心头，影响他所做的决定。

巧合的是，伯克夫人很幸运。而在因纽特人的社会里，囤积财富是种禁忌。那些吝啬的有钱人有时候会给自己招来杀身之祸。

礼物作为武器

乍一看，这似乎解释了为什么人们全都是这样热心的合作者。但这个解释不完全令人满意有个睿智的以色列科学家阿摩兹·扎哈维（他总喜欢将猫与信鸽关在一起）列出了一系列让人不满意的原因。他研究了阿拉伯的画眉，这些画眉就像很多温暖地区体型中等的鸟儿一样，并不是成双结对地生活，而是生活在一个大家庭里，年幼一点的画眉帮助它们的父母一起照料雏鸟。对生物学家来说，鸟巢中出现这样的帮助行为好像从来就不难加以解释。毕竟，只要在周围打打下手，这些幼鸟就可以大大增加自己继承繁殖角色的机会，同时又可以将兄弟姐妹带到这个世界上来。这是一个由裙带关系和自私自利共同驱动的体系。

但是扎哈维觉得那些幼鸟高涨的热情有点难以理解。它们不仅争先恐后地想要把食物带回鸟巢，自觉充当哨兵警戒天敌的活动，保卫自己的领地不受邻居的侵犯，而且奇怪的是，它们的这种激情好像并不太受欢迎。那些处在统治地位的鸟儿实际上设法防止它们的下属施以援手，而扎哈维认为，它们本应该安心享用那些年幼的兄弟姐妹的卖力服务。

扎哈维因此认为，这些帮助者根本不是在追求由裙带关系或者继承关系带来的回报，而是在追求一种他称之为"社会威望"的东西。他说，那些卖力而又热情的帮助强化了鸟儿对家庭的责任和承诺，反过来，鸟儿从其他鸟儿同伴那里得到同样的承诺。这就让扎哈维对婚姻重新进行评估——至少是对鸟类的婚姻进行重估。"我认为，即便是在两人的合作关系当中，很大一部分投入都可以被解释成对投入者的品质的一种广告，是对其继续合作的愿望的一种宣传，这样做是为了降低合作伙伴想要欺骗或遗弃的倾向。"扎哈维的结论将慷慨行为描述成一种武器。[14]

这种奇怪的模糊行为在人类文化中得到了回应。在英国任何一段时期，都有大概 7%～8% 的经济收入被用来制造免费奉送的礼物。而在日本这个数字可能还要更高。这很大程度上是不受经济衰退影响的行业，可以拿冰箱和厨具生产商来证明，近几十年来他们总是迫切地变换花样生产各种赠品，其中有面包机、咖啡机，这些商品都是由婚庆市场和圣诞商品市场垄断。他们公开这样做的目的就是为了应对市场衰退。但是人们为什么要相互赠送礼品呢？一部分原因是为了对对方表示友好，一部分原因是为了维护自己慷慨大方的名声，还有一部分原因是向礼物接受者施压，让他们感受到保持合作的义务。礼品很容易演变成贿赂赃物。

我们可以看看美拉尼西亚群岛东南部特罗布里恩德岛上居民之间叫作库拉的交易习惯。库拉就是指用贝壳项链来交换臂环的行为。特罗布里恩德群岛形成一个环形岛屿，人们按照顺时针方向将贝壳项链送给岛上的居民，又按照逆时针方向和岛上居民交换臂环。两种类型的库拉物品以圆形方式无休无止地流传，虽然毫无意义，却无法言喻得重要。为什么送礼变成人类如此痴迷的行为呢？

在20世纪20年代，法国的民族志研究者马塞尔·莫斯（Marcel Mauss）撰写了一部名著《礼物》，他在书中指出，在工业社会之前送礼是和陌生人签订社会合约的一种方式。在没有国家来维护和平的状态下，送礼可以达到这样的目的。在20世纪60年代，马歇尔·萨林斯注意到全世界各个社会里一个显著的特征。赠予礼品和接受礼品的人之间的亲属关系越近，就越没有必要在还礼时选择价值相等的礼品。萨林斯说，在家人中间存在一种"普遍性的互惠行为"（generalized reciprocity），他的意思是说这种行为根本就不是互惠行为。人们只是相互赠予礼物，根本不会记下谁欠谁的人情。而在村庄或者部落里，保持礼物价值的对等却非常有必要。在部落之间存在的是萨林斯所谓的消极的互惠行为，这个定义相对模糊的术语用来指代偷窃，或者用来表达以低于实际价值的价格获得某样东西。只有在相互之间没有任何关系的同盟里，真正的互惠行为——礼物价值对等才会得以实现。

父母当然不会期望从子女那里得到互惠的慷慨回报，窃贼当然也不希望为自己的赃物支付同样的货款，但是在每一个其他的例子中，一件礼物的赠予都明确表明要收到大致相等的回报。而如果无法收到与赠予大致相等的回报，受赠者可能会觉得尴尬、难为情（因为他找不到一些礼品回赠），也可能觉得恼怒（因为他帮了你这么多忙，你却觉得一小盒巧克力就可以把他们打发掉）。即使互赠的礼物是以完全不同的方式衡量价值的也没关系，送礼的重点还在于等值交换。对我来说大概唯一的例外就是给住院的朋友送花，即使在这种情况下，你也期望在你生病住院的时候他们也能给你送花。

说到这儿大家很快就明白了。我们可以设想一下没有礼物互赠的世界，在这个世界里人们根本不会在意你有多么慷慨，你也不会在意他们是不是有恩必报。这时我们就可以发现，在你的内心深处存在不可抑制的倾向，将互赠礼物的这个世界看成一个交易的世界（只有亲戚中互赠礼物的行为除外）。

通常情况下，这种现象在和我们不同的文化中更容易看清楚。当哥伦布第一次踏上美洲大陆时，他遇到的是和欧洲人的祖先从文化上隔绝几万年之久的土著人。这两种不同的世系血统从中石器时代起相互之间就没有过交流，因此也没有任何相互传递文化实践的机会。然而对赠予礼品都期望得到相应的回报这一点，大家理解起来却没有任何困难。所以红种印第安人和白种欧洲人立刻就开始互相交换礼品。"印第安人的礼物"这个术语在美洲殖民时期的意思，就是期望得到相等价值的礼品作为回报。馈赠的礼品都有丝带缠绕——这就是礼品的全部意义所在。直到今天，这仍然是最不难理解的文化共识之一。有个人类学家在肯尼亚部落里开展研究的时候，看到这个部落的人极其挑剔他送给他们的所有东西，他感到目瞪口呆。"每一匹送给他们的马，他们都要掰开马嘴仔细检查，并找到种种缺点"，他说。但是他完全能理解其中的缘故。送礼的时候大家都打着小算盘，送礼的人跟收礼的人都明白这回事儿。世上根本就没有免费的午餐。甚至在久经世故的欧洲社交圈里，如果有人送你一份大礼，你也会感受到伴随礼物而来的那种难以推卸的义务。[15]

与别人攀比摆阔

在你批评我太过势利之前，请注意我并没有想要脱离美德来谈美德。如果你太过追究慷慨之人的动机，那你就会一直在原地兜圈子。一个真正无私的人绝不会送礼给别人，因为他知道，送礼要么是受做好事这种虚荣心的驱使，要么是期望得到回报，如果是希望别人回报，这反而让收礼的人欠了自己一份人情，有点不地道。一个真正无私的收礼人不会通过回礼、偿还债务和暗示动机不是无私的而让送礼的人感觉脸上无光。所以真正无私的两人彼此之间从来不会赠送任何礼物，只有不含任何动机的人才能真正做好事。这种说法似乎有什么地方出了问题。[16]

我们且将悖论放到一边，只要说，人类还礼的本能太过强烈，以至于礼物被用作一种武器。我们可以一起来看看散财宴，这种习俗就是刻意通过慷慨行为来羞辱自己的邻居。尽管这种做法在世界各地包括新几内亚在内都有听闻，但是19世纪以前这种做法却在太平洋西北部的美洲印第安人部落里最广为人知。这个名字来源于奇努克语，我们从温哥华岛的夸扣特尔人的一个部落得知了散财宴的许多具体细节。

夸扣特尔人是十足的势利眼。对他们来说最重要的东西就是身份地位，这种重要性从他们设法积累的各种高贵头衔中体现出来。最让他们担心的事就是受到别人的羞辱。他们一生醉心于追求身份地位，时刻担心会蒙受羞辱。因为加拿大政府的干预，他们没机会发动战争，所以他们最主要的武器就是慷慨大方。在社会地位的阶梯中每爬上一步，他们都要散掉一部分家财，对别人施与的慷慨行为如果没能力加倍偿还，那就无异于颜面扫地，会很快失去自己现有的社会地位。

这种荒谬的竞争已经变成夸扣特尔人生活中的一项仪式，所以有些特殊的事件——如举办散财宴主要就是为了极力铺张浪费，展示自己的慷慨大方和消费能力，用以击败对手。他们在宴会上彼此赠送毛毯、烛鱼油、浆果、鱼、海獭皮、独木舟，以及最贵重的礼物"铜"（就是一张张打好的铜片，上面刻有人像装饰）。有些散财宴的主人不满足于赠予财物，以毁掉这些财物来代替。有个部落首领想用珍贵的毛毯和独木舟来为竞争对手家灭火，而对手则用烛鱼油浇在火焰上，让火越烧越旺。有些宴会大厅的天花板上雕着特殊的人像，称为"呕吐者"，它们向熊熊大火中持续不断地喷出珍贵的油料。客人不得不假装没注意到火焰里蒸腾出的热量，即使这热量将他的皮肤炙出水泡来。有时候，主人家的房子化作灰烬，他的名声反而得以广为传扬。

有位老妇人为了鼓励她的儿子做出慷慨的壮举，不禁回忆起她自己的父亲："他要么把奴隶送人，要么就把奴隶杀死。他在宴会大厅里送人独木舟，或者把这些独木舟放到大火中烧掉。他给本部落中的对手赠送海獭皮，也把海獭皮送给其他部落的首领，或者干脆把这些海獭皮都割成碎片。儿子，你知道我说的这些都是事实。这就是祖辈为你铺就的道路，你必须沿着这条路继续走下去。"[17]

尽管听起来荒诞不经，但其中也并不是毫无策略。显然最铺张奢华的散财宴并不常见，否则的话就不会再有任何财物可以散给别人。它们是一套相互比试财富积累多少的体系的极端展示，有着与众不同的互惠性质。每一件礼品都为主人带来相应的利益，每一场宴会或毁灭财富的展示都要超过另一场。有些散财宴甚至包含一个仪式性的环节：一个部落首领向另一部落首领拍卖价值高昂的铜制品。但比赛总会有一个失败者。在散财宴这样的世界里，互惠并不是让参与双方都受益的行为。

这种行为对于理性的经济世界又有什么用处呢？形式主义者的回答非常简单：散财宴都由不易保存或价值高昂的物品构成，而用它购买到的名望却是可以长久保存并到处携带的商品。如果一个酋长突然有了过量的食物或鱼油，他无法长期保存，所以专门举办一场宴会，将这些东西送给别人，或者在极端情况下，将这些东西付之一炬。这种铺张扬厉或慷慨大方的做法为他赢得了尊敬和名望。但这无法完全解释为什么那些可以保存的物品，如铜制品和毛毯，也会在散财宴上这样众目睽睽地被消耗掉。即使在这里，也有它本身的逻辑：如果能用铜制品买到地位名望，那就多买铜制品为自己赢得名望。恰如鲁斯·本尼迪克特（Ruth Benedict）所说，"这些部落并不是利用财富为自己购买等值的经济商品，而是换成特定价值的筹码，以便在他们志在必得的博弈中能够胜出"。[18]

但是要将散财宴理解成获取互惠行为带来的好处的理性策略，就不免有点牵强附会。相反，我怀疑这是一种自私并且狡诈的手段，它利用了人们过于沉溺于互惠行为的特点，是互惠行为的一种寄生状态。人们本能上都难以抵御回报别人慷慨行为的诱惑，举办散财宴正是为了利用这一事实。

我再解释一下。散财宴并非夸扣特尔人和他们的邻居特有的怪异行为。在送礼方面相互攀比是欧洲君主彼此讨好逢迎和巴结东方权贵的惯用伎俩。各国派出的大使如果携带的礼物不够名贵，不仅他们自己脸上无光，也会让他的祖国蒙受羞耻。办公室同事或邻居如果在圣诞节收到的礼物的价值远远超过自己送出的礼物，他们应当明白这种感受。去日本做生意的商人带去了不当的礼物，心里也会是这种滋味。王储给亨利五世送去的加冕礼竟然只是几只网球，这就是在明白无误地羞辱他。如果你生日时收到的礼物是一支牙刷，你也会觉得羞辱难当。礼物确实可以被当作武器。

整个太平洋地区，岛上的居民相互交换礼物用来炫耀的争斗愈演愈烈。例如，1918 年，特罗布里恩德岛两个村庄——卡克瓦库村和瓦卡侬塞村的两个居民之间爆发了一场相互羞辱的行动，卡村的人嘲笑瓦村种植的白薯质量差，瓦村的那个人马上还以颜色。两个村的酋长都支持各自村庄的人，争论因此变得越来越激烈。所以瓦村的男人编织了一个巨大的柳条箱，有 14.5 立方米的容量，装满了白薯，然后把它送给卡村的人。第二天这个柳条箱又被送回来，里面装满卡村种植的不同的白薯，卡村的男人解释说，他们本来可以装上两倍的白薯送回来，但那可能是对瓦村人的一种侮辱。因此双方又得以恢复和平。

马林诺夫斯基对特罗布里恩德岛这场名为布里提拉′乌罗（buritila'ulo）的典型的白薯交换的描述，捕捉到了围绕着人类礼物赠送行为的远非无私的氛围。在另一个例子里，他引用了沿海渔民和岛上的白薯种植者之间的关系。渔民开始潜水，从事珍珠采集，发现珍珠的利润特别高，他们可以挣到足够的钱购买所需的白薯和鱼。但是岛上的白薯种植者坚持送给他们白薯，所以渔民不得不放弃珍珠采集，去捕一些鱼送给白薯种植者作为回报。可见创造一种义务关系，礼物也可以被当成武器。[19]

但是只有在开始的时候大家都有种义务感，礼物才能被当成武器。礼物赠予和攀比的慷慨行为并不是塑造我们本性的人类发明，而是人类发明被用来开发我们早已存在的本性，我们天生对慷慨行为的尊重和对那些不愿分享的人的轻蔑。那么我们为什么会有这样的本性呢？因为如果我们绝不容忍小气吝啬并对之加以惩罚，这就会成为监督互惠体系的一种有效方式，可以让我们从别人的好运中分得一杯羹。所以部落社会里的送礼行为目的是要让其他人背上义务的约束，其实这根本就不是送礼，而是对互惠本能的一种利用。

如果礼物赠予像我所说的，是互惠本能的一种表达，有时是互惠本能的寄生品，那么我们应该可以通过实验来发现并展示这种本能，就像我们通过实验就能发现并展示狗的本能一样，狗一听到信号说食物就在附近，马上就会流口水。我们能做到吗？

第 7 章

道德情操论

情感防止我们成为理智的傻瓜

科学史上最令人不安的一个发现就是基因的利益塑造了人类利他主义的倾向。第一次领悟到这一点的时候,我接连几个晚上都难以入眠,试图找到不会这样粗暴地挑战我的善恶观的其他选择。理解这一发现会削弱道德对人的约束力——如果道德行为不过是发展个人基因利益的又一策略,那么克己为人岂不显得像傻瓜一样。说起来让人有点不好意思,有些学生上完我的课后好像只知道自私基因理论,认为它足以解释自私的行为,这种想法未免太天真,他们根本不管我如何费尽口舌来解释这种自然主义谬误。

——兰道夫·内瑟(Randolph Nesse),1994 年

在太平洋中部与世隔绝的马库岛上，居住着一群凶猛的波利尼西亚族人，叫作卡鲁阿姆。因为在当地一个酋长身上同时开展的两项研究，所以卡鲁阿姆在科学史上占有独特的地位，这个体型庞大的酋长名叫大块头吉库。第一项研究是由一位经济学家开展的，他的研究兴趣在于互惠交换；第二项研究由人类学家开展，他这次野外调查旨在记录人类天生的无私行为。两位学者都注意到大块头吉库的一个怪癖：他要求自己的追随者必须在脸上刺青以表达对他的忠心。一天晚上，天色将黑的时候，两位学者正在帐篷里吃晚饭，仿佛比赛似的一个比一个更沉默，这时四个满脸惊慌、饥肠辘辘的人跌跌撞撞走进帐篷，恳求大块头让他们吃点儿木薯。但是大块头告诉他们："如果你们在脸上文一个刺青，那么早上就可以吃到一个木薯。"两位学者抬头看看，来了兴致。经济学家寻思，这四个人怎么知道大块头吉库会信守诺言呢？很可能他们文了刺青以后还是得不到木薯吃。人类学家则说："我就不信大块头吉库此话当真，他不过是故弄玄虚而已。你我都知道他是个很有魅力的人，绝不会因为一个人不在脸上文刺青就不给他木薯吃。"

他们就着一瓶威士忌一直争到深夜，第二天早上醒过来的时候已经日上三竿。想起那四个饥饿的难民，他们马上问大块头吉库后来到底怎么样。下面是他们得到的回答：

"太阳出山的时候四个人都走了。既然你们这么聪明，我就来考考你们。如果你们答错了，我就亲自在你们脸上文一个刺青。第一个人纹了个刺青，第二个人什么都没吃，第三个人没有文刺青，第四个人我给了他一大块木薯吃。现在，请你们告诉我，四个人中你需要我告诉哪几个人更多的信息，才能有助于你们研究我的行为：第一个？第二个？第三个？还是第四个人？如果你们问的人和你们的研究根本无关，或者漏掉和你们的研究有关的人，就算你们输了，那我就要在你们的脸上刺青。"说完他哈哈大笑，好久才停下来。

你现在可能已经意识到，根本就没什么叫作马库的地方，也没有卡鲁阿姆这样的居民，更没有大块头吉库这样的哲人王。但请你将自己依次放在这两个学者的位置，然后回答这个问题。这就是那个名为"沃森测试"（Wason Test）的著名心理测试，通常用四张牌来玩，要求你尽量翻开最少量的牌来检验某个蕴含的规则。在有些情况下，人们做沃森测试得到的结果非常糟糕——例如将沃森测试作为一套抽象的逻辑进行，但在另一些情况下，人们的测试结果却又好得出奇。总的来说，这个测试越是被当成需要加以监督的社会合约来进行，人们就越容易找到答案，即使大家对这个合约非常陌生，对诞生合约的环境也不熟悉。

我把勒达·科斯米德斯（Leda Cosmides）和约翰·托比（John Tooby）

所说的沃森测试稍微渲染了一下，他们是由心理学家和人类学家构成的夫妻二人组，他们虚构了大块头吉库和他所处的文化，以便为人们展现一个完全陌生的世界，这样人们就不会将自身的文化偏见带入进来。

经济学家的这个测验相对比较简单。斯坦福大学参加测验的 75 个学生大概有 3/4 的人都答对了。记住，经济学家感兴趣的是要弄清大块头吉库到底有没有信守诺言。为了避免在自己的脸上留下文身，这个经济学家必须要问大块头吉库他到底有没有让第一个人吃木薯（这个人在脸上纹了刺青），有没有给第二个人文身（他饿着肚子走了）。其他两个人都和他的研究无关，因为如果大块头吉库拒绝给一个没有文刺青的人木薯吃，或者如果他当真给一个没有文刺青的人木薯吃，他都不算食言，因为他只是说如果一个人纹了刺青，那么他就会有木薯吃。

人类学家的问题在逻辑上与此相似，但现实证明它要难得多。让斯坦福大学的学生回答这个问题的时候，绝大多数学生都答错了，不管对这个问题的表述多细致都无济于事。[1] 人类学家要找证据证明大块头吉库的慷慨行为是无条件的：他有时也给没有文身的人木薯吃；根本就不关心那些文了身的人。因此他只对第三和第四个人感兴趣：那个没有文身的人（很可能吃上了木薯）和那个吃上了木薯的人（很可能并没有文身）。前两个人和他的研究无关，因为大块头吉库没有对任何一个展示慷慨行为。

为什么第二个问题要难这么多？答案直接指向第 6 章提出的一个问题的核心：人类是否有报答别人并确保别人一定要报答自己的本能。经济学家寻找的是那些不守诺言的骗子，我们大家很自然就能想到这个熟悉而又容易的想法；而人类学家则在寻找无私的人，他们提出一场交易然后又放弃自己的立场。这样的事情不但不常见，而且如果别人这样做，它也不会威胁到你的私人利益。如果有人请你吃午饭，你并不会担心他的慷慨大方，而会担心他平常没有这样慷慨大方，担心他是不是有求于你才请你吃饭。[3]

大块头吉库的例子并不是一个孤立的测试，而是一系列长期测试的一部分，在这些测试中心理学家逐步缩小问题的范围，试图弄清什么让沃森测试变难，又是什么让沃森测试变容易，这个测试本身也证明了思维的法则和逻辑的法则是截然不同的两回事。他们发现熟不熟悉测试的情境和故事的内容并不会产生什么影响。逻辑的难易程度也几乎不起什么作用：有些逻辑非常复杂的沃森测试很容易就能得到解答。将这个测试本质上作为社会契约加以呈现也不起什么作用。真正起作用的是接受测试的人是否被要求在社会契约中认出骗子——这些人得到的了好处却没有付出任何代价。人们不擅长寻找无私现象，却更擅长找到欺骗行为。如果测试中很难猜出各种行为的代价和好处，那么人们就不擅长判断这样的测试。如果有些报酬和损失在某种意义上说并非不正当，那么他们也不擅长寻找这些报酬和损失。有一个学生修改了沃森测试以适应厄瓜多尔的阿丘雅人，这些人几乎和西方世界完全隔绝，从来没有产生联系，但还是有很确凿的证据证明这些人在发现社会合约的欺骗行为方面的能力要比其他形式的推理能力强得多。[4]

一句话，沃森测试好像直接深入人类大脑内部，这部分大脑像一台无情、可怕而又专注于计算的机器，它把每个问题都当成两个人之间达成的社会契约，寻找各种方法来检查那些可能要背叛合约的人。它其实就是一个交易器官。

这好像有点儿荒诞不经，人的大脑怎么会有一部分本能地"了解"社会契约理论？卢梭难道已经渗透到人们的基因里面去了？这就和说因为运动员可以通过推断球的运动轨迹而接住球，所以大脑知道微积分，或者因为你知道怎么将没有见过的动词变为过去式，所以大脑天生知道语法，或者因为眼睛能根据整体环境的颜色稍微调整一个物体的颜色，因而可以自动更正夜光的红色，据此就说眼睛能够掌握高等物理和高等数学一样，都十分地荒谬。交易工具所做的无非是机械地使用通过自然选择而设置的特殊推理工具，找出违背双方约好的交易协定的行为。作为一个物种，不管我们住在哪里，不管我们生活在什么文化中，我们似乎无一例外都能意识到各种交换的成本效益分析。就像"人们犯了错误"与"打破了非社会契约的既定规则"这两件事，它们逻辑相似但在社会功能上完全不同，我们根本没有用来识别这种差别的器官。我们也不擅长于识别非理性的情境，这些情境无法用没有社会意义的描述性规则来界定。有些人的大脑遭受一定程度的损伤后，除了失去对社会交换的推理能力之外，几乎没有丧失任何其他功能。相反，还有一些人，特别是大部分精神分裂症患者，无法通过大部分智力测试，但只要是和社会交换的推理能力相关的测试，他们就完全不成问题。这个概念尽管不够精确，但是人类这种动物的大脑里确实好像有一个交易器官。我们在后面还会看到，精神病学已经可以支持这样一个奇怪的想法。[5]

即使在极不合适的环境下我们还是创造了社会交换。例如，它主宰了我们和超自然力量之间的关系。我们普遍经常性地将自然世界人格化，将其当成一个社会交换的体系。"我们的所作所为让众神大发雷霆"，我们用这样的话来解释特洛伊战争遭遇的挫折，解释古埃及遭遇的蝗灾，纳米比沙漠遭遇的干旱，或者在现代郊区遇到的倒霉事。对那些不听使唤的工具或机器，我经常踹它一脚或是对其吹胡子瞪眼，诅咒那些无生命的物体的恶毒，公然将它们当成有生命的活物看待。如果我们用种种牺牲、祭品或是祈祷来讨好诸神，那是因为我们希望诸神赐予我们战争胜利、农作物丰收或进入天堂的通行证这样的回报。我们坚决不信运气好坏，而是将其归因于善良行为受到的奖励或不守诺言遭到的惩罚，不管我们信不信仰宗教，至少这是比较怪异的行为。[6]

社会交换的器官到底在哪里，它如何运作，我们还不能确知，但是我们知道它确实存在，就像我们确知自己大脑的其他每个部分一样。近年来沿着心理学和经济学的边缘开始出现一个惊人的假设。人类的大脑不仅比其他动物的大脑要发达，而且它的构造也极为不同。这种不同的方式也非常让人着迷：它有一些动物大脑所没有的功能，让它能够探索互惠行为，能够交换帮助，能够获得社会生活中的种种好处。[7]

复仇是不理性的行为

生物学家在20世纪60年代因为获取了自私自利的"病毒"，所以发现了裙带关系和互惠行为。他们突然开始询问由之进化而来的一切事情，"但对于个体来说，其中到底有些什么呢？"不是对种族，也不是对集体而言，只是针对个体。这样的问题使他们对动物间的合作非常着迷，因此发现基因的极度重要性。对个体来说，没什么好处的行为可能会对它的基因产生好处。基因的物质利益一时变成了生物学的口号。

但是近年来发生了一件奇怪的事情。将整个学科都建立在"对个体而言，其中到底有什么好处？"这个问题上的经济学家开始后撤。近年来经济学领域的很多新发现都是建立在经济学家那些令人震惊的发现的基础上，他们发现人们的积极性其实是由物质利益以外的因素激发出来的。换句话说，正如生物学脱掉集体主义的毛衣而穿上个人主义的衬衫，经济学也开始循着另一条道路前行：设法解释人们为什么会做一些违背他们自身利益的事情。

其中最成功的是经济学家罗伯特·弗兰克（Robert Frank）所做的一个尝试。他的理论建立在新兴的犬儒主义生物学和少一点铜臭味的经济学相结合的基础之上，主要解释我们为什么会有情感。一个专门写过一本微观经济学教材的人却会插手让心理学家一筹莫展的领域，并且要解释情感的功能这看起来也许很奇怪，但这正是他所强调的重点。人类的动机，不管它们是不是理性和物质的，正是经济学的研究素材。

将以基因为主的犬儒主义带入很多生物学领域的罗伯特·特里弗斯有次写道："那些想要用自然选择来解释利他主义行为的理论模型都是脱离利他主义而谈论利他主义的模型。"[8]这对社会科学来说是比较老的说法了，18世纪格拉斯哥的哲学家对此很熟悉，现代的经济学家对此也一样并不陌生，例如阿玛蒂亚·森也说：如果你待人友善是因为这样做让你感觉更好，那么你的这种同情心是自私的，而不是无私的。同样，在生物学世界，蚂蚁为了姐妹的利益而辛辛苦苦地禁欲独身，并不是出于从那颗小心脏里流出的善良（蚂蚁的心脏器官并非以我们肉眼能见到的形式存在），而是出于其基因的自私利益考虑。吸血蝙蝠给自己的邻居喂食也有合理的缘由，最终也是自私行为。即使回报群体帮助的狒狒也是出于小心谨慎而不是出于好心好意。迈克尔·盖斯林（Michael Ghiselin）说，被误认为是美德的那些东西，其实都是一种不得已而为之的权宜。（那些基督徒在感觉自己高人一等之前应该停下来想一想，自己教导别人说，"你应该践行美德死后才能进天堂"，这其实就是个天大的贿赂，正是诉诸人们的自私行为。）

要理解罗伯特·弗兰克的情感理论，关键是要记住表面的不理性和最终的良好判断力之间的区别。弗兰克那部影响深远的著作《理性中的情感》(Passions within Reason) 以描述哈特菲尔德人对麦科伊人的一场血腥大屠杀开始。这些杀人狂在那场丝毫没必要的复仇行动中其实丧失了理性并自掘坟墓，最终招致了对他们的疯狂报复。任何一个理性的人其实都不会追求这样一种冤冤相报的循环，就好比他会因为害怕内疚和羞耻而不去偷朋友的钱包那样。弗兰克说，情感是种异常不理性的力量，不能够通过物质利益来加以解释。然而像人类本性中的其他一切那样，情感也是为了某个目的而不断进化。

同样，那些不去养育自己的女儿，而去养育自己的姐妹的蚂蚁表面看来显得不理性，或者就这一点而言，只顾养育自己的儿女而顾不上照料自己的老鼠，显然也是不理会物质利益的。但是只要我们探究一下个体表面下的基因，一切就变得清清楚楚了。蚂蚁和老鼠都无私地服务于自私基因的物质利益。同样，弗兰克解释说，那些让情感而不是理性来掌控自己生活的人，也许牺牲掉的是眼前的利益，但是长远看来却是在做出有益于自身幸福的种种抉择。注意我这里所使用的"情感"这个词并不是指情绪反应的"情感"，那些歇斯底里的人或偏执狂看起来好像也不理性，但他们是受到一时情绪反应的控制，而不是受到具体情感的控制。各种道德情操，恰如弗兰克（以及之前的亚当·斯密）这样来称呼情感，都是解决问题的方法，用来让高度社会化的生物有效使用社会关系，为基因的长期利益服务。道德情操是解决短期的权宜之计和长期的精打细算之间的矛盾的一种方法，而其重心则放在后者上。[10]

履行诺言

弗兰克表达这一点的一般术语就是履行诺言的难题。要获得合作带来的长期回报，可能就需要你放弃自私行为的短期诱惑。即使你知道这一点，并且也决心要获得长期的回报，但你怎么能让别人相信你决心这样做呢？经济学家托马斯·谢林（Thomas Schelling）用一个名叫"绑匪困境"的故事，形象地表现了履行诺言的难题。假设一个绑匪开始露怯，心想自己若是没有绑架人质就好了。他提出释放人质，但前提是她得保证出去之后不把相关的证据透露给任何人。但是他知道如果他让人质离开，她虽然心怀感激，但她没理由不反悔，会直接走到警局去报案。那时的人质早已脱离他的掌控了。所以人质会向他保证自己绝不会干这样的事情，但是她的保证对绑架犯而言没有任何说服力，因为他知道这些保证虽然说得信誓旦旦，但是事后反悔并不会让她损失什么。这时处于困境的其实是人质，而不是绑匪。她怎样才能保证信守诺言，让绑匪相信自己呢？她怎样做才能让自己在违背承诺之后付出高昂的代价呢？

她无法做到这些。谢林建议她应该通过某种方式做出让步，主动坦白自己过去曾犯下的一桩大罪，这样绑匪就成了可以指证她的证人，彼此都有对方的不利证据，就可以确保这场交易得以继续。但又有多少人质能坦白出和绑架差不多的性质恶劣的重罪呢？这并不是解决这个问题的现实可行的方法，因为缺少可以具体实施的承诺，这个难题仍然无解。

然而在现实生活中，因为一个颇为有趣的原因，履行承诺的难题却变得更容易解决。我们可以利用情感让自己的承诺变得更加可信。让我们来看看弗兰克提供的关于这个难题的两个例子。第一个例子，两个朋友考虑合伙开一家餐馆，一个负责烧饭，另一个负责收钱记账，大家相互欺骗都很容易。厨师可以夸大饭菜成本，而会计则可以做假账。第二个例子，一个农民必须要阻止邻居将牛群散放到他的麦田里，可是威胁要跟他打官司听起来又不可信，因为打官司的成本会超过遭毁坏的庄稼的价值。

这些并不是什么奇闻逸事或鸡毛蒜皮的小事，而是困扰我们一生的现实问题。但是在每种情况下，理性的人到头来可能都得不出什么好结果。理性的企业家因为担心受骗而不愿开这家餐馆，或者担心同样理性的生意伙伴先欺骗她而选择欺骗对方，从而让生意毁于一旦。理性的农民不能阻止他那同样理性的邻居将牛群散放到他家的麦田里，因为他不会浪费钱上法院去打官司。

要用理性来解决这样的难题，并且假定其他人也同样有理性，就会和这些难题带来的机会失之交臂。理性的人无法让彼此相信对方的承诺，因此他们之间永远无法达成交易。但是我们并不会用理性来解决这些问题，而是用受情感驱使的非理性的承诺来解决。那位企业家不会骗人，因为担心丢面子或有负疚感，她相信自己的生意伙伴，知道她这个人也不喜欢丢面子或有负疚感——她是个注重名誉的人。农民把自家的牛圈起来，因为他知道邻居十分固执，一怒之下会把他送上法院，即使这样做会让他倾家荡产，他也会在所不惜。

通过这种方式，情感就改变了履行承诺难题带来的回报，把理性的算计中没有考虑的长远代价都放到目前来考虑。怒火会吓阻那些违背承诺的人；良心谴责会让欺骗他人的人感到痛苦不堪；嫉妒代表着私利；鄙视会赢来尊重；丢面子就是种惩罚；同情心引出互惠互利的同情心。

而且，爱情让我们维持对彼此关系的承诺。尽管爱情可能不会天长地久，但是从其本义来看它却比欲望要更为持久。没有了爱情，人类的性伴侣会不断更换，永不停息，没有人能对双方的关系做出承诺。如果你不相信，可以去问问大猩猩或者它们的近亲，问问狒狒，因为这一点清晰地描述了它们的性生活。

几年前，荷兰研究人员发现，欧洲有一种小鸟儿叫作蓝冠山雀，如果一对蓝冠山雀在产卵期间遭到食雀鹰的攻击，其中的雄性鸟儿受了伤，那么它的伴侣马上就会寻找另一只雄性山雀交配。这很符合理性。受伤的雄鸟可能会死去，或者日渐消瘦，雌鸟和另一只雄鸟结合日子将会过得更好。为了让另一只雄鸟有兴趣和它一起抚育那一窝幼雏，它会给这只雄鸟一份父权。但是在我们人类听起来，不管这种行为多么明智，雌鸟的做法还是不可思议，冷酷无情而又没心没肺。同样，我在研究鸟儿的时候注意到，它们通常多么缺乏一种怨恨的意识。它们的心里从来就不会对那些曾经伤害过它们的敌人有报仇雪恨的想法，只是该怎样生活仍旧怎样生活。这是明智的做法，但是它并不意味着一只动物可以毫无顾忌地随意伤害另一只动物。人类特有的种种复杂的情感，阻止我们抛弃受伤的伴侣或原谅不公平的冷落。这一点从长远来看对我们有好处，因为这让我们可以在艰难困苦的时候维系婚姻，或者告诫那些别有企图的人走开。就像弗兰克所说的那样，我们的情感保证让我们履行对彼此的承诺。[11]

公平很重要

在那篇论述互惠的利他主义的论文原稿中,罗伯特·特里弗斯表达的几乎是同样的观点:情感在我们内心的精打细算和外在的行为之间进行调和。情感在我们人类这个种族中引发互惠行为,当利他主义从长远看来可能需要付出代价时,它们引导我们实行利他主义。我们喜欢那些对我们展现无私精神的人,也会慷慨无私地对待那些喜欢我们的人。特里弗斯注意到,在互惠的交易中道德上的侵犯可以用来监督交易的公平性——人们似乎对"不公平"的行为感到特别不满。同样,人们对于感激和同情这样的情感会锱铢必较,这也有点让人意外。心理学的实验也显示出这一点,恰如经验证明的那样,比起那些轻而易举就能做到的善行,人们对那些耗费捐助者大量精力或者给其带来极大不便的善行会更加感激,哪怕得到的好处是一样的。如果有人主动对我们施以援手,但目的并不是为了行善,而是让我们感觉有必要在日后帮助他以回报他的善良,对这种行为的痛恨我们大家都深有体会。特里弗斯说,一旦心怀内疚的人的欺骗行为被人发现,这种内疚的情感常被用来修复彼此之间的关系。当人们的欺骗行为被人发现以后,出于内疚,他们常常更愿意摆出无私的弥补姿态。总之,在特里弗斯看来,人类情感更像一个实行互惠原则的社会动物所使用的高度精练的工具包。[12]

但是,特里弗斯将他的这套理论表述为通过互惠行为立刻获得报答,而弗兰克则认为,正是履行承诺模式将利他主义的难题从这样的犬儒主义者手里解救了出来,它并没有试图将利他主义剥离出来加以讨论。与建立在互惠和裙带关系基础上的解释相反,履行承诺模式认为纯粹的利他主义也能进化发展。

> 履行承诺模式当中的诚实个体就是看重诚信本身价值的人。他从来没有考虑到自己可能会因为诚实的行为而收到物质上的报酬。正是因为他有这样的态度，在有些处境当中当他的行为无法得到监控的时候人们才能信任他。假如诚信可以被识别出来的话，它就能创造其他情况下无法获得的珍贵机会。[13]

对于这一点，一个犬儒主义者可能会给出这样的合理回答：诚实所获取的信誉本身就是一种报酬，极大平衡了偶尔的利他主义行为所付出的成本。所以，从某种意义上说，履行承诺模式确实是将利他主义剥离出来加以谈论，将其变成一种投资——投资到一只叫作信誉的股票中，日后通过其他人的慷慨行为支付高额的红利。这就是特里弗斯的观点。

因此，合作的人远非真正为他人着想，而只是着眼于自身的长远私利，不是眼前的短期利益。弗兰克并不是要废黜古典经济学家钟爱的理性人，而只是重新用更为现实的方式给理性人加以定义。阿玛蒂亚·森将这目光短浅而又自私自利的人称为"理性的傻子"。如果这个"理性的傻子"最终做出了短视的决定，那么他就不再是理性的了，而只剩下短视这一条。因为没有考虑到他的行为对别人造成的后果，他确实是个傻瓜。[14]

但是把这样的诡辩放到一边，弗兰克的创见还是非同小可。它核心的思想是说，纯粹的善行是我们为拥有道德情操所付出的代价，这些道德情操之所以弥足珍贵，是因为它们为其他很多场合打开了方便之门。所以当有人投票的时候（考虑到它有可能影响结果，这是不理性的），在自己不会再光顾的餐馆给服务员小费的时候，匿名给慈善机构捐款的时候，或者飞到卢旺达的难民营去给生病的孤儿洗澡的时候，即使从长远利益来看，她也不是为了一己私利，也绝不是在做理性的事情。她只是成了为另一个目的而树立的情操的牺牲品——通过显示自己具有利他主义精神来赢得别人的信任。上一章里我们提到了一个解释：人们做好事是为了赢得威望，通过间接的互惠行为，在日后可以兑现一个更为实际的商品，这里其实并不是上述解释的翻版。理查德·亚历山大借用哲学家彼特·辛格（Peter Singer）的观点提出，纯粹依靠人们自愿献血的国家血库的存在，证明了人们并非由于互惠动机的驱使才去行善。确实，在英国人们之所以献血并不是期望他们可以获得一定的收入或者在他们自己需要输血的时候可以得到优惠待遇。你只得到一杯淡茶和一声礼貌的谢谢而已。但是，亚历山大说，"我们又有谁听到有人不经意间提起他刚刚献血回来，不会变得对他态度更恭敬一点呢？"[15] 人们一般对于献血行为都不会太过保密。献血和在卢旺达工作都会提高你品德高尚的声誉，因此让人们更有可能在囚徒困境中信任你。这些举动在大声嚷嚷"我是个无私奉献的人，相信我"。

那么，在类似囚徒困境这样的情境中的道德情操，其重点就是要让我们能够挑出正确的伙伴来开始博弈。只有在你根本不知道是否可以相信自己的同伙时，囚徒困境才会成为困境。在大多数现实情境中，你对到底能在多大程度上相信某人，心里都有非常清楚的概念。弗兰克说，假设你在一个拥挤的电影院里留一个信封，里面放进1000英镑，信封上写着你的姓名和地址。在所有你认识的人当中，你认为有没有什么人可能在发现信封以后会还给你？当然会有这样的人。所以根据你能在多大程度上信任他们一定能与你合作，在某些情况下即使选择不合作也不会为人所知，你就可以在自己的熟人中分辨出这些值得信任的人来。

确实，正如弗兰克在他做的实验中发现的那样，如果要求人们轮流和一群陌生人中的每个人进行囚徒困境这场博弈，但是先给他们30分钟时间和自己的伙伴会面，结果证明他们特别擅长预测出哪个陌生人会背叛他们，哪个陌生人会在游戏中与他合作（参看第5章的相关内容）。例如，我们可以想想第一次遇到某个人的时候，这个人的一个微笑是多么重要。这个微笑是个暗示，说明这个人希望信任你，也希望获得你的信任。当然，这也可能是个假象，尽管很多人都肯定地说他们能够辨别出微笑到底是发自内心还是皮笑肉不笑。更难的是在你根本没觉得好笑的时候，哈哈大笑得像真的一样，很多人这时候都会情不自禁地觉得脸红。所以我们的表情和动作好像似乎能够毫无掩饰地将我们的所思所想表露无遗，好像完全背叛了我们脑海里的内容。不诚实和生理密切相关，所以能被测谎仪之类的仪器探测出来。愤怒、恐惧、内疚、惊奇、厌恶、鄙视、哀伤、悲痛、快乐——所有这些都是普遍能够辨认出来的情感，不仅在一种文化中如此，在全世界所有文化中都是这样。

这样容易辨识的情感当然会让整个人类集体受益，因为它们让信任得以在社会中运作，但是它们对个人而言又有什么用处呢？让我们回到第3章所说的关于囚徒困境的比赛，回想一下在一个满是背叛者的世界里，"以牙还牙"的策略只有在找到其他合作者的情况下才能击垮对手。弗兰克说，同样，如果这个世界的人发现很容易就可以欺骗自己以及自己的面部表情——他们都是擅长撒谎的人，那么一个不善于说谎的人就会大受其苦。但是一旦他可以找到另一个不善于说谎的人，两人很快就会一见如故。他们就能相互信任，避免和任何其他人玩这样的游戏。能够辨别出可以一直信赖的人是个优势，能够被人辨别出不是机会主义分子同样也是优势，因为它会吸引其他的同类人。对于情感而言，诚实真是最好的政策。

弗兰克所举的最有说服力的例子讨论的就是有关公平的问题。想一想叫作"威胁交易游戏"（ultimatum bargaining game）的那个游戏。亚当拿到一张 100 英镑的现钞，并且被告知要和鲍勃一起分享。亚当必须说出他打算分多少钱给鲍勃，如果鲍勃拒绝这个提议，两个人就一分钱都拿不到。如果鲍勃接受了，那么他就能拿到亚当提议给他的那些钱。假设亚当认为鲍勃也是个理性的人，那么亚当所做的符合逻辑的事情，就是给鲍勃极少的一点钱，比如说 1 英镑，然后自己留下剩下的 99 英镑。鲍勃应该理智地接受这 1 英镑，因为这样他好歹还能拿到 1 英镑。如果他拒绝了，他就什么也得不到。

但事实上不仅很少有人在充当亚当的角色时会提出给鲍勃这样少的钱，甚至更少有人在充当鲍勃的角色时会接受这样少的分成提议。到目前为止现实中的亚当做出的最常见的提议是五五分成。就像心理学上的诸多游戏一样，这个"威胁交易游戏"的目的是要暴露我们到底有多么不理性，并让我们自己对此感到诧异。但是弗兰克的理论在解释这种"非理性现象"时却几乎没什么困难，甚至发现这样做符合情理。人们不但关心公平，同时也关心自身利益。他们不希望处在亚当位置的人提出分给自己这样一点少得可怜的钱，所以拒绝接受，因为非理性的固执正是告诉人们这种想法的最好方式。同样，在扮演亚当的角色时，他们会提出一个公平的五五分成的方案，以显示如果将来有了完全依赖彼此间的信任这样的机会，他们是多么的公平和值得信赖。你会不会为了区区 50 英镑而毁了自己在朋友间的大好名声？

但这只是关于互惠原则的推理，和公平没有什么关系。经济学家弗农·史密斯（Vernon Smith）稍稍修改了威胁交易游戏，发现它并没有揭示多少有关公平的固有意义，而是支持这样的论调，即互惠原则可以调动起人们的积极性。如果在一群学生中，扮演亚当的权利是通过在一场普通知识竞赛中得分超过班级一半以上的人而赢来的，那么亚当就会变得不够慷慨起来。如果规则改变，鲍勃必须要接受亚当的提议——史密斯称之为"独裁者游戏"（dictator game），那么亚当的提议又会变得不够慷慨起来。如果这个实验不是由亚当一个人最后说了算，而是像一场买卖双方的交易那样，其中鲍勃必须提出一个报价，然后亚当又一次变得不够慷慨。如果该游戏以这样的方式进行，亚当的身份可以保密，这样亚当又会显得不够慷慨。现在，由于他们的身份受到实验者保护，有70%的亚当在独裁者游戏当中选择一分钱也不分给鲍勃。好像实验对象认为除非他们表现出亲社会的行为，否则实验者不会再叫他们回来了（实验期间他们能获得一定好处）。

如果是天生的公平感在驱使着人们，那么在所有这些新的实验环境下，人们都应该表现得一样的慷慨大方，但是他们并没有这样表现。相反，他们却表现出一种绝对的机会主义意识。那么为什么他们在原来的那个游戏中表现得慷慨大方呢？史密斯说，因为他们太过痴迷于互惠原则。即使这个游戏只玩一次，他们也非常关心如何维护自己的声誉，作为一个值得信赖的人，不会过于赤裸裸地牺牲他人的利益来实现自己的投机。[16]

史密斯使用一个叫作"蜈蚣博弈"的游戏来充分证明这一信息。在这个游戏中，亚当和鲍勃在轮到自己时都有机会把钱递给对方或者留给自己。传递的时间越长，累积的钱也就越多，但是一直玩到游戏结束时亚当会拿到最后的钱。所以鲍勃就应该说服自己，他在最后一回合的时候不要把钱再传给亚当，然后亚当应该推理出鲍勃会这样做，所以他在倒数第二回合就不应该再把钱传给鲍勃，如此往复循环，直到他们每个人得出的结论都是自己应该一有机会就终止这个游戏。

但是人们却并没有让游戏终止。他们一般都会一直传递，最后让别人赢很多很多的钱。很明显，其中的原因在于他们在做交易——报答另一个人慷慨无私的行为，希望轮到他们自己做亚当的时候别人也能表现出同样的慷慨。然而这游戏并没有系统的角色转换环节。

罗伯特·弗兰克的履行承诺模式在某种程度上是个比较过时的想法。他所说的就是道德和其他情感习惯会带来收益。你越是表现得大公无私慷慨大方，你从社会中收获的合作努力带来的好处就会越多。如果你不理性地放弃投机行为，你从生活当中得到的会更多。新古典主义经济学和新达尔文主义的自然选择所传递的微妙信息——理性的自私统治着世界并解释着人们的行为，这个主题思想并不合适，并且从规范上来说非常危险。弗兰克这样说道：

> 亚当·斯密的胡萝卜和达尔文的大棒如今在很多工业化的国家里都使性格发展成为一个几乎完全被人遗忘的主题。[17]

让你的孩子好好做人，并不是因为这样做要付出代价并变得高人一等，而是因为从长远来看它可以带来好处。

道德感

罗伯特·弗兰克虽然是个经济学家，但是他的思想与两位心理学家的著作相互呼应。杰罗姆·卡根（Jerome Kagan）是个儿童心理学家，他研究的遗传、发展和人格的各种起因让他坚定不移地强调情感才是人类动机的源泉，而不是理性。卡根说，想要逃避或避免内疚感是人类的共识，对所有文化中的所有人都起作用。引发内疚感的各种事物的类型可能会随着文化的不同而有所区别，例如不守时对西方人而言是件让人觉得特别内疚的事情，但是对内疚的反应在全世界范围内都是一样的。道德感需要天生而来的内疚和移情的能力，而两岁的儿童显然不具备这样的能力。尽管这样，和很多天生的能力一样（例如语言能力或幽默的能力），道德能力也可能会受到不同类型的教养的培育或者压制，所以我们说激发道德感的情感是天生的，并不是说它们是不可改变的。

因此，卡根关于儿童道德观的理论像弗兰克的履行承诺模式一样，都强调非理性的情感。

> 构建一个可信的基础来让人们的举止符合道德观，这一直是个让很多道德哲学家感到挫败的问题。我认为他们还会一直这样做，直到有一天他们认识到中国的哲人早就知道的道理：超我是由情感维系的，而不是逻辑。[18]

巧合的是，和两岁的孩子一样，好像狒猴也完全缺乏移情的能力。如果一只狒猴发出警戒的叫声，它不会因为另一只狒猴已经发出警戒叫声而停止叫唤。狒猴从来不会纠正孩子在发出警戒叫声方面所犯的错误。狒猴在狒狒靠近的时候也不会发出叫声示警，因为狒狒只吃小狒猴而不吃成年的狒猴。所以狒猴的叫声是极度以自我为中心的。多萝西·切尼（Dorothy Cheney）在研究狒猴和狒狒之后说道："示警者完全不知收听者的心理状态，所以它们无法传递自己的意图，因此它们无法去安抚紧张的狒狒或是通知不知道危险逼近的狒狒。"[19] 它们无法设身处地替他人着想，这是人类和动物之间最显著的区别，所以很难后退一步看看这一习性有多特殊。我们不插队，因为我们关心其他人（即使是陌生人）对我们的看法。而其他动物则不会这样。

卡根的书出版 10 年后，弗兰克的书出版 6 年后，詹姆斯 Q. 威尔逊（James Q. Wilson）出版了他的《道德感》(The Moral Sense)，这本书从犯罪学家的角度说明了很多同样的道理。"在我看来，最需要解释的并不是为什么有些人成为罪犯，而是其他人没有成为罪犯。"威尔逊指责哲学家没有认真考虑道德作为一套有目的的本能存在于人们的意识之中这样的观点。他们多数人只把道德看成社会强加给人们的一套或功利性或随意的喜好和习惯。威尔逊反驳说道德并不是一套习俗，正如好色或贪婪这些情感也不是习俗一样。当一个人看到不公正或者残忍的行为时觉得厌恶，他是由于本能而出现这样的感受，并不是在理性地思考这一情感的功用后才会这样，更不用说只是机械地重复一种流行的社会习俗。

比如说，即使你把慈善的施舍当成终究是种自私行为而加以摒弃——说人们之所以进行慈善捐赠目的还是为了巩固他们的名声，你还是没有解决这个问题，因为这样你就得解释为什么这样的慈善行为可以巩固他们的名声。为什么人们都称赞慈善活动？我们太过沉溺于道德假设的海洋，以致设想一个没有道德假设的世界都会非常困难。一个没有互惠义务的世界，公平交易，并且相信其他人，这样的世界竟然是不可想象的。[20]

所以心理学家的观点和罗伯特·弗兰克的经济理论趋于一致，认为情感是确保实现承诺的心理机制。但是也许最杰出的相似看法来自对损伤的大脑的研究。人类大脑有一小部分前额叶，当受到损伤之后，就会让人变成理性的傻子。那些丧失这部分区域功能的人表面看来和正常人没什么两样，他们不会瘫痪，言语不会有什么缺陷，感觉方面也没有影响，记忆或者一般智商方面都不会有什么损失。他们在心理测试方面的成绩和发生事故之前的测试成绩没什么区别，但是他们的生活四分五裂，其原因好像更多来自精神方面而非神经方面。（错误的二分法！）他们无法正常工作，失去了自控力，变得极其优柔寡断。

但这还不是发生在他们身上的所有遭遇。他们简直丧失了一切情感。面对不幸、高兴的消息和令人烦躁的检查时他们全都镇静自若。他们在情感方面变得一平如镜。

安东尼奥·达马西奥（Antonio Damasio）在他的著作《笛卡尔的错误》（*Descartes's Error*）里，通过12个病患描述了这些症状，然后他认为做决定和情感密不可分，这绝不是出于偶然。他的病人在理性衡量所有的事实面前变得这样无动于衷，最后导致他们无法做出决定。"情感的缺失可能是非理性行为的一个同样重要的根源"，他这样推测。[21]

简单地说，如果你缺乏所有情感，那么你就是个理性的傻子。达马西奥研究这个病例的时候，他还不知道像经济学家弗兰克、生物学家特里弗斯和心理学家卡根都已经从不同的证据得出类似的结论。这真是令人惊奇的巧合。

耐心是美德，美德是风度，风度是个不愿洗脸的小姑娘。这句没有意义的歌词现在好像包含着一个创见的精髓，概括了履行承诺模式的主要发现。美德确实是种风度，或者在我们现在奥古斯丁教义不再风行的日子里也可称之为本能。它是我们可以信以为真，加以利用并珍惜的东西。美德并不是我们必须违背人类本性去辛苦创造的东西——如果我们是鸽子或者老鼠，没有社会机器加以润泽，我们就需要那样做。本能的、有用的润滑剂正是我们本性中的一部分。所以也许我们应该设法让人类制度去激发人类的美德，而不是去减少人类的自私行为。

让其他人做利他主义者

对利己主义常见的看法中存在着一个悖论。人们通常都会反对利己主义，他们鄙视贪婪并且相互告诫要提防那些以一心追求自身目标而闻名的人。同样，他们敬仰那些公正无私的利他主义者；这些人那毫不利己，专门利人的故事成了传说。所以在道德层面，大家都同意利他主义值得提倡，而自私自利则必须谴责，这是明白无疑的。

那为什么大多数人并没有成为利他主义者呢？那些少数的利他主义者——如特雷莎修女和其他圣徒，几乎从定义上看就显得卓尔不群且极为罕见。你认识多少真正的利他主义者，心里总是装着他人、从不考虑自己呢？很少，很少。其实，如果有个和你走得比较近的人真正做到了大公无私——比如说一个小孩子，或者一个好朋友，总是以德报怨，本来应该别人做的那些琐碎工作他都帮忙做了，在医院急诊室里不求回报地做义工，或者将自己每周的收入都捐献给慈善机构，你会对他说什么话呢？如果偶尔他也这样做，你会对他大加赞扬。但是如果他每周都这样做，年复一年，你就会开始怀疑。你会用最友善的方式向他暗示，他应该稍微多考虑一点儿自身利益，要为自己多留那么一点儿心眼。

我的意思是说，虽然我们普遍敬仰并赞扬无私行为，但我们并不期待无私行为支配我们自己或者好朋友的生活。对于我们所宣扬的东西，自己却不会去身体力行。当然，这样做完全符合理性。其他人越是践行利他主义精神，对我们就会越有利，但是我们和我们的亲人越是追求自身利益，对我们也会越有利。这就是囚徒困境。同时，我们越是摆出一副喜欢利他主义行为的姿态，对我们也会越有利。

我认为这解释了为什么大家普遍对经济学和自私基因的生物学不信任。这两个学科都反复宣称它们遭到了误解，但没什么效果。它们并不是在宣扬自私自利，而是认清了自私这种行为。经济学家说，只有期望人们从他们自身利益的角度对各种动机做出反应才符合现实——不是符合公正或善良，而是符合现实。同样，生物学家说，期望基因展现某种进化能力去做一些事情，以巩固其自身获得复制的机会，这似乎比较合理。但是我们好像觉得采取这种观点就显得有点儿不入流，某种程度上来说显得不够政治正确。理查德·道金斯造出了"自私的基因"这样一个术语，他说他让人们注意天生而来的自私基因，并不是证明它有多合理，而是恰恰相反，他要提醒我们对它保持警惕，这样我们才能意识到我们需要克服自私的基因。他劝人们去"反抗这些自私的复制者的独裁专制"。[22]

如果履行承诺的模式是正确的，自私基因流派的那些评论者就说对了一个重点，因为一切都变成了规范性的东西。如果人们并不是理性地将自身利益最大化，那么告诉人们自私的行为是符合逻辑的，其实就是在教坏他们。其实，这恰是罗伯特·弗兰克和很多其他人所发现的：那些被传授过新古典主义经济学的秘籍的学生，在囚徒困境的博弈中要比别的学生——比如说学天文学的学生更有可能做出背叛行为。

因为知道一路遭遇的艰难，忍让、同情和公正这样的美德并不是我们努力要学会的原则，而是我们做出的承诺，并且期待别人做出同样的承诺——它们是我们追求的神。那些提出非难的人，比如宣称自私是我们的主要动力的那些经济学家，我们会怀疑他们不去膜拜美德之神的各种动机。他们不去膜拜美德，显示出他们自身可能不是信徒。可以说他们展现出对自私这个主题极不正常的兴趣。

道德情操论

弗兰克的道德情操理论让亚当·斯密的思想变得有血有肉，他在1759年出版的以这一名词为名的书中第一次提出这个概念。这也在斯密的第一本著作和第二本著作中提出的两种假设之间架起了一座桥梁，他在《道德情操论》中提出明显不理性的假设，认为人们的行为受道德情操的驱使；他在《国富论》中又假设，理性的自私是成功的经济学的源泉。

在第一本书里亚当·斯密提出，如果个体和他们所属集体之间有着足够的共同利益，他们就会联合起来压制那些与集体的幸福背道而驰的成员的所作所为。旁观的人会插手干涉，惩罚那些反社会的行为。但是在第二本书中，斯密好像又对这种说法进行了反驳，暗示社会并不是受到个体细心呵护的公共财产，而是个体为自身私利而奋斗的过程中几乎不可避免的副作用。

> 德国人好像普遍用他们那有板有眼的方法阅读过《道德情操论》和《国富论》这两本书，他们造出一个漂亮的词"亚当·斯密问题"，指试图用一本书解释另一本书带来的两本书都不能让人理解的结果。[23]

弗兰克的道德情操论解决了这个悖论，并且在互惠互利和集体精神之间建造了另一座更加现代的桥梁。通过强调囚徒困境这场博弈里所面临的挑战就是要吸引正确的伙伴，他展示了互惠者是如何在社会中沉淀下来，而让自私的理性主义者自生自灭。有道德的人之所以有道德，是因为它让人们和其他有道德的人联手合力，共同获得好处。一旦合作者将自己和社会的其他部分隔离开来，一种全新的进化力量就会起作用，这种力量让集体和集体相对抗，而不是个体之间相互对抗。

第 8 章

部落主义的灵长类动物

动物为了竞争而互相合作

> 残忍的生物服从各种本能和嗜好的支配，我们人类也概莫能外……那么事实好像是，我们这样做就是为了谴责虚伪行为、无端而来的暴力、不公，同时赞成对一些人实施慈善，对另一些人则不予同情。
>
> ——主教约瑟夫·巴特勒（Joseph Butler），
> 《论美德的本质》，1737

如果能做到，你可以想象自己是生活在东非草原上的一只公狒狒。这需要下点儿功夫，因为狒狒群体在很多方面都显得非常奇怪。为了帮助你学会其中的诀窍，我先给你一个很重要的暗示，告诉你狒狒的同伴经常都会干出哪些坏事。它们会拉帮结伙以偷抢其他狒狒的配偶。所以如果你正春风得意地和一只处于发情期的母狒狒在一起，和她一起静静享受恬静的蜜月，这时你看到一只公狒狒走到它的朋友身边，并做着甩头的特殊动作，那你一定要加倍小心。那个甩头的狒狒是在对他的朋友说："跟我一起去把那边的家伙打一顿，将它的女伴夺过来怎么样？"二对一，结果可想而知，你很快就要沿着大草原一路落荒而逃，身后留下一道道伤痕。

在狒狒生活的群体中，年轻一点的公狒狒想要获得性交的机会，它们就要拉帮结伙，一起对付年长的狒狒，将年长的狒狒从它们霸占的母狒狒那里赶跑。但是两个同伙当中实际上只有一个与母狒狒交媾，另一个纯粹只是帮忙打架，自己一无所获。那么它为什么还要这样做呢？它是不是毫不利己，专门利他？第一个答案是动物学家克雷格·帕克在1977年给出来的，他认为狒狒之所以这样做，是因为它期待这次帮助的同伙日后能回报它一个类似的恩惠。因此，那只求助的狒狒——即第一只甩头的狒狒可以和母狒狒交配，但是它同时欠下一份恩情，将来需要的时候必须要加以偿还，恰如威尔金森所说的吸血蝙蝠那样。[1]

实际上，正是去非洲一趟亲眼看到狒狒以后，罗伯特·特里弗斯才提出影响深远的"互惠的利他主义"理论，而正是为了测试特里弗斯的这个理论，帕克才在几年以后开展了他自己的一项研究。似乎狒狒正是互惠的利他主义的理论原型，它们是典型的以牙还牙的玩家。

唯一的问题就在于帕克弄错了。其他科学家长期观察狒狒之后发现，到底谁最终得到母狒狒，匆忙下结论显得有点为时过早。其实，一旦母狒狒之前的配偶被赶跑，两个同伙之间为了谁得到母狒狒还要展开一场不光彩的争逐。所以这里根本就没有什么利他主义，只有自私自利。甲狒狒要想获得交配机会，唯一的希望就是和乙狒狒联手攻击丙狒狒，夺取它的配偶，然后希望抢在乙狒狒之前将母狒狒搞到手。甲乙两只狒狒都能当场从合作行为中获利：它们都有 50% 的交配机会。

不管怎样，狒狒的处境都不是囚徒困境，因为根本就没有背叛诱惑。如果甲乙拒绝联手，根本就没有谁能更加受益，反而两者都得不到好处：大家都没机会赢得母狒狒。[2]

尽管这样，不管狒狒有没有玩以牙还牙的游戏，它们仍然在彼此合作且发现合作带来的种种美德。它们同心协力达成一个共同目标。两个软弱的狒狒，一起合作就可以打败一个强大的对手。真正起作用的并不是力量的大小，而是社交能力的强弱。残忍的武力受到美德的驯服。联系紧密的动物将会统治地球。灵长类动物间的合作最终导致人类社会的产生，那么合作是不是最开始的第一步呢？如果真是这样，克鲁泡特金王子绝对不会满意，因为合作的目的并不是为了一个高贵的共同目标——为了实现狒狒群体的利益，而是出于狭隘的自私目标，即为了获得性交的特权，根本不管所涉及其中的母狒狒的愿望，更不用说母狒狒之前的配偶了。合作一开始并不是因为美德的原因形成的，而只是实现自私目标的一个工具。如果我们要庆祝人类社会非比寻常的合作特征，我们首先必须认识它形成的基本要素。

在这方面狒狒并不是唯一的例子。在所有的猴子群体当中，合作的情形几乎无一例外都是在竞争和攻击的情境下出现的。对公猴子来说，合作是赢得战争的有效方式。如果你想看到猴子在各种联盟中相互合作，最好的机会莫过于撞见它们相互争斗。疣猴通过其他雄性朋友的帮助一起攻击霸占众多母猴的主人，从彼此手里抢得这些母猴而去。[3]

这个狒狒的故事至少能给你一个简单的教训，也许在你投胎成为一只狒狒时能帮上你的大忙。你会明白与其他狒狒联手可以实现性劫持的目的。但是假设你转世以后没有成为一只狒狒，而是成为一只猕猴，你就会发现猕猴在很多方面和狒狒非常相似：也是居住在陆地上的猴子，像所有猴子一样非常强壮和凶猛，和狒狒一样生活在较大而又等级分明的群体当中。

但有一个方面，生活在猕猴当中和生活在狒狒当中会截然不同。在狒狒当中，联合的情况非常少见，只是偶有发生且彼此关系保持稳定。甲和乙是好朋友，只在非常偶然的情况下它们会结成同伙，去抢夺属于其他狒狒的母狒狒。狒狒之间的战争绝大多数都在一只狒狒和另一只狒狒之间进行。而雄性猕猴相互之间却经常展开混战，多数都是两两结对相互鏖战，而不是一对一的战斗。在猕猴当中，联盟随处可见。平均每 39 分钟就有一个新联盟形成。猴群中间的每只公猴子过一段时间就和另一只公猴子结成联盟。它们之间的联合并不限于发出奇怪的甩头信号邀请对方加入战争，联合就是它们生活的构成元素。公猴子会一起梳理毛发，一起玩耍，彼此相依偎，在彼此的怀里小睡，一起结对溜达，一般都会花大量精力建立并维持临时的友好关系。这些联盟常常通过一场战斗促成，通常是一只猴子主动协助挑起战斗的另一只猴子。但是几个小时以后，煽动的猴子可能会发现它所面对的对手正是原来的同伴，现在又和其他猴子结盟来对付自己。这一切都很让人困惑。

猕猴之间并不是随机盲目地结盟。一般来说，公猴子都会去支援那些以前曾帮助过自己或者为自己梳理过毛发的公猴子，并且一般来说，地位起着极大的作用：战斗中的支援者通常都是年长的公猴子，它们主动去帮助年幼的公猴子。而年幼的公猴子通过为年长的公猴子梳理毛发来回报这样的恩情。不像狒狒，这种联合既有积极面也有消极面：对那些曾经帮助过自己敌人的猴子，公猕猴要报仇雪耻，而对那些曾经帮助过自己的猴子它们则会施以援手。

换句话说，公猕猴经常结成相互合作的朋友关系，它们的友谊很持久，但并非一成不变，它们彼此之间互惠互利、同心协力而又相互效忠。这占据了它们大量的时间。那么它们这样做又有什么目的呢？

琼·西尔克（Joan Silk）多年来一直在加利福尼亚州一个圈养的猴群里研究这种猴子，但她还是没有找到一点儿头绪。它们结成的联盟并不像狒狒那样可以帮助公猴子抱得母猴归，也不能像猩猩那样可以改变长幼次序。这些联盟确实好像帮助公猴子打赢了彼此之间的战斗，但是，既然之前的朋友也可能变成敌人，那么任何胜利都不过是暂时的。西尔克一筹莫展。如果哪位读者以后能投胎到猕猴中间，也许可以给琼·西尔克寄一张明信片，告诉她这到底是怎么回事。[4]

有态度的猴子

西尔克和她的同伙研究猴子，并不是因为猴子本身非常有意思，而是因为猴子和我们人类有关系，虽然这种关系比猿和人之间的关系要疏远一点。灵长类动物学在20世纪70～80年代的快速发展在人类所属的整个大家族中展现了大量复杂的社交机制。除非火星人才会认为这和针对人类自身的研究毫不相干。我们也是灵长类动物，自然可以通过研究自己的近亲属来了解自身的根源。

从这个前提出发很快就会推导出两个谬误。第一个谬误是灵长类动物学家宣称人类在每一方面每个细节都和猴子没什么两样，这明显是一派胡言。每一只猴子和每一只猿都有自己的社交体系，为自己的种类所独有，但它们之间还是存在共同的线索。每种类型的猴子和其他类型的猴子看起来都不相同，但是拿猴子和其他动物，比如说和鹿相比，我们说所有类型的猴子看起来都比较相似，这话还是不无道理。同样，所有不同种类的灵长类动物虽然行为方式各不相同，但从它们的行为方式还是可以辨认出它们属于灵长类动物。

第二个谬误是认为从社会层面而言猴子在某种程度上要比人类更加原始落后。猴子不是人类的祖先，正如人类也不是猴子的祖先一样。我们和所有类型的猴子共有同一个祖先，但我们人类以独特的方式改变了这个祖先的身体样貌和社会习性。各种类型的猴子也都如此。

从自然界当中吸取经验是件比较棘手的事情。你必须小心掌控自己的研究方向，避免陷入两种令人恐惧的诱惑当中。一方面，斯库拉（Scylla）这个魅惑的海妖在向你喊话，让你留意动物中和人类相似的直接例证，就像我们和自己的表兄妹相似的道理一样。所以克鲁泡特金才会说因为蚂蚁彼此之间友好相处，所以我们的天性中肯定具备高尚的美德；所以斯宾塞才会说因为自然界是一场无情的角逐，所以无情的角逐肯定是高尚的行为。但我们在每个方面都和动物截然不同。我们独一无二，别具一格，恰如每一个物种都独一无二，与其他物种完全不同，生物学研究的是例外情况，而不是普遍规则，研究的是多样性，而不是宏观的统一理论。蚂蚁是社群主义者，这并没有说明人类是不是天生具备美德。自然选择的过程异常残酷，这也没有说明任何关于残酷是否合乎道德。

但要注意，不要让你的研究沿着另一个方向跑得太远。卡律布狄斯（Charybdis）这个吞船怪兽在另一边叫喊引诱，强调人类的独特性。她说，我们从自然界中什么也学不到。我们就是我们自己，依据上帝的形象创造出来，或者说是文化的产物（主要依据品位的不同而定）。我们之所以有性冲动，是因为有人教我们要有性冲动，并不是因为本性使然。我们之所以会说各种语言，是因为我们教会彼此去说这种语言。不像那些低等动物，我们有意识，有理性，有自由意志。实际上，人文学科、考古学和心理学的每一个领袖都在宣扬同样古老和卫道的布道词，那就是达尔文第一次撼动神学家的根本时，他们所求助的人类不同于其他动物的独特性。正如那时候理查德·欧文（Richard Owen）竭尽全力在人脑的各个组成部分中搜寻一个人类有别于其他动物的实物证据，并且相信他找到了这个证据，就在小海马体内大脑的一个奇怪的小包块，所以今天人类学家也宣称文化、理性或者语言的存在将我们人类排除在生物学研究范围之外。

这场论争的最后一块堡垒是即使人类有着进化而来的天性，人们也永远难以确定自己看到的是本能在运作，而不是来自意识或者文化方面的决断。有钱人更喜欢儿子而不是女儿，就像很多在社会阶层中处于较高位置的灵长类动物那样。但是这并没有必要被认为是人类和猴子之间共有的一种本能。也可能是人们通过有意识的推理重新发现了同样的逻辑，他们推断出儿子可以把财富作为通行证，在繁殖后代方面比女儿取得更大的成功。对于人类而言，你永远也无法彻底抛弃这种文化假设。正如丹尼尔·丹尼特（Dan Dennett）在《达尔文的危险思想》（*Darwin's Dangerous Idea*）这本书中所说，"如果一个办法这样管用，那么无须遗传血统，每一种文化都会通过理性重新发现它"。[5]

但是这种论证有利有弊，给环境决定论者的正统思想留下了一道极深的伤口，比他们意识到的还要深。因为每次当你看到人类有适应性的表现时，你可能会想，你看到的只是来自意识或者文化方面的决定，但你看到的有可能正是进化的本能。比如说，语言看起来好像是来自文化方面的人工产品——毕竟文化不同语言也有差异，但是能够热情洋溢地演说，并且语法正确，词汇丰富，这确实是人类杰出的本能，只可意会，不可言传。[6]

对动物的研究对于我们理解人类的心理有着深远的意义——反之亦然。就像海伦娜·克罗宁（Helena Cronin）所说的那样，"建立一个生物学的隔断，将'我们'和'它们'区分开来，其实就是将我们从一个储有各种解释原则的潜在的宝库中切割出来……我们固然有别于其他生物，但独一无二本身并不是什么稀奇罕见的事情。每一种生物都有自己独特的存在方式。"[7] 我们现在知道了猴子和猿的复杂群体怎样运作，这和理解我们自身所处的社会极其相关。霍布斯和卢梭没有注意到这个进化论的视角固然难以避免，但他们有些知识丰富的徒子徒孙还是没有注意到这一视角就叫人难以原谅了。哲学家约翰·罗尔斯让我们去想象理性的生物怎么会聚到一起，从无到有地创建一个社群，恰如卢梭设想的那个孤独而又自给自足的早期原始人。这些都只是思想实验，但是它们却能提醒我们，从来就没有过一个"从前"的社会。人类社会是从直立人的群体发展而来的，直立人的群体是从南方古猿的群体发展而来的，南方古猿的群体是从一个早已灭绝的群体发展而来的，这个群体提供了人类和黑猩猩之间缺失的联系，而它从中进化而来的那个群体，又提供了猿和猴子之间缺失的那种联系，诸如此类，一直可以回溯到最终的开端——那时某种类似鼩鼱的动物，也许就是完全生活在卢梭式的孤独当中。当然，我们不能回到从前去检查南方古猿的群体，但是我们可以基于解剖学和现代的同类生物做出一些有根据的推测。

首先，我们可以说我们的祖先是群居的。所有的灵长类动物都是群居动物，即使半独居的红毛猩猩也不例外。其次，每个群体内部都存在一定的等级体系、长幼次序。这种等级次序在雄性中比雌性中显得更为突出。这些事实在所有灵长类动物中都是如此。但是我们接着可以讨论一些更有意思的东西，虽然并不是信心十足：我们人类祖先的等级次序不像猴子中的等级次序那样一成不变，并且显得更加平等。这是因为我们也属于猿类，尤其是猩猩的近亲属。

尽管猴子发明了合作机制，在它们当中，那些力量小年纪轻的公猴子还是比力量大年龄高的公猴子地位低，交配的异性少。残酷的力量可能并不像在绵羊和海象身上那样稳定可靠，但它依然极有影响。而在猩猩的群体当中，身体技艺方面的重要性却显著降低。位于一个队伍权力顶端的公猩猩不必一定是最强壮的猩猩，相反，它往往最擅长操纵群体联盟为自己所用。

在坦桑尼亚的马哈拉山脉里住着一只强有力的头号雄性大猩猩，叫作恩托基，它经常抓住猴子或者羚羊当食物。它把肉食分给自己的妈妈和当前的性伴侣，这都是正常现象（如第 5 章中所说），但它同时也小心谨慎地为其他一些公猩猩提供肉食。它将肉食送给中等地位的猩猩和年纪较大的猩猩。但它从来不把肉食分给年幼一点的猩猩或者送给地位较高的猩猩。换句话说，它就像是意大利历史学家马基雅维利的忠实信徒，培养的是自己的最佳支持者——处在中层管理位置的公猩猩，它依靠这些猩猩结成联盟来对付那些有壮志雄心的小猩猩和它最直接的对手。肉食就是它的货币，它把肉食支付给自己的同伴，让自己一直保有权力。[8]

狒狒结盟是为了专门从其他比自己地位高的公狒狒那里抢夺配偶，和狒狒不同，猩猩利用联盟来改善自己在群体当中的等级次序。这一点已经在坦桑尼亚的野生大猩猩中观察到，但是记录最完善的例子是来自阿纳姆动物园里的一群猩猩，它们生活在湖中的一个小岛上，弗兰斯·德·瓦尔在 20 世纪 70～80 年代仔细研究过这群猩猩。

1976 年，一只叫作鲁特的大猩猩通过控制之前的大猩猩耶罗恩而变成这个群体里占统治地位的头号公猩猩。在此之前，鲁特已经开始有意培养那些刚刚打了胜仗的公猩猩，和它们一起攻击那些失败者。但是一旦它变成头号统治者以后，它马上转而开始支持失败者，和那些失败者站在一边以遏制一场战斗。这样做并没有什么无私可言，德·瓦尔认为，这只不过是自私自利心理的谨慎表达。鲁特是在培养它的草根支持者，以保持对任何潜在对手的绝对胜算，其方式和中世纪的国王或罗马帝王没什么两样。鲁特在母猩猩中尤其受欢迎，在关键时刻它可以依赖这些母猩猩来获得支持。

但是，鲁特不久就被他的前任和后任一起合谋从老大的位子上给拉下来。耶罗恩，这个鲁特之前推翻的老大和尼基这个有野心但自身实力不如鲁特强大的年轻猩猩结成联盟。两只猩猩一起攻击了鲁特，一场恶战以后，它们一起废黜了鲁特。尼基成了老大，尽管它还是得依靠耶罗恩的支持来打赢任何一场战斗，尤其是牵涉鲁特的战斗。似乎是尼基控制了这场合作来为自己所用。

但是耶罗恩才是三者当中最狡猾的那个。他开始将自己暗中支持王位而获得的权力地位转变为和异性交配的特权，很快成为这个群体里交配最频繁的公猩猩，几乎40%的交配活动都被它包揽。他这样做，主要就是利用了尼基需要它的帮助。当尼基需要它的帮助时，作为回报，它就要求尼基帮助自己，在鲁特倾心于一只风情万种的母猩猩时，一起合伙清除掉鲁特这个拦路虎，然后自己就可以随心所欲地和这只母猩猩交配。在德·瓦尔看来，尼基和耶罗恩达成了一个协议：尼基可以执掌大权，而耶罗恩则专门负责集体里的大部分性事。

所以，当尼基开始背信弃义的时候，它就遇到了大麻烦。尼基开始自己承担越来越多的交配任务，很快耶罗恩花来交配的时间只有原来的一半。这一点，尼基主要通过停止干涉鲁特的事情而得以实现，它让耶罗恩和鲁特单打独斗。尼基现在要么联合耶罗恩，要么与鲁特联手，帮助自己在和其他猿猴争斗时实现目标。它采取分而治之的政策，现在统治起来感觉越来越有信心。但在1980年的一天，它有点过于托大。尼基和鲁特一起联手，几次迫使耶罗恩离开一只母猩猩，之后耶罗恩看到鲁特爬树追逐一只风姿绰约的母猩猩，它想要阻止鲁特，拼命呼唤尼基请求支援，尼基就是置之不理，因此怒火中烧的耶罗恩转而攻击尼基。看来耶罗恩好像也已经受够了尼基的统治。几天之后的一个夜里，经过一场恶战，耶罗恩和尼基都身负重伤，尼基不再是集团老大。鲁特又回来重掌大权。[9]

我读过这个阿纳姆地区的大猩猩的故事之后不久，偶然间又读到了对英国玫瑰战争那段历史的描述。好像有什么东西在我的脑海里不断回响。这个故事是这样熟悉，好像我在哪里读过它的不同版本。然后突然之间它就涌上我的心头。玛格丽特（1430—1482），英格兰国王亨利六世的王后，玫瑰战争中兰开斯特派的领袖，王党的主要成员，她就相当于鲁特；而约克公爵的儿子篡位者爱德华四世，他则相当于尼基；富裕有钱的沃里克伯爵，拥立国王者，他就是耶罗恩。想想看，在沃里克的帮助下，约克公爵推翻了既无能又"患妻管严"的亨利六世，在约克公爵被杀死以后，他的儿子爱德华四世变成了国王，但是他担心沃里克大权在握，所以允许妻子的家族在宫廷成立反对势力以削弱沃里克的势力。越来越对爱德华四世失望的沃里克和亨利六世的妻子玛格丽特联手，放逐了爱德华四世，夺回王位，让他的新傀儡皇帝、不知所措的亨利六世重登王位。但是爱德华四世成功煽动了一场反对沃里克的战争，并在战争中将沃里克杀死，夺回伦敦，将亨利六世谋杀掉。这几乎是鲁特、尼基和耶罗恩故事的翻版。在阿纳姆，鲁特最终也被耶罗恩杀死。

阿纳姆的大猩猩之间权力倾轧的故事展示了大猩猩生活的两个中心主题。第一个主题是这些联盟之间的关系看起来是互利互惠的。不像猴子那样，一个联盟是一种严格对称的关系，如果甲代表乙进行干预，不管是在乙遭遇攻击的时候加以保护，还是在乙挑起争斗的时候进行支援，乙都必须在之后代表甲做同样的事情作为回报，否则这个联盟就要破裂。阿纳姆的大猩猩明显是在玩以牙还牙的游戏。

第二个主题是权力和性生活上的成功可以通过力量弱小的个体联合起来反对强者而得以实现，这个过程在人类那里会变得更为极端，在狩猎集团那里，政治权术有时好像只是由下属之间形成联盟以取代行使权力的统治者构成。国王和部族首领们通过联合力量比自己弱小的某个下属来控制和统治的主题，在人类所有历史中数见不鲜——从弗雷泽的《金枝》，到罗马共和国的领事，一直到美国的宪法都是如此。而要取消一个大头目的权力则需要一个较大的联盟，比大猩猩通常能形成的联盟要大得多。[10]

海豚不为人知的一面

狒狒结成联盟且有体积相对较大的大脑；大猩猩仍然较多地依赖结盟，所以它们的大脑相比身体的比例而言要大得多，这些都绝非偶然。在社会关系中把合作当成武器需要个体保持记录，谁是同盟，谁是敌人，欠谁一个人情，和谁结下梁子——记忆能力越强，花费的脑力越多，计算的效果就会越好。读者一定会注意到，还有一种猿类，其大脑比例相对而言甚至还要大一点，那当然就是人类。但人类也不是地球上唯一一个大脑相对于身体的比例比大猩猩更大的物种。还有一种动物：那就是宽吻海豚。

宽吻海豚比其他海豚和鲸鱼都要聪明得多，与人类几乎差不多，而比猿类更加聪明。如果说智力限制了合作的能力，或者说智力从合作能力中进化而来，那么在宽吻海豚中我们可能会期待发现更多的合作。海豚社会学现在还处于萌芽期，但所取得的先期成果已经非常令人激动，因为它们不仅显示了和猿之间一些颇有影响的相似之处，同时也显示了一些极为有用的差异。

人类研究得最为深入的一群宽吻海豚生活在西澳大利亚海岸一个叫作鲨鱼湾的地方，这里的海水又浅又清澈，生活着几百头宽吻海豚。从20世纪60年代以来有些海豚就开始来到沙滩上，让当地的游客喂鱼给它们吃，这样找到它们并对它们加以观察就变得非常容易。理查德·康纳（Richard Connor）和他的同事到现在已经对它们进行了10年的研究，并且取得了令人惊异的成果。那些更愿意相信海豚既神奇又完美，性格温和并且彼此团结宛如整体的人，现在最好不要往下读，否则就要破坏他们珍藏多年的先入之见了！

鲨鱼湾的海豚生活在一种"分裂-融合"的群体里，表面上和蛛猴或者大猩猩差不多。这只是意味着这个群体当中的所有成员很少或者从来不会同时聚到一起：熟悉的关系交错重叠，相互间的友谊变动不定。但是这灵活的规则里也有一个例外。成年的雄性海豚三三两两地游弋，每两只或者三只海豚都是由两个或三个铁杆朋友组成的密切协同体。通过跟踪研究三对海豚和五组三人帮，康纳和他的同事终于拼凑出它们结成联盟的目的。

当一只雌性海豚到了发情期，一个雄性海豚联盟经常会将它从本来生活的团体中"诱拐"出几天时间。这些雄海豚和它一起游弋，一边一只雄海豚——还有一只落单的海豚也在附近。有时候这只雌海豚会设法逃跑，偶尔也能猛然扎入海底而得以逃脱。那些追求者对它并不是特别温柔。在它要逃跑的时候它们会拼命追逐，用尾巴狠狠打它，向它进攻，咬它，用身体狠狠撞击它，设法迫使它沿着它们想要的方向游去。它们同时也特别喜欢表演一些壮观的动作，如同步跃起，同时潜入水中，同步游泳——恰如被监禁起来并受过训练的海豚所表演的那样。它们和它交配，明显轮流进行，有时甚至设法同时与它交配。

毫无疑问那些雄海豚设法想要独占这只生育能力较强的海豚，以便能够和它生出下一代，它们成双结对或三个一群地这样做，其原因明显是单凭一只海豚很难控制住一只雌海豚的行动，或者保护它免受其他单个雄性海豚或结对的雄性海豚的掠夺。同样，因为父亲是个不可分割的资源，所以三只海豚是联盟规模的上限也就可以理解了。更大的联盟即使在集结雌性海豚方面取得更大成功，但是提供给雄性海豚当父亲的机会也会越来越少。

但是，康纳的研究队伍接着发现雄性海豚联盟彼此之间也会劫掠雌海豚，它们通过与其他雄性海豚联盟形成次一级的联盟来达到上述目的。这些联盟正是为了实现劫掠的目的才临时组建起来。例如，康纳的研究小组有一次看到一个三只海豚组成的乙队来到喂食的海滩，在那里他们还观察到另一个由三只海豚构成的庚队，有一只雌性海豚跟在他们的后面。然后乙队就离开了，向北游了一英里，之后又和两只海豚组成的甲队一起游回来。五只海豚一起上前进攻庚队，将雌海豚从它们那里抢走，大功告成以后甲队的海豚离开，留下乙队控制这只雌海豚。一周以后，乙队通过帮助甲队从庚队那里抢来一只雌海豚以回报甲队的恩惠。甲队和乙队经常通过这种方式相互帮助，恰如庚队、辛队和丁队一样：这种联盟通过与其他联盟合并而形成超级联盟。[11]

这也正是狒狒利用联盟的方式——甲招募乙一起从丙那里抢走一只雌性狒狒，只有两个不同的特点。在海豚当中，甲乙丙都不是单个的个体，而是由朋友组成的小队；在海豚中间不存在谁将从抢来的雌性那里受益的问题：其中一个联盟只是展现一种无私帮助的行为。实际上，那些前来帮忙的联盟有时候自己已经有了一个雌性海豚跟在后面（它们也可能会在混乱当中失去这只海豚），它们还是会为自己的同盟劫掠一只雌性海豚，但它们自己绝不可能同时控制一只以上的雌性海豚。它们帮助这些盗贼绝不是出于自私自利，而是展现出及时慷慨的行为。康纳和他的同事相信（但还没有证明），一组友好的同盟之间的关系是互惠互利的，因此这些海豚所做的事情，灵长类动物当中除了人类以外没有其他动物会去做：它们结成次一级的同盟——同盟中的同盟。在狒狒和大猩猩的群体中，所有同盟之间的关系都是竞争性的，而不是合作性的。

这就引出了海豚协作的一个最为复杂的含义。目前还没有确切的证据证明海豚群体是封闭的团体，也就是说，海豚好像不会划分领土形成队伍、部落或者帮派。而大部分灵长类动物则会这样。一只大猩猩可能会生活在一个松散而又流动的团体当中，只是偶尔看到它的一些同类，但是它一直生活在这个团体的领地之内，将团体之外的外来者当成敌人。如果它是个公猩猩，它很可能从来不会离开自己出生的这个队伍，而母猩猩则经常离开它们出生的团体，加入另一个不同的集体。狒狒则恰恰相反。公狒狒一旦成年，就离开自己出生的队伍，强行加入另一个队伍当中，通常争夺这个队伍里的最高统治权。这种队伍之间的迁徙防止了近亲交配行为的发生。

为什么狒狒当中离开的是雄性而猩猩中离开的是雌性呢？其中的原因

可能是雄性大猩猩表现出来的强烈的仇外情绪，这本身可能又是雄性大猩猩喜欢结成同盟的倾向带来的结果。一只落单的公猩猩溜达进相邻一个队伍的领地里，那么它面临的十有八九会是死亡。对东非无论哪里的大猩猩进行研究，最终都发现它们的所作所为如果不说和人类的战争十分相似，至少也和人类的洗劫差不多。一群公猩猩悄无声息地朝既定目标——相邻的猩猩的领地出发。如果它们遭遇对方公猩猩队伍强有力的还击，它们就会撤退。如果它们遭遇一只母猩猩，它们可能会设法将其带回自己的领地。如果它们遭遇一只公猩猩，它们可能就会发动攻击将其杀死。珍妮·古道尔（Jane Goodall）在贡贝研究的一群公猩猩，就是采取这种方式灭绝了相邻一个小猩猩群体里的公猩猩，而将所有的母猩猩都据为己有。另一个在马哈拉（Mahale）群山当中的猩猩队伍也取得了同样的结果。

  动物世界里的领域行为，甚至是雄性对手之间的野蛮进攻都没有什么值得奇怪的地方。大猩猩最不寻常的地方（尽管也不是独一无二——狼群就是另一个例子）就是其领地由群体而不是由个体来加以防守。事实上，领土的集体防卫只不过像我们看到的尼基和耶罗恩之间建立的个体联盟的扩展而已。我们也许还记得鲁特在成为集体老大的时候，它支持失败者来反对压迫者。大猩猩也通过亲自干涉来阻止战争的发生。它们承担着重要的抚慰角色。其中的原因很可能是为了防止联盟走向分裂，这一点非常重要，因为较大的群体更能有效抵御相邻团体发起的劫掠。当一个雄性团体出发去劫掠时，老大表现得就好像它在进攻之前必须要征得联盟同伴的大力支持一样。在贡贝，研究人员拍摄到一个场合，老大戈布林明显不能征得一些年长的伙伴同意，去对一些敌人采取行动，结果这个团体就走向分裂。

因此，在大猩猩当中，最为重要的联合就是同一团体内部所有公猩猩之间的联盟，以反对敌对团体里所有的公猩猩。这种"超大联盟"只有在迫在眉睫的危险自外部而来时，或者在团体自身要向外部施加威胁时才会起作用。公猩猩极力避免到领地的边缘地方去，除非是特别大的团体里的公猩猩，母猩猩则集体远离这样危险的地区。

如果宽吻海豚确实并不生活在封闭的领域性的群体中，那么它们那联盟中的联盟就完全可以解释得通了。一群雄性海豚似乎不太可能防卫得了一片海域免受其他团体的攻击，或者说防守得了一大群雌性海豚，所以仇外情绪的敌意显得毫无意义。即使是在清水区，一只海豚也可以在相隔不到一英里远的位置轻易逃脱另一只海豚的侦查，尤其是只要它保持静默不动——陆地上的可见性常常要比海洋里好得多。所以海豚之间的联合并不是为了防守一群雌性海豚和一片海域，而是为了在劫持单个的雌性海豚以及从其他联盟手里夺取这样的单个海豚时取得偶尔和暂时的成功。[12]

部落时代

理查德·兰厄姆（Richard Wrangham）说，群体之间致命的暴力行动很可能是我们与猩猩共有的一个特征。但是我们给这些暴力行动带来了特有的因素：武器。一旦武装了弹射武器，诸如标枪或能精确命中目标的石头，人们就更能攻击别人而逃脱惩罚。如果自己有奇门武器而敌人却毫无装备，那么人们就不用去近距离地以身犯险。即使一群大猩猩合力攻击一个敌人，它们所面临的风险也和这完全不同。攻击者很容易就会以骨头折断、皮开肉绽甚至失去一只眼睛而惨然告终。三四只猩猩合力杀死一只别的猩猩，平均也要花费20分钟的时间。而有了武器以后，一个人只需一击就可以杀死另一个人，并且可以从安全的地方发动攻击。

射击武器一开始发明的时候很可能是为了满足狩猎的需要，但如果这样的话，有些奇怪的事情就无法加以解释。因为人们逐渐增加了武器的适用范围，一个人不再限于只用武器猎杀动物。从理论上来说，武器的使用只会减少人们结成较大的团伙一起外出狩猎的必要性。一个人只要带上弓箭就可以独自追踪猎物，而带上石头和棍棒，他的最大希望就是同伙可以把猎物赶入伏击圈里。

抛射型武器发明出来的真正意义就在于它们让冲突变得更加有利可图，让危险变得更小。这就让参加一个较大联盟的回报变得更大，不论防守或攻击都更有保障。直立人是我们的祖先中最先开始大量制造复杂的石器的，很快也就有了更大的体型和更厚的头盖骨，也许这些都不是出于偶然。因为他们的头部经常遭到攻击。武器和联盟之间的关系带有象征性。对于人类学家来说，多年来大家都认可的一个结论就是武器的使用让统治地位变成不太确定的事情，这就要求领导者更多通过晓之以理，而不是通过威逼胁迫来加强统治。南非的昆申人在吵架的时候经常这样说：我们谁也不比别人更高大，大家都是男人都能打架，我这就回去拿弓箭，然后大家比比高下。达蒙·鲁尼恩（Damon Runyon）在他描述的纽约禁酒年代的故事里，用来指代枪的行话就是"均衡器"。[13]

武器是我们区别于大猩猩和宽吻海豚的关键元素。人类社会的形态分别结合了来自大猩猩和海豚的特点。我们像大猩猩一样有仇外情绪。所有没有文字记载的人类群体，也包括所有现代的人类社会，都有一个"敌人"的概念，一个"他们"和"我们"这样的区分。在人类还处在部落社会时，部落通常由很多伙彼此关联的人以及他们的家眷和仆从构成，这种部落社会的常见形式叫作兄弟利益集团，在这样的集团中，上述概念的效果会异常强烈。换言之，男人越是待在他所属的团体中不动而女人不断迁移出去，团体与团体之间的敌意就会越强烈。相比较而言，母系氏族社会或男人居住在女方那里的部落则不太容易积累仇怨和发动战争，恰如依靠母系繁衍和生活在雌性族群里的狒狒群体之间不会表现出太多的攻击性一样。

但另一方面，当一群关系特别近的人作为群体单位生活在一起，就像大猩猩那样，那么群体之间的仇怨和劫掠就会长期存在。例如在委内瑞拉的雅诺马马印第安人当中，村庄之间的战争和劫掠就几乎是司空见惯的事情。在苏格兰的宗族里，早在格伦科山谷大屠杀为他们提供借口之前，麦克唐纳人就已经仇恨坎贝尔人，反之亦然。而他们生活在格拉斯哥郊区的后代，也表达了对"流浪者队"或"凯尔特足球俱乐部"同样的部落般的忠诚。二战结束之后俄国人和美国人彼此还将对方看成敌人和对手，从逻辑上来说这并不是不可避免的事情，但从人性上来说这却是不可避免的。《罗密欧和朱丽叶》里的凯普莱特和蒙太古家族，法国人和英国人，辉格党和托利党，空中客车和波音，百事可乐和可口可乐，基督教徒和撒拉逊人㊀，我们都是不可救药的部落动物。相邻或者敌对的团体，不管怎样界定，都自然而然地变成敌人。阿根廷人和智利人相互憎恨，因为那附近根本没有别的人可以憎恨。

㊀ 原为叙利亚附近一游牧民族，后特指抵抗十字军的伊斯兰教阿拉伯人，现泛指穆斯林或阿拉伯人。

其实，人类之间这种区分你我的习惯极为盛行，所以男子通过参加群体之间的战争来追求他们的名誉地位，而雄性猩猩则通过群体内部的争斗而取得地位。猩猩群体间的冲突并不是战争，因为敌对猩猩的巡逻队之间并不会相互攻击；它们设法找到单个的雄性猩猩并加以攻击。这些都只是劫掠，而不是战争。而人类当中的男性则通过在战场上英勇杀敌而赢得光荣——从阿喀琉斯一直到拿破仑都是这样。[14]

蓝绿过敏反应

如果不同的体育运动项目其实都是部落时代各种猿猴当中敌对的雄性联盟间的替代战争，那么现代足球迷的或欣喜若狂或痛不欲生就多少变得可以理解了。对球迷而言，敌对的球队和它的狂热支持者几乎就像一群残忍的武士对雅诺马马人而言那样令人畏惧，并且带来一定的危险。在古罗马圆形斗兽场里的战车竞赛中，相互竞争的战车主要通过驾驶战车的侍从的制服颜色来加以区分。一开始只有白色和红色，但到后来又补充了绿色和浅蓝色两种颜色，后来这两种颜色取代了原来的白色和红色。这种小小的设置，一开始是为了让战车更容易分辨，后来将城里的人分成两个相互敌对的支持者阵营。在罗马帝国第三位皇帝卡利古拉之后，即使罗马皇帝也常常选择支持其中的一个阵营。

这种习惯很快就蔓延到君士坦丁堡，这里的战车竞技场专门提供一个大型的舞台来举办战车竞赛，城里的人则很快就随之分成两个敌对的支持者阵营：绿党和蓝党。这种支持起初非常有效，但是在公元6世纪时局面变得失控难以收拾。这种运动派系间的酸性与宗教及政治的碱性一混合，结果就爆发为自相残杀的熊熊烈火。软弱无能而行事异常鲁莽的拜占庭皇帝阿纳斯塔修斯一世狂热支持当前的一个异端,因而和教皇公开决裂。所以他的队伍——绿党就开始和异端产生了联系。在他统治末期的一个宗教节日中,绿党屠杀了3000名蓝党的支持者,两党之间从此开始了一段史无前例的暴力杀戮时期。阿纳斯塔修斯一世死后,一个雄心万丈的战士查士丁继任为皇帝,在他之后继任的是他更加野心勃勃的侄子查士丁尼一世,他娶了一个更有野心的名叫狄奥多拉的女人,她从前是个妓女,在风尘岁月里曾经在绿党手里蒙受过羞辱。查士丁尼一世和狄奥多拉冷酷无情地强行恢复宗教正统,而在运动赛事中则对蓝队表现出极度的偏爱。绿党因而更加接受异端宗教,并加入对新王统治的政治抵抗当中。蓝党对绿党和异端分子的迫害使得整座城里人人自危。公元532年在战车竞技场爆发了一场暴乱,查士丁尼一世处决了两边的动乱魁首,希望借此平息这场暴乱,不想这恰恰是火上浇油,双方阵营都开始群起反对他,所谓的"尼卡暴动"就此开始。城市大部分地方都被付之一炬,包括圣索菲亚大教堂在内,阿纳斯塔修斯的一个侄子极不情愿地被公众在竞技场拥立为帝。整整5天时间这座城市完全落到了两支队伍的手里,他们的口号就是"尼卡",意思是绝对征服。查士丁尼一世差点就要从他的守卫宫殿里落荒而逃,但他那令人敬畏的妻子站出来力挽狂澜。她说服蓝党赶快离开竞技场,然后派两位将军带兵猛攻那里,有3万名绿党成员葬身于此。[15]

这场所有"足球骚乱"的始祖向我们展示,人类当中同仇敌忾一致对外的力量,和大猩猩中存在的这种力量相比绝无逊色。但是我们也为这种仇外情绪添加了一些来自海豚群体的关键特征。我们组成次一级的联盟。确实,很多人类社会,包括我所居住的最引人注目的西方社会在内,都有一个重要特征，就是它们都被层层分割。我们住在小家族里，这些家族联合起来形成了部落，部落联合起来又形成了部落联盟，以此类推。部落之间可能会争吵打斗，但是一场外来的危险就足以让它们紧密团结在一起。灵长类动物中也有类似的情形，尽管并不在我们的近亲——猿猴中发生。例如阿拉伯狒狒就生活在"一夫多妻制"的眷群中，一只雄性狒狒后面跟着几只配偶及几个青年随从。但是到了夜里，这些眷群里的狒狒就以家族为单位聚到一起，每个家族都由两三个彼此紧密联系的小眷群组成。几个这样的家族就构成了一个队伍，它们共享一片领域。尽管这样，宽吻海豚和人类所共有的特征就是群体之间相互联合来和第三个集团争斗。正如两个海豚联盟可能会结合在一起从第三个海豚联盟那里劫掠一只雌海豚，历史上人类部落间的战略联盟的概念也可以说是屡见不鲜：敌人的敌人就是朋友。

雅诺马马印第安人经常在两个有共同敌人的村庄之间缔结协定。苏联和德国 1939 年 8 月签订的《莫洛托夫－里宾特洛甫条约》(*Molotov-Ribbentrop Pact*)，其中纳粹德国和斯大林治下的苏联同意互不侵犯，因此为德国毫无障碍地进攻波兰和法国扫清了道路，这在形式上和德·瓦尔列举的大猩猩鲁特与耶罗恩想要联合起来推翻尼基而签订互不侵犯条约真是如出一辙，或者在康纳所举的甲乙两队海豚联合起来对付庚队海豚也毫无二致——除了这是在部落之间展开，而不是在个体或三条海豚小组之间进行。这些都是人类部落主义中那种本能上常见的建立联盟的策略，来源于在侵略行动当中展开合作的灵长类动物的传统。

但是我们肯定不能基于本能来解释外交政策吧？确实，我们无法从细节上加以解释。我们希望外交官缔结的协议都符合我们的利益，而不是依赖生活在大平原上的猿猴群体间相互敌对的基因记忆来签署协议。但是他们理所当然地认为人类本性中存在某些根本不需要的特定因素，尤其是我们的部落主义。我的目的是要让你相信，一定要设法走出人类的局限，回头看看我们这个有着各种缺陷的种族。然后我们就会发现我们的政治根本无须像现在这样，因为我们根本就不需要像部落那样生活。如果我们真的像海豚那样，并且生活在开放的社会里，当然还是会有侵略、暴力、结盟和政治，但人类社会肯定会像一幅水彩画那样，而不是一个各种人口的大杂烩。那么这个世界上就不会有民族主义、边境线、圈内圈外和战争等现象。这些都是部落思维带来的结果，部落本身是作为喜欢结盟和群体生活的猿类留给我们的遗传产物。但奇怪的是，大象也并不是生活在封闭的群体当中。雌性大象聚集在群体中，但是这些群体并不存在竞争，它们之间没有敌意，没有领土诉求，也没有固定的成员意识——一头大象可以从一个集体加入另一个集体当中。想象我们自己也像大象一样，这是个令人着迷的奇幻场景。实际上，人类当中的女性已经有点像大象这样了。

第 9 章

战争的根源

证明合作的团体需要付出一定代价，
那就是团体之间的歧视

  一个部落包含很多的成员，如果这些成员具有高度的凝聚力，对集体忠贞不贰，服从指挥，并且有勇气和同情心，时刻准备互相帮助，不惜为集体利益牺牲自己，那么这样的部落将会战胜大部分其他部落；这就是优胜劣汰的自然法则。

——达尔文，《人类的演化》
(*The Descent of Man*，1871)

在死亡谷这个加州东部沙漠里人迹罕至的火炉中,最为常见的生物就是一种叫作种子收割蚁的蚂蚁。这些蚂蚁生活在巨大的群落中,由成千上万只蚂蚁组成,居住在位于地下极深处的巢穴里。它们在黎明和黄昏时分出动,在沙漠里呈扇形散开,形成密集的纵队,开始收集种子,然后储存到地下。依靠这些储存,它们可以挨过很多年的干旱。每个蚂蚁群落都由一位蚁后统治,蚁后所产的卵孵化出连绵不绝的工蚁。

这一切都没有什么出奇之处。但是当种子收割蚁开始建立新的巢穴时,就会有很奇怪的事情发生。几个新蚁后聚到一起,开始合力挖掘新的巢穴。它们无须是姐妹——实际上它们之间常常毫无关系,但是它们全都开开心心地共同致力于这项新的合作事业,并且所有的蚁后开始一起产卵。但几周以后,突然之间,它们的行为会发生剧烈的改变。蚂蚁群落里开始爆发内战,这些蚁后相互之间斗得你死我活。就像《哈姆雷特》最后一幕那样,王室成员之间相互杀戮,令人目不暇接(但在死亡谷的争斗中,最后会有一位蚁后活下来)。那么到底发生了什么改变呢?

这个沙漠奇谈的解释是沙漠里的种子收割蚁的地盘意识特别强。每一小块沙漠地区都被一个蚂蚁群落所独占。但是，因为所有的蚂蚁群落都同时生产新的有翼的蚁后，所以短暂时期内在每片空置的领地上会出现大量新的蚁穴。因此新的蚂蚁群落之间会爆发公开的战争，每个巢穴都派遣突袭分队偷窃相邻蚁群里的蚁卵和幼虫。这些被盗窃的蚁卵和幼虫被带回蚁穴，在那里作为"奴隶"加以养育，增加蚁群家族的实力；而被抢劫的蚁群，由于失去了蚂蚁而实力大为削弱，以致渐渐消亡。最终，只剩下一个胜利的蚁群屹立不倒。

这场战争解释了收获蚁家族的蚁后相互之间那种奇怪的临时合作方式。新的蚁穴里的蚁后越多，它们开始时养育的工蚁也就越多。工蚁越多，防卫自己所孵的蚁卵同时抢劫敌人蚁卵的机会也就越大。所以收获蚁的蚁后相互联合以跻身于一个成功的集体就会大有好处。团体之间的相互竞争比个体间的竞争更加激烈。只有到再没有什么敌对团体剩下来的时候，个体才会将自私的面目展露给原来合作的蚁后看。[1]

用更容易被人类理解的话来说，一个外部的敌人有助于集体内部的团结一致。这是个我们再熟悉不过的观点。在二战时的伦敦大轰炸期间，人们浑然忘却了彼此间所有的差别和敌意，德国的炮弹使英国人实现了空前的集体忠诚（反之亦然）。而一旦战争结束，社会再次陷入分裂，战争年代那种欢欣鼓舞的集体至上精神又瓦解成和平时期争吵不休的自私自利，逐渐破坏了社会主义的美好前景。我们可以举个大家更熟悉的例子。以我的经历来看，伦敦地区的出租车司机因他们对其他驾驶员的不怀好意和对其他出租车的公然偏袒而臭名昭著。典型的出租车司机会猛然一个急刹车好让另一辆出租车加塞进车流，不管他认不认识这辆车的司机，但是一旦有其他车辆表演同样的技术，他就要风驰电掣地赶上去将你逼停，不但对你挥舞拳头，而且要和车上的乘客抱怨大半天。出租车司机的世界分化成两个部分：他们和我们。所以司机对"我们"非常友好，而对"他们"则态度恶劣。

同样的故事也在苹果电脑用户和IBM电脑的忠实拥趸之间上演。苹果电脑的用户对IBM抛去大量鄙夷，令人惊讶，他们相信苹果的软件天然就要胜出一筹。这在很大程度上也是由于部落派系文化作祟。

自私的群体

现在出现了对人类社会的一个全新的解释。也许互助合作成为人类社会的突出特征，并不是因为亲密的血缘关系，也不是因为互惠互利，也不是因为道德教化，而是群体选择带来的结果：相互合作的群体茁壮成长，而自私自利的群体则逐渐消亡，所以互助合作的群体最终战胜其他群体而得以生存下来。优胜劣汰的自然法则不是在个体的层面上发生，而是在团体或是部落的层面上发生。

对多数人类学家来说，这种想法一点也不新奇。在人类学领域，认为人类背负的文化包袱中很大一部分都是为了一个直接目的——为了维护或巩固团体、部落或者社会的统一，这早已是老生常谈的说法了。人类学家惯于将各种礼节或实践解读成为了促进集体的利益，而不是个人的利益。他们这样做，绝大部分是因为轻率地忽视了一个事实，那就是生物学家完全颠覆了群体选择的一整套逻辑。现在它已经变成了一座没有基础的空中楼阁。像人类学家一样，直到20世纪60年代中期大部分生物学家还在信口开河地谈论进化论，说对种族有好处的遗传特性会通过自然选择得以留存。但是那些对种族整体而言有好处但对个体而言却有害无益的特征又怎么办呢？换句话来说，如果集体和个体之间陷入囚徒困境，会发生什么情况呢？我们都知道会发生什么情况。那就是个人的利益会得到优先考虑。无私的集体将会受到个体成员自私行为的永久侵害。

我们可以看看白嘴鸦这种动物。横穿整个欧亚大陆，这些聒噪、群居的乌鸦主要靠在农场捡到的幼虫为食，春天的时候它们一起栖息在高树上用树枝筑成的巢穴里孵化幼鸟。这些鸟儿非常合群。在白嘴鸦的群落里，聒噪叫唤的声音从黎明一直持续到黄昏，鸟儿们叽叽喳喳，一起玩耍并追逐求偶。因为这群白嘴鸦发出的持续噪音太过刺耳，所以它们得了个"群鸦议会"的绰号。20世纪60年代，一个想要将白嘴鸦和其他鸟群描述为群落的生物学家这样说道：它们的整体利益高于其部分利益相加之和。维罗·韦恩－爱德华兹（Vero Wynne-Edwards）说，白嘴鸦聚到一起是为了查看它们的群体密度，以便调整这一年的繁殖行为，确保不会带来鸟儿过多的问题。如果它们的数量实在太多，那么每只鸟儿就只能生一小窝蛋，马尔萨斯式的全体挨饿的结果就能得以避免。"个体的利益实际上淹没于或者说从属于整个集体的利益。"白嘴鸦的群体相互竞争，但并不是个别白嘴鸦之间的单打独斗。[2]

凭经验来说，韦恩－爱德华兹提出的说法很可能是真的。当群体的密度过高时，下蛋的数量就会变少。但是这种相互关系和他推断出的原因之间存在很大的差异。一个持反对观点的鸟类学家大卫·莱克（David Lack）说，当鸟儿密度过大的时候，食物会变得稀少，然后鸟类就会通过产下小窝的蛋来对此做出回应。此外，一只白嘴鸦怎么能进化到将集体总数量的利益放到自身利益之上呢？它为什么要这样做？如果每只白嘴鸦都实行自我节制,那么不这样做的背叛者就会留下更多的后代,很快它那自私的后代在数量上就会超过那些无私者,所以这种限制最终也会消失殆尽。[3]

莱克赢了这场争论。鸟儿并不是为了集体的利益而限制它们自身的生殖冲动。生物学家突然间意识到很少有动物会将集体的利益或种族的利益放在个体利益之上。无一例外,所有这样做的鸟儿其实都是将家庭利益放在前面,而不是集体利益。蚁群和鼹鼠群落都是大家族,狼群或者矮猫鼬的群体是这样,灌丛鸦的群体和其他鸟儿也是如此,头年生的年幼鸟儿帮助父母养育后一年出生的幼雏。除非它们受到寄生虫的控制,或者像蚂蚁受到其他的族类奴役,否则被动物放在个体利益之上的唯一群体就是家庭。

但是有很多动物形成各自的群落,其组成部分远远超过大家庭的规模。而它们这样做的原因只是出于自私。每只单个的动物处在群体当中比身在群体之外都要好得多,其原因正是因为群体为其天敌提供了其他的替代目标。集体生活总能提供更多的安全感。鲱鱼成群生活,八哥结队谋生都是为了降低个体成为牺牲品的概率。而作为总体而言,这种效果又是负面的:鲱鱼成群结队活动的行为让它们成为座头鲸和虎鲸最喜欢的猎物,这些鲸鱼根本不用费神去追逐单个的鱼儿。但是对于单个的鱼儿来说,躲在另一条鱼的后面总是要更好一些。所以鱼群和兽群都是自私自利的产物,而不是集体精神带来的结果。

白嘴鸦结群的原因可能有点不一样:它们或是合伙防御,或是有机会跟吃得好的白嘴鸦回到它觅食的地方。但其中的道理则是一样的。身处群体当中完全是个自私行为,而不是群体行为。总之一句话,动物的群体和社会行为中没有任何的无私因素,除非它们处在大家庭当中。

"自私的群体"是威廉·汉密尔顿用来指代上述现象的短语,他用一个想象的例子来证明这一点:一群青蛙蹲在圆形的池塘边,通过紧紧抱在一起来躲避池塘里那条蛇的注意力。仅仅受到希望钻到两只青蛙中间使它俩更可能被蛇吃掉这样一个愿望的驱使,这些假想的青蛙最后就能抱成一团。自然界中所有不是家庭的群体都是自私的群体。即使大猩猩的队伍也可能是因为这个原因而走到一起:它们的天敌在这种情况下属于同一族群的其他成员。生活在大集体里的猩猩获得的最主要的好处就是集体提供了大量的安全感,降低了这个集体所居住的领地遭到敌对团体成功袭击的风险。[4]

入乡随俗

为了证明群体选择很少能成功战胜个体选择,我们可以想想这个事实,实际上所有动物间的性别比在概念上都是50∶50。为什么?我们可以设想某个兔子的品种,雌雄之间的比是10∶1。因为兔子是一雌多雄的动物,雄兔无须喂养或保护它们的幼崽,这个兔子的品种会迅速繁衍,其速度几乎是普通兔子品种的两倍,那么它很快就会让普通的兔子灭绝。所以,畸形的性别比例对这个兔子品种而言是有好处的。

但是,现在我们可以从这个新品种中一只雌性兔子的视角来重新看待这个问题。假设它有能力改变它那一窝幼崽的性别比例。如果它只生育雄兔子,每个雄兔子就会有10个配偶,那么它的子孙数量就是竞争对手的10倍。很快它这个只生儿子的家族就会取代整个兔子种族,雄兔子会越来越常见,将性别比例拉回到正常水平。这就是为什么这个规则鲜有例外，性别比总是徘徊在 50∶50 左右的原因。任何偏离最终都只便宜了那些将性别比例扳回到雌雄对等水平的动物。

同样的论证也适用于人类的行为。假设我们有 100 个印第安家庭生活在南美的森林里，他们只吃一种食物——棕榈树干的树髓。这也并非不可能，因为这样的食物就是一些人的主要食品。假设棕榈树生长得非常慢，而每个家庭都遵守一个守则，只有等到棕榈树长成以后才能切开树木食用树髓。为了防止出现饥荒，每个家庭都遵守一项严格的政策，那就是每对夫妻只能生育两个孩子，多余的孩子都得杀死，这就让每个人都能饱食成熟的棕榈树的树髓而不用担心有饥饿之虞。在我们创造的这个稍稍有点平均主义的伊甸园里，一切都是那么美好。这个种族得到悉心呵护，只是个人的雄心有点儿遭到压制，但是整个乐园一片欣欣向荣。

现在假设因为某种原因，很多年以后，有一个家庭拒绝执行这个集体的政策，一下子生了 10 个孩子。他们砍下没有长成的棕榈树来喂养这些孩子。然后其他人开始纷纷效仿，结果整个部落很快就陷入了危机，但是奉公守法的印第安人也和违法乱纪的人一样麻烦缠身。事实上，因为现在有这么多违法乱纪的人，违法者比任何一个顺从的家庭在接踵而至的饥荒里活下来的概率都要更大。痛苦由无辜者共同分担，甚至无辜者所受的痛苦还要更大。整个集体不再繁荣昌盛，但是其中的个体却得以繁衍生息。一个想要违法的人可能会争论说，如果抵制住这个诱惑，从长远看来他可能会活得更好，或者他可能会受到集体主义精神的驱使。但是他能不能保证其他人也会得出同样的结论？用囚徒困境中的术语来说，他能不能相信其他人不会背叛他？就这一点而论，他能不能相信他们会信任他不会背叛？因为只要有一个人背叛了，或认为其他人可能要背叛他，或者认为其他人可能认为他要背叛，那么集体主义精神就会崩塌，逻辑会导致一场混战。

我们也许还记得染色体、胚胎和蚂蚁王国给我们留下的黯淡的教训。即使在这样紧密联系的团体里，还是会存在自私的叛变这样经常性的威胁，只有通过精巧的机制，在染色体中创造一个随机抽样的机会，只有隔离胚胎当中的生殖系，让工蚁绝育，才能压制住这些叛变。如果这些个体之间彼此都互不相干，它们可以在群体之间自由流动，并且能够自由进行繁殖，这时候可以想象，要成功压制这些叛变将会变得多么困难。

正是这样的逻辑暴露了所有群体选择的思维背后那个没有说服力的致命假设。只有群体繁殖的换代时间和个体所需时间一样短暂；只有它们在相当程度上实行近亲繁殖；只有集体之间相互流动的概率非常小；只有整个集体与生活在里面的个体走向灭绝的概率同样高——只有符合这些条件，群体选择的效果才会淹没个体选择的效果。否则的话任何种族或群体想要代表较大的集体施加限制，自私自利就会像流感病毒一样在这些种族或是群体中快速传播。个体的雄心常常会走上反对集体限制的道路。直到今天，人们还是没有找到一个较好的例子，没有发现一种动物或植物在实行群体选择，除非在一个克隆体或密切联系的家庭之内——只有沙漠的种子收获蚁那种新群体成立过程中出现的短暂而又易逝的情况可以除外。蜜蜂不惜牺牲自己的性命守卫蜂巢，并不是因为它们希望蜂巢自身能够生存下去，而是因为它们希望它们同蜂巢里自己的很多姐妹共享的基因能够存活下去。它们的勇气是基因的自私带来的结果。[5]

但是，近些年来，有种怀疑的声音开始出现，慢慢渗透到有些生物学家一直秉持这一论断的截然口气中。他们并不怀疑这个理论的核心部分，但是他们认为他们可能已经发现了一个例外，有这样一个物种，恰恰是利用这种不可能出现的情况，让合作者组成的团体相比自私的个体组成的团体而言拥有绝对的优势，以致它们可以在被自私者感染之前就迫使自私的团体走向灭绝。

这种例外情况当然就是人类。让人类区别于动物的就是文化。因为人类一直不断地传递着传统、习惯、知识和信仰，直接通过一个人影响另一个人，所以在人类当中就有一种全新的进化方式——并不是在基因不同的个体或集体之间展开竞争，而是在文化有所不同的个人或团体间展开竞争。一个人可能会以不惜牺牲另一人的代价来获得发展，这并不是因为他有更好的基因，而是因为他知道或相信某些东西有着实际的价值。

罗布·博伊德（Rob Boyd）就属于发现这个新创见的人当中的一员，和前面一样，这个思想也来源于博弈论。博伊德获得的第一个学位是物理学，第二个学位是生态学，博伊德为平常生物学家更加冷静对待的学科带来数学方面的活力。他在20世纪80年代和皮特·里彻逊这个研究浮游生物的生态学专家一起合作研究群体选择。他的兴趣来源于一个悖论。囚徒困境这场博弈导致"以牙还牙"策略的产生。但不管你怎么去篡改数据，互惠仍然只在很小的一群个体中引发了合作行为。这对于吸血蝙蝠或者大猩猩而言都不成问题，对这两种动物来说，每个合作的个体都只要记录两三个个体过去的慷慨行为就行了。但是对人类而言，即使在部落社会，他们都是和几十人，甚至成百上千的人互相交往。但即使在这样庞大而又松散的集体中，人类仍然能够游刃有余地相互合作。我们信任陌生人，给那些永远不会再见面的服务员小费，献血，遵守规章，并且总是和另一些人合作，即使我们很少能从这些人那里得到什么回报。在一个由互惠合作者构成的庞大的集体中，做一个自私自利的不劳而获者是极为合情合理而又注定成功的策略（就像偶然出现的罗伯特·马克斯维尔所展示的那样），而很多人竟然没有选择这样一种策略，看起来似乎有点不可思议。

所以，博伊德和里彻逊说，让我们放弃互惠原则，对人类相互合作的行为寻找其他的解释。我们假设在整个人类的历史上，由合作者构成的集体一直都比由自私的个人构成的集体更加成功，在剧烈的竞争中总是立于不败之地，而让后者渐渐趋向灭绝。这就让人们看到，加入一个由无私者组成的团体要比只顾自己的一己私利重要得多。只要集体之间的差异仍然存在，这种效果就会一直起作用，但是，如果通过其他的途径，比如说集体之间的通婚，自私自利的思想能够从自私的阵营扩散到合作的团体里来，这种效果就会遭到致命的破坏。

但是博伊德和里彻逊在他们的数值模拟中发现，其中有种文化学习使合作变得更有可能，那就是不折不扣的盲从。如果孩子不是从父母那里学习或通过尝试和犯错来学习，而是一成不变地模仿从作为榜样的成年人那里学来的最常见的传统或潮流，如果成年人只遵循当时社会中最常见的行为模式——简单地说，如果我们都是文化传统中的温顺羔羊，那么合作就能在大集体当中长盛不衰。结果就是合作的团体和自私的团体之间的差异现在可以长期共存，最终让自私的团体在与合作团体的竞争中趋向灭绝。这样团体间的选择就能像个体间的选择那样开始起作用。[6]

盲从听起来是不是觉得有点耳熟？我想会是这样。人类这种动物，最容易被人说服去走最荒谬、最危险的道路，不为任何别的原因，只因为大家每个人都在这样做。在纳粹德国，几乎每个人都放弃了自己的独立判断能力，而去追随一个精神变态狂。这可能是极端的例子，但千万不要安慰自己说，你所生活的社会对那些脑袋发热一时兴起的运动能够免疫。帝国沙文主义，麦卡锡主义，披头士狂热，喇叭裤，甚至政治正确这样荒谬的东西都是生动的例子，它们告诉我们，人们有多容易就沦为当前流行潮流的盲从者，不为任何别的原因，就是因为它是当前的流行潮流。

博伊德和里彻逊随后问自己，为什么盲从会从一开始就得以发展。人类这样顺从到底能从中得到什么好处？他们认为，人类这个通过各种不同方式谋生的种族，采取"入乡随俗"的传统在很多时候都能说得通。

要知道为什么，我们可以看看虎鲸这种动物。大部分动物都依赖同一种类型的食物为生，不管它们的范围有多广，例如狐狸专找动物的腐肉、幼虫、老鼠、鸟儿幼雏和昆虫当食物——不管是在美国的堪萨斯州，还是在英国的莱斯特郡，都是这样。但是虎鲸却有所不同。每只当地的虎鲸都会采取一套复杂的策略来获取它那特殊的猎物，但是每次获取的猎物都会有所不同。在挪威的峡湾地区，虎鲸通过结伴围猎的精巧设计，专门捕猎大群的鲱鱼。在离英属哥伦比亚不远处，虎鲸又会采用一套不同的计策抓取鲑鱼。而在亚南极群岛（sub-Antarctic islands）它们则主要依靠企鹅维生，特别擅长在大型褐藻中出其不意地抓住企鹅。离阿根廷南部巴塔哥尼亚海滩不远，它们则发展出一套特别的技艺，年幼的虎鲸必须学会自己猛扑到海滩上，抓住栖息在那里的海狮。此处的重点在于每种虎鲸都在做着不同的事情，这样一只挪威的虎鲸到了巴塔哥尼亚海滩就要饿死，除非它适应当地的饮食习惯。

自从人类在大约 500 万年前和大猩猩的祖先在基因上分道扬镳之后，人类的饮食习惯很可能也总是和虎鲸一样因地制宜。毕竟大猩猩也根据它们居住地方最合理的食物来源而发展出浓厚的本地饮食传统，就和虎鲸的情况差不多。西非的一个猩猩群体用石头砸坚果吃,而东非的另一个大猩猩群体则通过把树枝伸进白蚁巢穴去"垂钓"来抓住大量白蚁当食物。盲从地传递文化可以确保你采用当地最有用的方式生活下去——你承继了一种倾向,那就是照搬邻人的做法。一个坦桑尼亚塞伦盖蒂平原的直立行走的女人迁徙到了西部,加入另一个住在山林边缘的群体,这个女人很快就会仿效她的新邻居到处搜集果实维生,而不是坚持挖掘一些在她的新家这里根本无法找到的植物根茎。

但是博伊德注意到,当大家都在模仿的时候,你跟着模仿会带来更多好处。否则的话,如果你是唯一一个模仿的人,那么你学到的不过是别人费力气练成的独门秘籍,而不是已经被成百上千的人证明会起作用的谋生技能。这就带来一个问题,一套盲从的体系怎样在一开始时得以流行起来。[7]

那么,在人类的进化历史中,地方特殊化的习惯、文化盲从主义、集体间的激烈竞争,合作的集体防御和集体精神全都并肩而来。那些合作精神得以滋长的集体就是规模不断发展壮大的集体,然后渐渐地,合作的习惯就深深植根于人类的精神之中。用博伊德和里彻逊的话来说,"为什么人类在和其他人合作时与其他动物都不相同,即使这些人和他们没有什么直接的关系,他们也会违背自身的利益与其展开合作,盲从的传递至少为上述行为提供了一种解释,这种解释在理论上有说服力,从经验上来说也值得相信。"[8]

100万人不可能都错了,这是真的吗

与进化论上发现盲从主义同步,心理学家和经济学家也都发现了这一

点。在20世纪50年代,一个美国心理学家所罗门·阿什做了一系列的实验,测试人们受胁迫而盲从的倾向。被测试者走进一间屋子,里面放着9把椅子,摆成半圆形,让他坐在倒数第2把椅子上。另外8个人依次走进屋子坐在其他的椅子上。他们和接受测试的人并不认识,只是充当配角——测试者的帮手。阿什然后依次给这组人看两张卡片。第一张卡片上是单独一根线条,而第二张卡片上是三根长短不一的线条。然后每个受测试者都被问及三根线条中哪一根和他们在第一张卡片上面看到的那根线条一样长。这并不是一个有难度的测试,答案一目了然,因为这些线条的长度都相差了两英寸。

但是受测对象回答问题的次序排在第8位,等其他7位已经发表他们的看法之后才轮到他。让受测者大吃一惊的是,这7个人不但选择了一根和他的选择不一样的线条,并且7个人都选择了同一根线条。他自己的感官证据和这7个人的共同意见之间产生了矛盾。到底该相信哪一方呢?18例受测对象中有12例都选择听从众人的意见并给出这根错误的线条。而过后被问到他们是不是受到别人意见的影响时,大多数受测者都选择了否认!他们不但选择盲从,并且完全改变了他们的信仰。[9]

这个结果是由大卫·赫什莱佛(David Hirshleifer)、苏西尔·比克昌丹尼(Sushil Bikhchandani)和艾弗·韦尔奇(Ivo Welch)一起指出来的,他们都是数理经济学家。他们将盲从当成真理,设法要理解为什么这种现象会发生。为什么人们会随时随地遵循当地的习俗?为什么裙子的长短、饭店的时尚、作物的种类、流行歌手、新闻报道、食物时尚、锻炼风气、环境恐慌、银行的运作、精神疾病的理由以及其他一切东西在任何时间任何地点都这样绝对地相似呢?百忧解抗抑郁药、邪恶的虐待儿童行为、有氧运动、恐龙战队，这些一时的时尚都从何而来？为什么美国的初选体制完全依赖于这样的建议，那就是人们只是通过新罕布什尔这个弹丸小州的情况来判断，就会投票给任何一个有希望赢得选举的人？人们为什么会这样缺乏主见，轻易盲从？

多年来，针对这个现象人们至少提出了五种解释，其中没有一种解释能让人信服。首先，那些不随大流的人在某种程度上会受到惩罚——这并不符合事实。其次，随大流会即时得到好处，就像沿着道路正确的一边行车的情形那样。再次，人们只是毫无理性地喜欢别人做什么就跟风做什么，就像鲱鱼喜欢成群待在一起那样。嗯，也许是这样，但这并没有解答上述的疑问。第四，大家都凭自己的主见得出了同样的结论，或者第五，第一个做决定的人告诉其他人该怎样思考。上述解释没有一个能对大部分盲从现象给出合理的解释。

替代上述这些假设，赫什莱佛和他的同事一起提出他们称为信息瀑布（information cascade）的说法。每个做决定的人，例如要买多长的裙子，要去看什么电影，都会考虑两个不同来源的信息。一个来源于他们自己的独立判断，另一个来自其他人的选择。如果其他人的选择全都高度一致，那么这个人可能就会忽略自己原来的决定转而赞成集体的选择。这并不是软弱或愚蠢的事情，毕竟，其他人的行为也是积累信息量的一个非常有用的来源。在你可以利用上千人的观点时，为什么非要相信自己那有可能出错的推理能力呢？一部电影如果有100万人给出一致的好评，那么这百万人不可能都同时犯错，不管这电影的情节听起来有多拙劣。

此外，有些事情，比如说服装潮流，正确选择的定义本身就是多数人做出的选择。在挑选一件衣服的时候，一个女人不仅会问"这衣服好看吗?"她还会问,"这衣服时不时髦?"我们这种追赶时髦的作风在某些特定的动物中也可以找到有趣的呼应。艾草榛鸡是美国高原上的一种鸟儿,雄性会聚成一大群,这样一群雄鸟叫作乐客(leks),彼此之间相互竞争与雌性交配的机会。它们跳舞炫耀,肆意挺起那饱满的胸脯。有那么一两只雄鸡,通常在乐客的中心位置附近,显得最引人注目,目前为止也最为成功。有10%的雄鸡能够承担90%的交配任务。其中一个原因就是那些雌性鸟儿相互之间竞相模仿,一只雄鸟之所以大出风头,对母鸟特别有吸引力,就是因为在它周围聚拢了好多的雌鸟,用假雌鸟做的实验很容易证明这一点。这种雌性当中赶时髦的风气说明选择雄性交配的机会可以非常随意,但是一定要随大流这一点则始终至关重要。任何一只改弦更张的雌鸟,如果选择一只顾影自怜的雄鸟做伴,都很有可能会生下不成器的儿子,继承父亲那不争气的品性,根本吸引不了一大群母鸡跟在后面团团转。因此,在交配这场博弈当中受欢迎度就是它自身的回报。[10]

我们再回到人类这里。遵循信息瀑布这个规则带来的问题就是最后可能会导致盲人骑瞎马,夜半临深池。如果大部分人都让自己的决定受他人影响而产生动摇,那么即使100万人也可能会一起犯错。如果我们论证说某一个宗教思想肯定正确,因为其他人已经信奉上千年之久,这种论证方式当然存在谬误。因为大部分人之所以动摇,其原因也和他们的先辈产生动摇的原因一样。其实,只有赫什莱佛的理论可以解释的人类风尚,其重要特征就是它们虽然壮观一时,却也转瞬即逝。只需要稍微一点新的信息,人们马上就会抛弃旧的时尚而对新的时髦趋之若鹜。所以人类一时跟风的这个非常愚蠢的性格特点,让我们只需要一点小道信息马上就能心血来潮,从一种疯狂跳入另一种疯狂。

但是，在一个狩猎部落的小团体当中，遵从时尚可能是个更加有用的习惯。在很大程度上说，人类社会并不是由个体成员组成的群体，不像花豹或者狮子群体那样——尽管单个狮子有时也会聚在一起组成群体。人类社会是由集体，超有机体（superorganism）组成的。在一个集体成员必须合力与其他集体竞争的世界，盲从带来的集体之间的凝聚力是个强有力的武器。集体做出的决定可以是任意性的，但是它必须是全体服从的决定，这一点更加重要。[11]

与此差不多的想法也浮现在电脑科学家赫伯特·西蒙的脑际。他说，我们的先辈因为在社交层面上极其"驯良"因而得以茁壮发展，他这样说的意思是说他们易于接受群体影响。记住我们是怎样经常相互影响，改变对大公无私的美德的信仰的。如果我们适应了优胜劣汰的进化规则而对这种教化百依百顺，那么人类更有可能凭借利他主义的倾向这种美德在生存竞争中成功胜出。西蒙说，别人怎么说我们就怎么做，比起自己琢磨出最好的行事方式，这样做所花的代价更小，并且经常能获得更好的结果。[12]

爱你的邻居，但是恨其他所有人

如果人们遵循他们所属集体的传统，那么每个集体的人都会自然而然地产生一套完全不同的文化习俗。如果一个集体把吃猪肉当成禁忌，另一个集体把吃牛肉视为禁忌，那么盲从行为就会维持着这两个集体之间的显著差异。那些加入一个集体的人必须要遵从这个集体的禁忌。所以各种判然有别的习俗之间很容易就形成相互竞争，每种习俗都有一群人作为代表。如果更进一步，很可能有些集体在与其他集体竞争的过程中走向消亡，如果旧的团体走向分裂导致新的团体得以生成，而不是通过从许多不同的团体吸收新人来形成新团体，那么集体选择就会显得更有前途。

这些情况是否适合于人类呢？约瑟夫·索提斯（Joseph Soltis）是博伊德和里彻逊的同事，他开始通过检查新几内亚的部落战争史来验证这个观点。新几内亚之所以非比寻常，是因为大部分岛上的部落在19世纪或20世纪就开始和西方人接触，并且当人类学家第一次和他们相遇的时候，他们仍然生活在未受西方商品、习俗或者宗教信仰干扰的状态下。所以，很难说部落战争的日常习俗是与西方接触后产生的某种人为现象。大部分的新几内亚人都生活在与霍布斯所说的"所有人对所有人的战争"非常相似的状态：暴力是他们如影随形的威胁。

索提斯分析了这座岛屿上不同地方大约50年间爆发的几百场战争的历史。在几乎所有的战争案例中明显可以看出旧的团体一分为二，形成新的团体，并且部落战争经常使有些团体走向毁灭。例如，在西部高地的中央位置生活的梅–恩格人当中，50多年中在14个部落之间爆发的29场战争导致其中的5个部落走向灭亡。并不是所有部落成员都被赶尽杀绝，而是这些部落成员在战败以后四散溃逃，加入其他获胜的部落，并且很快就同化为其中的一员。（这一点偶然间又成为基因的团体选择不起作用的一个原因——战败的个体成员的基因得以继续生存，实际上，古代的城市遭到洗劫后，女人在战争中被掳走后成为胜利者的妻子，失败的个体成员的基因很可能还会代代相传并渗透到胜利者的团体中去。但是因为失败的个体成员放弃他们自身的文化并全面吸收胜利者的文化，所以文化的群体选择就能起作用。）在所有的战争中，索提斯计算出新几内亚的部落就以每25年2%～30%的速度走向消亡。

这种集体消亡的速度，足以促使形式相对较为温和的文化群体选择现象发生。不合适的团体遭到文化传统深厚的团体的替代而灭绝，这可以解释 500～1000 年之间发生的种种趋势潮流，但是它无法解释短期内产生的变化。大多数人类文化的改变都比这更为迅速。例如，新几内亚在农业生产中引入新的红薯加以种植，这种农作物传播的速度非常迅速，以至于种植红薯的团体比没有引入红薯的团体更加具有选择方面的优势。这种红薯种植无疑是通过一个部落到另一个部落的扩散而得以传播的。[13]

这种用群体选择来解释人类历史的做法还会遭遇另一个困难。恰如克雷格·帕尔默（Craig Palmer）所说，人类集体大多只存在于神话中。人们确实会以集体的方式思考问题：部落、家族、社会、国家。但他们其实并不是生活在孤立的集体之中。他们持续不断地与来自其他集体的成员相互融合。即使是人类学家钟爱的家族团体也常常是个抽象的概念——人们都知道他们的亲属团体，但是他们并不只是和自己的亲属一起生活。在父系社会里，人们和父亲的亲人一起生活，但是他们无疑还是会吸收来自母亲那里的一些文化。人类的集体都是变动不居、永不固定的。帕尔默说，人们并不是生活在集体当中，他们很少用集体的眼光来看待这个世界，无情地将人们分为我们或他们。但是这也是个既有利又有弊的发现。我们以集体的眼光看世界——不管有多荒谬，仍然告诉我们一些有关人类思维模式的内容，正是在人类的大脑内部，进化留下了很多群体标记。[14]

这是人类的群体选择理论这副棺材上的最后一根钉子。说人类都很墨守成规，所以与集体的命运休戚与共，这种论调非常肤浅轻率。到目前为止我讨论的大部分例子都说明，个体之所以选择与人合作，是为了促进他们的自身利益。这根本就不是群体选择，而是受集体主义精神影响的个体选择。只有在个体违背自身利益而与人合作以促使集体利益的实现这种情况下，群体选择才得以发生——例如，他们在繁殖中表现出的自我节制。我们在人类当中所能发现的证据，只能证明人类在追求个人目标的过程中表现出强烈的集体主义倾向，而不是将集体利益置于个人利益之上。想要享受生活在集体中的好处（盲从就是一个实例）的这种精打细算的思想和经过群体选择进化而来的思想迥然不同。集体主义思想可以巩固个体选择——但那并不是群体选择。

根据约翰·哈通（John Hartung）所说，这个问题之所以出现，是因为我们本性中就偏好集体主义，所以我们更喜欢假装——也许甚至是相信我们都是群体选择的结果。换句话说，人们公开说他们将集体利益放在个人利益之前，更好地掩盖了他们只有在集体利益和他们的个人利益相一致时才追求集体利益的事实。把这一点挑明就会让你变得不受欢迎，就像霍布斯发现的所有人对所有人的战争中的每个人那样。

人们会对集体形成情感依恋，哪怕是任意一个集体，比如说随机选择的学校运动队，这样的事实并不能证明群体选择，而恰恰证明了相反的情况。它证明了人们对自己的个人利益位于何处——在哪个集体当中，有着非常清醒的认识。我们人类是种非常团结一致的动物，但并不是群体选择的物种。我们生来并非为了牺牲自己成全集体，而是为了利用集体为我们个人服务。[15]

选择你的伙伴

不管打开哪一本人类学的配图教材，你都会看到缤纷的图片，介绍各种舞蹈、巫术、礼节和宗教。但是如果你寻找针对某个部落在吃饭时的所作所为的详细描述，或者男人怎样追求女人，孩子怎样被抚养长大之类的细节，往往就会徒劳无功。这并非出于偶然，而是因为吃饭、求偶和抚养儿女之类的传统在全世界各个不同部落和社会间都大同小异。但是关于人类起源的创世神话、身体绘画的方式、头饰的样式、巫术的符咒和舞蹈的样式则都带有显著的文化特征。这就是一个民族区别于另一个民族的标志，它们对人类的生活绝不是偶然的陪衬，大量的时间、精力和威望都被倾注到这些事情上，它们是人们生活所追求的目标。所有人都拥有这些，如果我们发现新几内亚的一个部落，跳舞、神话或者仪式（如果翻译得到位的话）这些词对他们来说毫无意义，这看起来会非常奇怪，就像一个部落里的人不知道饥饿、爱情或家庭的意义那样奇怪。仪式是普天之下相通的，但它的具体细节则各有不同。

我想要说的是，理解仪式的一种方式，就是将其作为加强被集体主义精神和群体之间的竞争所控制的种族的文化盲从的一种手段。我认为，人类总是分裂为敌对和相互竞争的不同部落，那些找到一种方式将文化盲从灌输到成员大脑的部落，一般都比不这样做的部落发展得更好。

人类学家莱尔·斯特德曼（Lyle Steadman）认为，仪式不仅展示对传统的接受，它还特指对合作和牺牲精神的鼓励。通过加入一场舞蹈、一个宗教庆典，或者一场官方聚会，你是在强调自己乐于和其他人合作。运动员在入场比赛之前唱国歌，一对父母在万圣节甘愿遭受"不给糖就遭殃"的羞辱，一户人家的主人在圣诞节的时候开门欢迎唱颂歌的人，学期结束时医学院的学生在编排的戏剧里对资深教授大开玩笑，这教授尽管恨得牙痒痒也只有一笑了之，一个常去教堂的人在宗教庆典期间和他的邻居一道唱赞歌，一群人观看足球赛时一起表演墨西哥人浪。以上每个例子中，这些远不是偶然出现的信息都摆在那里人人可见。它告诉我们：我们都是同一个团队中的一员，我们都站在同一边，我们大家是一个整体。[16]

没什么比舞蹈更能清楚地体现这一点的了。舞蹈是人们在音乐的伴奏下相互间步伐一致地移动，既不能快也不能慢。历史学家威廉·麦克内尔（William McNeill）说，人类对于跳舞的痴迷本来无法加以解释，但是这种痴迷必定与提倡合作精神有点关系，将人们从情感上联系在一起并演练出这个集体的身份。在非洲、亚洲和南美那些没有文字的社会里，舞蹈很少会和求偶或性暗示有关。它是一种仪式活动，强调的是团体精神。南非的一群人进行一场政治游行时跟着音乐的节奏慢跑，这样做比起在威尼斯的一个舞厅里跳一夜的华尔兹要更加接近舞蹈的根源和目的。[17]

针对音乐的起源也出现过同样的说法，例如哲学家安东尼·斯托（Anthony Storr）就这样说过，音乐振奋人心，在情感上非常感人，能普遍流行并能引起人们的共鸣，这也是为什么音乐常常伴随电影一起来增强场面的感染力。"旋律与和声能够深入人们的灵魂深处"，苏格拉底这样认为。圣奥古斯丁也赞同这一说法，并补充说，人们发现教堂里的歌声比它所传递的真理更加感人，这真是个让人伤心的罪过。伟大的指挥家赫伯特·冯·卡拉扬（Herbert von Karajan）有一次在指挥演奏期间把电线接在自己身上以记录自己的脉搏跳动频率。它根据音乐传递的情绪，而不是根据他指挥演奏付出的精力大小产生变化，而当他驾驶直升机飞行并降落的时候，他的脉搏跳动频率比他指挥演奏的时候变化还要小。

所以音乐激发人的情感。像这样使人的情感被音乐激发出来的进化活动所带来的好处，很可能是为了让一群人的情绪在瞬间能够同步并协调一致,当要号召这些人为了集体的利益而奋斗,也为了更好地为他们自身谋求利益的时候,往往就需要这样做。毕达哥拉斯派的哲学家将音乐称为敌对因素的调和剂。也许音乐同人们展示对集体的忠诚度紧密联系在一起并非事出偶然——它比舞蹈有过之而无不及。教堂赞歌、足球队队歌、国歌、军队进行曲,这些音乐和歌曲在服务于其他诸多功能之前,很可能和界定集体身份的仪式联系在一起。甚至有一种动物也对节奏和旋律表现出类似的反应,那就是狮尾猴(bleeding heart monkeys),集体生活在埃塞俄比亚群山间的高原上,以高原上的草为食。群体中的成员常常有旋律地歌唱,其他成员则步调一致地回应以表达集体目标。人类当中存在同样的形式,"一种大家在文化上一致认同的节奏和旋律模式,比如说一首歌,大家一起唱,就为所有人提供了一种共享的情感方式,至少在唱这首歌的过程中,演唱者受到鼓舞,他们一起体会着情感的节奏,随着相同的节奏摇动。"[18]

至于宗教本身,现代基督教传达的普遍性信息似乎要掩盖关于宗教信条的一个明显事实——宗教几乎总是强调教内信徒与教外俗众之间的差异,即"我们"和"他们"、以色列人和巴勒斯坦人、犹太人和非犹太人、被拯救的和进地狱的、信众和异教徒、阿里乌斯教派和阿萨纳修斯教派、天主教和东正教、新教和天主教、印度教和伊斯兰教、逊尼派和什叶派。宗教总是告诉信众他们都是神选之人,而他们最近的敌人都是些蒙昧无知的傻瓜,甚至为人类所不齿。这并没有什么特别值得奇怪的地方,考虑到大多数宗教的起源都是部落社会里分裂出来的群体,他们都饱受围攻。爱德华·吉本注意到,罗马军事征服取得成功的一个重要原因就是宗教的作用:"罗马军队纪律严明忠于职守,这是由宗教和荣誉的统一影响激发出来的效果。金色的雄鹰在罗马军团的前面闪闪发光，那是他们矢志效忠的对象，在危险时刻抛弃这个神圣的徽章，会被视为莫大的耻辱，同时也是对众神的极大亵渎。"[19]

约翰·哈通这个人类学家在业余时间里接受训练，想要成为一个历史学家，他采用备受人们宠爱的犹太教与基督教所共有的词语"爱你的邻人，如同爱你自己"，并且对其展开细致详密的观察。根据《圣经·旧约》律法书里的记载，这个规则制定的时候，以色列人正在沙漠里，他们中的纷争将大部分阶层撕裂，自相残杀的暴力冲突使得他们哀鸿遍野，在当时最近一场暴乱里有3000人死于非命。摩西急切想要维持部落里的友善关系，想出了这样一句简练的格言，要人们爱邻如己，但是他这句话的语境非常清楚。它直接指向"你的子民"。并不是宣扬要大家普遍行善。"大部分宗教的特征都是只具备一个狭隘的视角，"哈通说，"因为大部分宗教都是由集体发展而来，它们的生存依赖于同其他的集体展开竞争。这样的宗教以及它们所培养出的集体内部的道德观，比孕育它们的群体竞争更经得住时间的考验。"

哈通并没有停在这里，他接着说，摩西十诫只适用于以色列人，并不适用于异教徒，这一点贯穿整部《塔木德》，后代的学者如迈蒙尼德一遍遍重申，并且列王和法典的先知们也不断重复此意。现代的译本，通过脚注、审慎的编辑或者误译，往往遮蔽了这一点。但是在上帝的教导中，种族灭绝和道德观一样，都是核心部分。当约书亚一天杀死12 000名异教徒，之后在石头上刻下十诫以向上帝表达他的感激之情时，其中就包括一条"不可滥杀"，这时他并不是伪善的人。就像所有高尚的群体选择论者一样，犹太人的上帝对于教外的民众非常严厉，恰如他对教内的信徒恩宠有加一样。

这并不是在找犹太人的茬儿。像玛格丽特·米德这样的权威也认为，不要谋杀人类这道禁令在全世界范围内都被解读为不要谋杀自己同一部落中的成员。其他部落里的人似乎不属于人类之列。就像理查德·亚历山大所说的："道德法则和法律一样，当初创设它们的目的好像并非明确为了让人们在集体内和谐相处，而是让集体能足够团结以威慑他们的敌人。"[20]

不错，基督教确实教所有人相互友爱，而不仅仅对基督徒而言，这好像在很大程度上要归功于圣保罗的独创，因为基督在四福音书的犹太人和非犹太人中间经常表现出歧视，并明确表明他的信息都是专门传递给犹太人的。圣保罗被流放，生活在非犹太人中间，开始思考怎样去归化那些非犹太人，而不是将他们赶尽杀绝。但是基督教的实践比布道更缺乏包容性。十字军东征、宗教裁判所、三十年战争和至今仍困扰像北爱尔兰和波斯尼亚这样的团体的教派冲突，证明了基督教徒仅仅爱那些和他们拥有同一信仰的邻居这一从未断绝的倾向。基督教并没有在很大程度上减少种族和国家之间的冲突，而更可能是火上浇油。

这并不是说宗教是部落冲突的起因和根源。毕竟，正如阿瑟·基斯爵士所指出的那样，希特勒把他的运动称为国家社会主义，从而实行一套在集体内部讲道德而在集体之外展示凶残的双重标准。他根本不需要宗教的刺激。但是假设人类有一种由存在了几百万年的集体主义精神培育出的部落主义本能，宗教正因为强调皈依者组成的集体和宣扬异教徒的邪恶而得以繁荣昌盛。哈通以一种悲观的论调结束了他的文章，怀疑深陷于这一传统的各种宗教能否教会人们普遍的道德观，甚至怀疑除非爆发一场人类与其他世界之间的战争，将整个地球上的人类都团结在一起，否则这种道德观甚至无法获得。[21]

如果人类彼此友善相处，只是因为通过上千年不同群体间致命的暴力冲突而与生俱来的仇外思想，那么道德家就很难从中找到多少安慰了。那些鼓励我们为了人类，或者为了盖亚大地女神，为了整个地球而努力奋斗的人同样也不再有多少底气。就像约翰·威廉姆斯指出的那样，喜欢群体选择的道德观而排斥个体之间的无情斗争，其实也就是喜欢大屠杀而不喜欢谋杀。拿克鲁泡特金的话来说，蚂蚁和白蚁并没有放弃霍布斯式的个体对个体的斗争，它们只是将斗争上升到集体层面，而不再是单个对决。裸鼹鼠在群落之内这样和谐友善，而对来自其他群落的鼹鼠则凶相毕露。而一群八哥对另一群八哥却毫无怨恨之心。这是一套进化的规则，我们人类也绝难排除在外，越是相互合作程度高的社会，它们之间的战斗也就越残酷血腥。我们人类可能是地球上相互协作程度最高的群居动物之一，但我们同时也是最为好战的动物。

这就是人类集体主义精神的阴暗面，但这种精神也有光明的一面。这光明的一面就是贸易。

第10章

从贸易中得到的收获

交换让二加二等于五

每个动物仍然不得不自食其力并各自为营,大自然赋予这些动物各种杰出的技能,但这些动物并不能彼此善加利用。而人类的情况则恰恰与此相反,最为迥异的才能相互之间都能派上用场,大家运用各自的才能制造出的不同产品,通过运输、物物交换或货币交换等普遍的处置方式,很快就转化成一般货品,正如同普通股那样,这样每个人都可以根据自身的需要,购买其他人运用才华生产出的任意产品。

——亚当·斯密,《国富论》,1776

在澳大利亚北部约克半岛上的科尔曼河入口处生活着一群叫作伊尔约龙特（Yir Yoront）的土著人。直到最近，他们基本上还是生活在石器时代。他们没有任何用金属制成的工具。同时他们也是真正的狩猎采集部落，通过捕猎大型猎物，捕鱼和在森林里采摘蔬菜食品维持生活。他们没有种植农作物，只驯养了一种动物，那就是狗。他们的生活里没有任何政府体系的运作，也不用担心触犯任何类似法律之类的东西。所以他们并没有什么伟大的发明可以让我们将文明的起源与之联系起来：没有铁器，没有国家，没有农业，没有法律体系，没有书写，也没有科学。

但是他们却有一样我们可以称为现代的东西，这样东西我们常以为没有国家、没有法律系统、没有书写就根本无法实施。那就是一套复杂的贸易体系。

伊尔约龙特族人使用制作精良的石斧，将其仔细插进一个木头手柄里。这些斧头极为宝贵，并且几乎天天使用。女人用石斧砍柴生火，建造并修补雨季居住的小屋，挖掘植物根茎或者砍倒大树采摘果实和纤维食物。男人使用石斧打猎捕鱼，或者从树木的裂缝里掏出野生蜂蜜，或者制作在庆祝仪式上使用的秘密物件。这些斧头属于男人，女人使用的时候须向男人借。

但是伊尔约龙特人居住在一片平坦的冲积海岸地区。用来制造这种斧头的石头位于内陆往南的位置，可以开采这种石头的最近的采石场离他们也足有400英里。在伊尔约龙特人和采石场之间还生活着很多其他的部落。可以想象，伊尔约龙特人本来要每隔几年就去南方一次，采回新的石头用来制作石斧，但这必定要冒极大的风险，并且浪费大量的时间。幸运的是，根本就没这个必要。有很多石斧从居住在采石场周围的部落传递到他们手里，因为沿着采石场到他们这里有一条漫长的贸易路线，沿途的贸易伙伴将斧头从那里一路传递过来，以换取其他的产品，这些产品经过同样的贸易之手传递到南方。实际上，伊尔约龙特人并不是这条贸易链的终端，他们的北方邻居还得依靠他们将石斧传递过来。同时，尖部装有黄貂鱼倒钩的长矛沿着由北而南的相反方向一路流通。

贸易在上家和下家之间进行，每个人在相邻的部落里都有一个贸易伙伴。它之所以能起作用，并不是因为伊尔约龙特人有一套生产黄貂鱼倒钩，然后用它们交换斧头的全面计划，而是因为一个简单的价格问题。一个伊尔约龙特人可以用十几把带倒钩的长矛从南方邻居那里换取一把石斧。然后他可以将这把石斧卖给北方的邻居，换取的长矛数量远远超过十几把。这样他就能从这场交易中获取一定利润。所以他才愿意将斧头向北方传递。而在他的长矛一路向南传递的过程中，它们的价格也在一路飙升，和石斧价格上涨的情形一样。沿着内陆传递150英里路，一把长矛的价格就和一把石斧相同了。等长矛抵达采石场那里时，它的价格很可能（没有人记录下事实情况）已经相当于十几把石斧了。这些货物经过中间人之手进行传递,他们大部分人既不生产斧头也不生产长矛,但是不难看出他们只是凭借充当中间人的角色就可以从中获取相当大的利润(即留下一些斧头和长矛)。他们发现了从中套利的方法:通过贱买贵卖来获取利润。

到了19世纪末,除了偶尔与白人定居者之间爆发小规模的流血冲突之外,伊尔约龙特人基本上仍然没有受到现代世界的侵扰。但是他们已经拥有了钢制斧头,这些钢斧头先是由教会里的人分发给南方的一些部落,然后由这些部落一路向北方传递,一直传到他们这里。钢斧头比石斧好用太多,所以它的价格也要高出一大截。因为迫切渴望得到这些钢斧,这些伊尔约龙特人为了筹集到足够的资金,被迫诉诸极端的手段。在旱季举行的部落聚会上,过去男人都能从他们的贸易伙伴那里获得一年的石斧供应量,现在则再也没那么称心如意了。为了得到一把钢斧头,一个伊尔约龙特男人甚至有可能让自己的妻子去陪陌生人睡觉。[1]

贸易战争

伊尔约龙特人的贸易体系对于石器时代的人来说一点也不陌生。但是它说明了两件非常重要的事情。首先,贸易是劳动分工的表达方式。对于伊尔约龙特人而言抓获黄貂鱼易如反掌,而住在采石场附近的部落采集石头也特别容易。如果每个部落都做自己擅长的事情,然后将获得的劳动成果相互交换,那么双方都能过上更好的生活。这样一来,专门安排交换活动的中间人就开始出现。同样的道理,一只工蚁和一只蚁后各司其职、发挥自己的特长,然后二者都能从中获益;正因为胃部器官做好自己的本职工作然后将劳动成果分配给身体其他器官，你的身体才能更好地工作。如我们前面说过的那样，生命并不是一场零和游戏，也就是说，并不是每有一个赢家，就一定要有一个输家。

商业贸易根本就不是什么现代社会的产物，这是伊尔约龙特人的故事教给我们的第二个道理。尽管马克思和韦伯有那么多长篇大论，但现代和古代经济的核心都是从贸易中获利这个简单思想，而不是资本的力量。经济繁荣是贸易促成的劳动分工带来的结果，而没有任何其他秘密可言。早在经济学家亚当·斯密和大卫·李嘉图还没出生的几千年前，人类就已经发现了这一原理并加以利用。霍布斯和卢梭都会认同，伊尔约龙特人只不过处在一种自然状态而已。但是并没有像霍布斯认为的那样必须有专制独裁君主强加给他们一套社会契约；他们也不是像卢梭设想的那样生活在自我中心的幸福状态中。相反，贸易、专业化、劳动分工和复杂的易货交易系统已经属于狩猎生活的一部分。实际上，他们可能早在几千年前，甚至上百万年之前就已经是这样了。可能早在140万年前，直立人已经开始在专业的采石场里采集石器工具，并且很可能就是用于出口。

人类是狩猎采集者，是热带大草原的灵长类动物，在群体中奉行一夫一妻制，人类还属于交易者，为了双方的利益而实行交换是人类生存状态的一个组成部分，至少和智人作为一类物种存在的历史同样久远。交易并不是现代社会的发明。

但是即使你翻遍人类学著述，可能也难以找到一个人承认贸易既有着悠久的历史，并且在前工业社会的人类生活中也是常见的行为。这种现象的原因很简单，我们通过伊尔约龙特人的例子已经清楚地说明了这一点。人类学家登上舞台的时候，西方商品的出现早已将原来存在的贸易模式冲击得四分五裂。伊尔约龙特人早在能经常见到白人之前已经获得了他们的第一把钢斧。所以学习我们的祖辈怎样生活在渔猎时代的学生一直低估了贸易的作用。[2]

贸易是人类集体主义精神带来的有益的一面。我已经说过，人类和大猩猩都特别沉迷于集体领土和群体内部的冲突，这一点非比寻常。我们各自分裂成生活在不同领土上的团体，我们与集体其他成员命运休戚与共，让我们变成一种仇外情绪和文化盲从的混合体，天生对集体的附庸和依赖部分地解释了我们的合作本能。

但是这种分裂成各个团体的特征也在掌握不同技艺的团体之间产生了贸易活动。大猩猩的集体是封闭的，除了通过暴力或者迁徙之外，集体之间没有相互交换活动。人类的集体没有也从来不会这样封闭，这些集体是可以渗透的。[3] 来自不同团体的人相互见面并交换商品、信息和食物，同时也相互交战。那些他们用来交换的商品都是稀缺的或供应量难以预测的东西。但是在有些情况下，他们好像也会创造出一种需要交换的假象以促进贸易发展。最能说明这个问题的例子就是雅诺马马人，拿破仑·查冈在委内瑞拉的雨林里专门研究过他们。

查冈说雅诺马马人生活在村落之间连年征战的状态下。男人之间见惯了暴力的死亡，女人之间见惯的是劫持绑架。但这并不像大猩猩群体间的战争，不是霍布斯式的每个团体针对所有团体的战争，它比这还要微妙得多。一个雅诺马马村庄取得成功的关键在于要和另一个村庄结成联盟。由各种亲密的协议结成的一张错综复杂的大网将不同的村庄组合成相互竞争的不同联盟。恰如大猩猩和海豚的个体通过在个体之间结成联盟而取得成功，人类的集体也通过在集体之间建立联盟而取得成功。

将这些联盟维系在一起的就是贸易。查冈认为雅诺马马的村庄刻意在村民中实行某种劳动分工，以便为开展贸易找到借口，贸易又维系了村庄之间的政治联盟。

> 每个村庄都有一两种特殊的产品，可以提供给自己的同盟成员。这些产品包括狗、迷幻药（既有种植的，也有采集的）、箭头、箭杆、弓、棉线、棉吊床和藤吊床、各种各样的篮子、陶罐，并且在与外界接触的村庄里，还包括钢铁工具、鱼钩、鱼线，以及铝制容器等。[4]

这并不是因为每个村庄都有更好的渠道可以获得某种特定的原材料。每个村庄原则上都能够满足自己的需求。但是这些人刻意选择不去这样做，因为这样有助于促进贸易和联盟，尽管查冈认为这未必是有意识的动机。他提供一个例子，一个村子依靠另一个同盟村庄获得陶器，村民宣称他们自己制造不了，或者说忘记了怎样去制造这些陶器。但是，当他们与这个结盟的村落发生了抵牾以后，很快就想起了自己制造这些陶器的技艺。雅诺马马的村庄很大程度上拿手工制品相互贸易，他们并不交换食品。我怀疑这是早期贸易的一个普遍特征——它依赖的是劳动之间的技术分工，而不是生态分工。

雅诺马马人在亚马孙流域开辟园地、进行狩猎活动的时间相对较短，可能不到1万年，而澳大利亚的土著却在这片土地上狩猎采集，一直生活了大概6万年之久。但是这两种石器时代的人在贸易形式上却有着显著的相似之处，尤其是在贸易和互惠宴会间的联系上。查冈认为宴会才是最终的目的，而贸易不过是开宴会的借口，因为正是通过宴会人们才建立了友谊、巩固了联盟，这种联盟在战争中显得极为珍贵。但是不论贸易是手段还是目的都不太重要。同样的教训也适用于"贸易是政治的先驱，而不是政治的结果"。

商业法律

这是个令人惊讶的发现。如果贸易先于法律出现，那么一屋子的哲学的纸牌屋都要坍塌了。杰瑞米·本森说："在法律出现之前根本就没有经济繁荣，离开法律，所有的经济繁荣都会停滞。"即使是最狂热的自由贸易主张者也会经常强调，在一个工业化的经济体系里，政府必须有效监督商业活动，确保商人间的合同得以执行。没有法律和政府的保护，商业活动将变得脆弱不堪并最终消失。

但这未免有点儿前后颠倒。比起贸易来，政府、法律、司法和政治的发展不仅晚得多，并且它们总是随着贸易的发展而发展。其实，正如这和渔猎部落的情形相吻合，对中世纪的商人而言，情况似乎也是这样。现代商业的法律并不是由政府创造和执行的，而是商人自己发明并执行的。只是到后来政府将其接管过来，并且大多都带来了灾难性的后果。

让我们回到11世纪的欧洲。由于各种创新手段的运用，农业生产力获得长足发展，它带来的结果就是剩余劳动力离开土地转到城里工作，在工厂里生产商品，不再在农村种植农作物；用工人生产的这些产品换取农民种植的农作物，让双方都从中受益，并且加速了经济引擎的运转，带来了经济繁荣。人类历史上第一次大规模的贸易催生了一个新的欣欣向荣的职业商人阶层。随着经济的扩张进一步加速，有些商人开始将眼光投向国外，寻找机会利用不同国家之间的比较优势。但是一个商人身处异国他乡，如果上当受骗就无法向他的君主求助，并且对国内同样的标准是否可以适用于国外也没有信心。所以商人开始聚到一起草拟这场商业游戏的规则。于是商业法律就这样诞生了。它并没有获得国家的承认，而是自发产生、自愿裁决并且自愿付诸实施的，就像俱乐部里的规章制度那样。

商业法律不断进化发展。通过自然选择，那些真正起作用的良好惯例和那些解决争端的有效方法逐渐通过优胜劣汰流传下来。到了12世纪中期，到外国做生意的商人如果和当地商人发生冲突，根据商业法律他们就可以获得足够的保护。对违反商业法律者的唯一和最终惩罚手段就是孤立，但是我们也看到，孤立主义有时具有非常强大的力量。一个商人如果背上骗子的名声，他的生意就没办法再做下去。商人形成自己的法庭，比皇家或者国家法庭更有效率，更加统一。关于账单怎样结清、利息怎样偿付、争端怎样解决都形成了一系列标准化的惯例并通行整个欧洲——所有这一切都没有来自上级的任何指令，一成不变却又没有形成垄断专营。

到了12世纪，这些商业活动的中间人开始使用新的信用概念。这是实物交易和货币交易的一个巨大发展，并且它们已经摆脱了罗马时期以来形成的单一性和可替代性。银行家开始出现，同时出现的还有抵押、合同、期票和汇票。所有这一切都受到商业法律的监管，而不是受政府法律的支配。政府机关甚至没有意识到到底发生了什么。一个完全私人性质的自愿和非正式的交易体系开始发展起来。

过了一阵，政府反应过来并开始采取行动，它将这些商业惯例制定成国家法律，允许上诉提交到皇家法庭，当然也将功劳据为己有。英国国王亨利二世并不是伟大的立法者，而是将法律国有化的伟人。因为遭受上诉到更高的皇家法庭的威胁，商业法庭立刻失去了它的威力，并且这个系统的适用性也不复存在。现在要修改商业法律，需要的不仅仅是用新的商业惯例取代老的惯例，还需要国王和议会授权法案。逐渐增长的费用和逐步拥塞的官方法庭很快就剥夺了商业法律体系的速度和节俭。

诞生于利物浦商人中的商业仲裁，开始时的那些索赔都基于美国内战的爆发对于棉花贸易的破坏，后来索赔开始绕开拥堵的法庭，演变成商业仲裁。私有化的司法，一种租借法官的形式，很多年来在美国一直是个业务量不断增长的行业。只是对律师行为的限制阻止了民法再次渐渐走向私有化。尽管如此，这个教训对于科学家来说已经无比清晰。市场、交易和法规能在政府或任何其他垄断者制定规则之前发展起来。它们自己界定规则，因为几百万年以来它们一直是人类本性中的一部分。[5]

金与银

从伊尔约龙特人用黄貂鱼的倒钩交换石斧，到乔治·索罗斯针对外汇市场的英镑进行投机，其间根本就没有任何的进步。他们都在进行简单的套利行为：贱买贵卖。前者交换的是有用的物品，而后者交换的是电子信息，理论上而言这些电子信息也可以换成没什么实际用途且易燃的纸币，这个事实表明两者之间只是手段不同而并无实际差别。金钱只是充当了物品的替代而已。

在伊尔约龙特和乔治·索罗斯之间，半路杀出一个贪赃枉法的法国官员雅克·科尔（Jacquer Coeur），这个15世纪的巨贪干净利落地弥补了两者之间的空缺。科尔是法国国王查理七世的财政大臣，主要负责为国王铸造银币。这是个极有油水可捞的肥差，他在这个位子上可算是如鱼得水。因为他最终在 1453 年由于贪污受贿而受审，所以我们得以从庭审记录里一窥他的生意经。他通往财富的主要道路是用开出马赛的大帆船装载银币，一直装满到舷缘，然后在叙利亚将银币卖掉，买入金币，将金币带回法国。其中一条船上还装载了将近一万马克的银币。[6]

为什么？科尔自己解释说，用同样重量的银子在叙利亚购买到的金子可以比法国多出 14%。这利润远远大过了往返地中海所需的花费和所冒的风险，尤其是科尔还会在银币当中掺一点铜进去，让利润更为丰厚，同时他还虚伪地在银币上印上法国王室纹章来证明它的纯度。

这种价格不平衡的原因及其所揭露出来的秘密同样令人着迷。我们再往前追溯 500 年，从科尔那里回到公元 1000 年年末的时候。这一时期银币几乎从阿拉伯世界消失，而金币则几乎在基督教国家绝迹。这反映了金矿的大量开采以及统治者铸造上好质量的钱币的能力。欧洲对银币的迫切需求以及东方对于金币的需要反映出，比起伊斯兰世界，基督教世界里的金币价格相比较银币而言变得更高。

如果不是因为十字军东征，这种情况可能还会一直持续下去。十字军携带了自己带得动的足够多的金子，但他们多是用银币来偿付他们立下的汗马功劳。一旦在黎凡特地区站稳脚跟，他们就开始铸造银币。与他们做生意的穆斯林商人很快就开始拥有大量这样的银币，然后他们在自己的生意中也使用这些银币。同样，十字军战士开始使用从阿拉伯人手里掠夺来的或者通过贸易得来的金币进行交易。

十字军还铸造自己的金币，这些金币通常质量比较差，有时候他们也使用掠夺来的模具，随着格雷欣法则（Gresham's Law）开始起作用，这种行为让阿拉伯国家的流通金币开始贬值。这也没关系，现在有那么多的白银从十字军的手里流入阿拉伯世界，所以一个多世纪以来首次有可能再引入一套他们自己的铸币制度。讽刺的是，这样又增加了白银的需求量，将欧洲以白银结算的黄金价格和东方以白银结算的黄金价格之间的价差扭转了过来。

一旦这种情况发生，对于企业家而言，一个特别有利的商机就出现了。他们在基督教所控制的地区如阿克，或是在欧洲本土铸造阿拉伯银币的仿制品，然后将其运到东方，将其卖给东方换取金子。这些银币叫作米拉雷（millares），上面刻着这样的话："只有安拉才是唯一真主，穆罕默德是安拉的使徒，马赫迪是我们的伊玛目"，但是这些银币都是由法国和意大利的伯爵、公爵甚至大主教铸造出来的，铸造的地方有法国的阿尔勒、马赛和意大利的热那亚。虔诚的法国国王圣路易对这种行为十分震骇，督促犹豫不决的教皇英诺森四世在 13 世纪 60 年代禁止这种实践，但是这种活动仍然在地下开展。

到了 13 世纪，大概有 30 亿的米拉雷在基督教世界里被铸造出来，以便在阿拉伯世界流通使用，换句话说也就是 4000 吨的白银。这相当于欧洲银矿开采巅峰期 25 年的白银产量。叙利亚、波斯尼亚、撒丁岛和波西米亚的整座矿都将其全部产量完全投入到米拉雷的贸易当中。难怪欧洲的银币遭遇越来越大的压力。在法国对于一枚银币最有利可图的做法就是将它带到南方重新铸造成一枚米拉雷，统治者发现在他们自己的王国里越来越难维持良币的供应了，结果他们自己也渐渐开始在流通货币当中掺假了。

阿拉伯世界到底怎样才能支付这么多的白银呢？很容易，他们用黄金支付。现在除了阿拉伯和亚洲中部的金矿之外又增加了穿越撒哈拉沙漠的骆驼队伍的产量，将金子从加纳源源不断运来。从这条路线运来的金子太多了，有时候在埃及金子和银子甚至和盐的价值差不多。现在你可以设身处地将自己放在意大利的统治者的位置上想一想。面对白银的极度稀缺，而大量的黄金却从你的商人臣民的手里源源不断地流出来，他们通过交换银制的米拉雷而获得这些黄金，那么对你而言最明智的事情莫过于转而开始自己铸造金币。所以威尼斯和热那亚在1252年开始这样做，一个世纪的时间里大部分欧洲国家都群起仿效。但是黄金的需求量这样激增，只会让黄金贸易变得更为利润可观。在1339年，这一年大部分的德意志统治者也开始铸造金币，1克黄金价值等于21克白银。而在叙利亚或埃及它至多只值10克或者12克白银。

这些非比寻常的贸易风潮，历史上叫作金银双金属流动（bimetallic flows），它们显得极其无意义。钱就是钱，不管它用什么材料制成。就像我说过的，如果贸易是人类古老的习性，让我们能从跨越距离的劳动分工当中获利，那么这种拿黄金换白银的交易又有什么意义呢？两样东西都不能当饭吃。如果通过某个超自然的事件，白银从来没有存在过，这样世间只有一种不受腐蚀的金属，那么这种双金属流动中所有那些浪费掉的精力和谋划都能得以避免，商人就能够专心致志地进行套利了，比如说拿小麦换取丝绸。双金属流动在中世纪就相当于货币市场。[7]

在伊尔约龙特和电脑贸易与索罗斯和科尔之间，存在着本质的差异，这个差异就在于：伊尔约龙特的贸易让双方都能从中受益，从日本装船运送过来的电脑卖到我手里，所以我现在可以敲出这个句子，同样也让买卖双方获利，但是货币市场的炒买炒卖行为却并不是这样。索罗斯先生的利润就是因为某个傻瓜政府认为它可以固定自己的货币汇率从而将利润直接转移到了他的手里。而科尔先生的利润则是从法国经济中直接转移来的财富，他采取有效的手段从政府那里偷走了银子。因为有劳动分工的存在，贸易就是非零和的过程；而如果没有劳动分工，那么贸易就是一场零和游戏。

只要比较一下

根据当代一个杰出的经济学家的看法，整个社会科学领域只有一个主张既是真理同时又非同小可。[8]这就是英国经济学家大卫·李嘉图的"比较优势法则"（Law of Comparative Advantage）。这一法则非常不符合直觉，因为它让人得出这样的结论：一个国家可以在某种产品上获得比较优势，即使它制造这种产品的效率比自己的贸易伙伴还要低。

假设市场上只有长矛和斧头这两种商品可用来交换。有一个部落，为了讨论方便起见，就叫日本吧，擅长制造长矛但更擅长制造斧头；另一个部落叫作英国，不擅长制造长矛但更不擅长制造斧头。表面看来，第一群人自己制造长矛和斧头，根本不需要操心贸易的事情，好像能够说得通。

但是我们可以稍微等一等。一把长矛的价值等于一定数量的斧头，我们就说一把长矛的价值等于一把斧头吧。所以每次第一个部落制造一把长矛，它就是在制造一件自己可以通过制造一把斧头然后从另外一个部落购买到的东西。因为第一个部落制造斧头比制造长矛所花的时间要少得多，那么制造一把斧头剩余的时间他就可以再多造一把斧头，而不是制造一把长矛，然后拿这把斧头去交换第二个部落制造的长矛，这样看起来才是比较明智的做法。同样，第二个部落也会这样推理。每次需要制造一把斧头，他其实都可以更快速地制造一把长矛，然后拿这根长矛和第一个部落换一把斧头而取得同样的效果。所以如果第一个部落专门制造斧头而第二个部落专门制造长矛，两个部落都可以从中获利，其结果要优于每个部落都设法自食其力。事实确乎如此，尽管第一个部落比第二个部落更擅长制造长矛。

这就是李嘉图的创见所在。大卫·李嘉图是个取得相当大成就的人。他 1772 年生于伦敦，父亲是个荷兰的商人银行家，他 14 岁的时候到父亲的公司里工作，后来爱上一个教友派的女孩，为了和她结婚，他就从犹太教改信教友派。22 岁的时候他创办了自己的公司，开始以 800 英镑的本钱投机股票市场。只用了 4 年的时间他就成了富翁，而在 20 年的时间里他发了大笔横财，他的资产到底是多少，大家有各种推测，估计有 50 万～160 万英镑。他的计策明显就是从其他投资者对新闻过度反应这个事实中获利：在新闻利好的时候他买进股票，然后在新闻不利的时候他再卖出，从其他投资者也会跟风这样做的事实当中盈利。1815 年他又发了一笔大财，从政府的证券市场大量购买证券，就是猜想惠灵顿会在滑铁卢战役当中取胜。[9]

当李嘉图作为激进派在 1819 年进入议会后，他很快作为下议院中最好的经济学家而声名鹊起，他在下议院中捍卫自由贸易这个事业，但几乎没有取得什么成功。他没有活到 1846 年亲眼看到《谷物法》的撤销。[10]

李嘉图的"比较优势法则"是个非常让人惊奇的想法，直到今天如果有政治家主张这一法则他们还会被人笑话。但是这个法则却极容易演示，所以它必定是正确的。温斯顿·丘吉尔是个体面的砖瓦匠——比很多砖瓦匠都要做得好（确实如此，他的手艺确实很棒），但是从一个专业的砖瓦匠那里购买大部分砌砖服务仍然让他获益匪浅，因为他是个更好的政治家。贸易政策的内涵在这里可以一目了然。即使日本比英国更擅长制造任何可以想象到的东西，还是会有一些东西日本可以从英国手里购买而获得利润，因为日本可以通过用自己擅长制造的东西来交换更多这些产品，这比自己动手制造获利更丰。[11]

我也许将这一点说得太啰唆。如果从1817年开始"比较优势法则"就已经广为人知，那么，你可能要问，为什么他宣布这个理论时大家感觉好像这是个新发现的见解？尽管这样，我的目的并不是要重弹反对贸易保护主义、拥护自由贸易的老调，这通常是针对大卫·李嘉图的讨论得到的必然结果，而是为了强调在集体层面和在个人层面不懈地实现专业化的美德。如果像我所说的那样，贸易已经持续存在了成千上万年，那么其原因就存在于大卫·李嘉图的比较优势当中。很多人类学的讨论都做出一个自给自足的假设。他们描述渔猎部落的男人成天蹲伏在大草原上，所有的需要完全依赖于自给自足。也许，他们承认丈夫和妻子之间的劳动分工，甚至在好的猎人和好的蜂蜜采集者之间也有劳动分工，但一个团体和另一个团体之间却并不存在这种劳动分工。我怀疑这是不是有失公平。我们怎么能不知道热带大草原不是很多不同类型的人类团体居住的家园呢？在坦桑尼亚的奥杜瓦伊峡谷现在屹立的湖岸附近，那里可能曾经生活着一些渔夫，忙于热火朝天的贸易，用芦苇编织的篮子同住在内陆捕猎大型动物的猎人交换骨头鱼钩，这些人又用兽皮和住在西部森林里的人换取石头，诸如此类的活动一直横贯整个大陆。

有充足的理论方面的理由让人相信集体之间的劳动分工要比集体内部的劳动分工更具有成效。单个成员之间彼此分享产品降低了每个个体所面临的物品短缺的风险。但是同住在远方的团体或者擅长不同活动的团体相比，整个团体更有可能同时面临资源的短缺问题。一场干旱可能就会让狩猎活动大受损害，但会让捕鱼变得更加容易。亚当·斯密关于劳动分工的古老论述在集体之内和集体之间同样适用。[12]

20万年前的时候石器工具从它们所在的采石场穿越了遥远的距离。到了大概6万年前，在所谓的旧石器晚期革命开始的时候，现代人类掌握了日新月异的各种新技术，他们从非洲蜂拥而出，取代了欧洲和亚洲更古老的人种，其他商品开始经常出现在距离它们的制造地大概一天多的步行距离的地方。到了3万年前的欧洲，镂空的贝壳主要被用作珠子项链，穿越内陆400多英里的路程，出现在墓葬物品或者其他类似的位置里。也许在同一时期不同居住地之间第一次出现专业化生产的证据也并非属于巧合。尼安德特穴居人都以同样的方式生活，他们的备用品在石器技术和艺术形式当中都开始展现出巨大的地方差异。它好像代表了李嘉图的比较优势的开始。[13]

即使我错了，即使团体之间的贸易出现得更晚，出现在有记录的历史开始的时候，它的发明还是代表了进化历史中少有的一个重大时刻，智人无意中发现自己较其他种族具有的一些竞争方面的生态优势，这些优势真正为自己所独有。自然界根本就没有其他动物可以利用集体之间的比较竞争优势。在集体内部，如我们所见，劳动分工在蚂蚁、鼢鼠、垂耳鸦中间都得到完美的利用，但并不是在集体之间。

大卫·李嘉图解释了我们的祖先在很多年前发明的一个诀窍。比较优势法则是我们人类手里掌握的一张生态王牌。

第 11 章

作为宗教的生态学
与自然和谐相处比预料的要更为艰难

好的牧羊人为了羊群不惜牺牲生命。但如果他是雇工,不是牧羊人,羊群不属于他所有,那么看到狼来了,他马上丢下羊群,拔腿就跑,然后狼赶上来,驱散了羊群。雇工逃跑了,因为他不过是个雇来的人,根本就不管羊群的死活。

——《新约·福音书》,圣约翰书,10:11-13

杜瓦米许印第安人的领袖，西雅图酋长在1854年针对华盛顿州的总督发表了一篇著名的演说。总督代表美国总统富兰克林·皮尔斯提出购买酋长的土地。西雅图发表了一份长篇演说作为回应，这篇演说足以令人羞愧难当，今天它已是所有环境文学中最广为引用的篇章之一。它预言了现代环境保护哲学的几乎每一个问题。这场演说的版本有很多，相互之间有点细微的差别，其中最为感人的版本就是艾伯特·戈尔在他那本《濒临失衡的地球》中加以引用的版本：

　　　　你怎么能买卖天空？买卖土地？这种想法对我们来说简直闻所未闻……对我们来说，这片地上的每一寸都神圣无比。每一根闪闪发亮的松针，每一片海边的沙滩，每一阵黑森林里的薄雾，每一片草地，每一群嗡嗡的昆虫，所有这些在我们的记忆和经历里都充满了神圣……我们教给子女的这些知识，你会不会教自己的儿女？你会不会教他们说这片土地是我们的母亲？降临到这片土地上的一切也降临到这片土地儿女的身上。我们知道的就是：

大地不属于人类，人类属于大地。所有的一切都相互联系，就像把我们联系在一起的血缘亲情那样。人类并不能编织生活的网，人类只是这张网中的一根绳子而已。不管人类对这张网做了什么，都是在施诸己身。[1]

戈尔认为，这体现了美国原住民宗教当中所包含的"关于我们与大地之间关系的丰富多彩的思想"。对戈尔和今天的很多人来说，尊重地球[⊖]并不只是明智的想法，而是一种美德。怀疑这一点就是罪过，"我们每个人都需要评估自己与自然界之间的关系，并且在个人诚信的最深层，重新开始一段与自然界之间的联系……我们可以从信念开始，这对我来说就如同一种精神上的陀螺仪，按照自己的圆周进行旋转，里外达成一种稳定的和谐状态"，他这样宣传道。[2]

他有很多持相同观点的同伴。我们可以听一听那些著名的精神生态学提倡者所说的话。"建立一个环境上可持续发展的未来取决于重建全球经济，人类生育行为中的重大转变，同时在价值观和生活方式上做出巨大改变"，这是莱斯特·布朗说的，他是美国最主要的环境问题专家。乔纳森·波里特这个同样著名的英国环境问题专家写道："如果我们不去发现并学习按照一种全新的使命感来生活，而且这种使命感必须和我们这个新时代以及我们所面临的生态挑战相适应，那么我很怀疑，我们到底能不能治愈人类的精神创伤。""除非现代人严肃审视自己的生活方式，否则现代社会无法解决其所面临的生态问题……生态问题的严重程度让人的深层次

[⊖] 在英文中大地与地球都是"earth"，对于没有现代地理学知识的美国原住民，这里的"earth"指大地，而戈尔所讨论的环境问题指的可能是地球，因此在翻译上做了区分。——译者注

的道德危机变得一览无遗",教皇这样认为。"我个人相信,我们要将科技方面的能力和精神方面的再调整结合起来,因为无法更好地表达此意,我只好使用精神再调整这个词,我们必须有这样的认识,某些道理是亘古不变的",威尔士亲王这样说。[3]

要实现这些目标并非轻而易举之事,他们都在号召改变人类的本性。如果这样的生态乐观主义都有充足的理由,那么我这本书的论证就要轰然坍塌了,人类就不是精心设计的、只有当合作的策略有助于启发人们的自私心理时才会寻找这些策略的计算机器了。所以,如果西雅图酋长确实信奉他自己的哲学,认为人与自然是兄弟手足,我就负有极大的解释重任。借用一句卢梭的话,生态学上的"高贵野蛮人"同我描绘的画面完全不一致。

可惜,这个酋长的先见完全是虚构出来的。没有人知道那天他到底说了些什么。唯一一份报道还是30年之后才写出来的,内容是他赞扬伟大的白人领袖慷慨解囊购买了他的领地。整场"演说"都是现代虚构出来的杰作,是编剧和电影教授特德·佩里在1971年为美国广播公司写的电视剧脚本。尽管很多的环保主义者,包括戈尔在内,都喜欢假装另一套说辞,但西雅图酋长终究不是一个环境保护者。从我们对他所知不多的一些事实来看,他是个奴隶主,并且把他的所有敌人几乎全都赶尽杀绝。就像西雅图酋长这件事所展示的那样,与自然和谐相处的整个概念都建构在一厢情愿的幻想之上。[4]

宣扬和实践

除非极力提醒自然的残酷无情,否则人们都倾向于把野生动物浪漫化，只看到其中的慈善而忽略当中的邪恶。恰如乔治·威廉姆斯所强调的，很多罪行至少在效果上（如果不考虑动机）等同于谋杀、强奸、食人、杀婴、欺骗、偷窃、折磨和种族灭绝，这些不仅是动物常犯的罪行，而且几乎就是它们的生活方式。地松鼠习以为常地吃掉小地松鼠；绿头鸭习以为常地在轮奸鸭子的过程中将其淹死；寄生蜂习以为常地将猎物从里到外活活吃掉；大猩猩——我们最近的亲属习以为常地追求集体战争。但是，正如本以为客观的关于自然的电视节目反复显示的那样，人类根本就不想知道这些事实。他们删改自然，竭尽所能地夸大渲染有关动物美德的哪怕最细小的暗示（例如海豚救助落水的人，大象为死去的同类伤心，等等），然后抓住一切机会暗示正是人类在某种程度上引发了动物反常的残忍行为。当人们最近发现海豚攻击苏格兰海岸不远处的鼠海豚时，动物"专家"将这种"反常行为"归结为某种污染带来的结果，而对于这种主张他们也承认自己并没有发现任何证据。我们总是将负面因素清除并将正面因素加以煽情和渲染。

　　我们对待原住民采用的也是同样盛气凌人的感伤主义态度，就像"高贵的野蛮人"那个经久不衰的神话所显示的那样。但是在卢梭生活的时代这个神话和社会美德相关，而在今天它则以生态学的形式出现。在伦理学的层面，主张对地球上资源加以可持续地利用已经变成一个道德君子的决定性标志。在今天，表达对环境的情感可以保证政治正确，就好像表达以公共利益取代任何形式的偏见一样：尊重少数派的利益，对违法和贪婪行为的憎恶，对人们本性善良的信仰，坚守成功的黄金法则，等等。在今天我们赞成污染就好像在13世纪时赞成撒旦一样可耻。正如我在前几章当中一再强调的那样，如果因为进化方面的合理原因，人类一直热衷于以集体利益取代道德教化（尽管不一定付诸行动），那么人类一有机会就抓住政治问题来表达这种天性也就不足为奇。其中一种最为有力的途径就是表达这种自然保护的道德观，为鲸鱼和雨林的命运悲伤，不赞成发展、工业化和增长——将我们的祖先（和比我们生活更为原始的同时代人）在这方面如何比我们更具有道德感描绘成一幅美好的画面。

这当然是一种伪善。正如我们希望其他人受到伤害之后都能以德报怨，而自己的亲人或朋友一旦受伤则睚眦必报，正如我们高调弘扬道德却鲜少付诸行动，环保主义也是我们宁可高调宣扬也不愿付诸实践的东西。好像每个人都想为自己找到一条崭新的道路，但是却很少有人愿意出力修路。每个人都想再要一辆车，却希望路上的车辆越少越好。每个人都想生两个孩子，却希望人口增长率维持在较低水平。

"美国本土原住民有一套环保主义的伦理，防止他们过度利用自然"，这种想法只是西方人最近的一个发明。在电影《最后的莫西干人》中，丹尼尔·刘易斯扮演印第安人钦加哥的儿子，电影开头的场景里，钦加哥对他儿子杀死的一头鹿说："我的兄弟，我们杀死你，也感到很难过，我们对你的勇气、速度和力量表达敬意"，他其实犯了时代错误。在21世纪之前，还没有证据表明这种"感谢死去动物"的仪式是印第安人民间传说的一部分。即使印第安人真这么做，无论杀死它的人如何表达歉意，这个动物也不会因此就死得其所。

传统的看法总认为，印第安人和自然融为一体，尊重自然，忍耐自然，神奇地与自然保持协调一致，并且坚决地悉心管理呵护自然，以便不损害他们的猎物储备。而考古遗址却一再对这些令人安慰的神话提出质疑。即使狼也总是杀死年老或非常年幼的动物，而印第安人杀死的麋鹿却总是处在盛年。他们杀死的母牛数量要远远超过公牛,很少有麋鹿能活到今天这样大的岁数。生态学家查尔斯·凯总结说,根本就没有证据证明北美的土著人保护大型猎物。其实,将过去和现在的蔬菜植物进行对比,他认为在哥伦布登上美洲大陆之前,在落基山脉的大片地区,印第安人几乎将麋鹿猎杀到绝种。虽然这种极端的结论仍然存在争议,但我们确切知道的是,在整个北美地区,除了两个交战的部落宣称归自己所有的领地以外(他们之间的战争也围绕着狩猎进行),白人发现这里的大型猎物出奇地稀少。如果保护猎物带有精神上和宗教上的强制力,那么这些禁令也毫无成效。其实,凯紧接着说,宗教和巫术的仪式甚至让情况变得更糟糕:

> 因为美洲原住民看不到猎物数量和他们的狩猎活动之间的联系,宗教信仰的体系其实促进了对有蹄类动物的过度捕猎。对动物的宗教崇拜并不等于对它的自然保护。[5]

但是这类神话继续流行,常常是因为外在的原因,那就是说教被看得比实践更加重要。一个印第安人权益捍卫者说,我们说亚马孙地区的印第安人保护自然,即使这和实际情况并不相符,我们还是要继续说他们保护自然,因为"有关原住民和各传统民族不符合生态学的活动的任何证据,都在削弱他们对土地、资源和文化实践的基本权利"。[6]

石器时代的大灭绝

我们那些原住民的和传统的祖先在上一个冰河世纪及随后的时间一路

促使地球上很多物种走向灭绝，他们对自然环境造成的破坏，现在都已经变得无比清晰。11 500 年之前，与北美第一批人类到来同时发生的事情是，73% 的大型哺乳动物很快就走向灭绝。那些庞大的野牛、野马、短面熊、猛犸象、乳齿象、剑齿虎、大地獭和野生大象全都消失了。到了 8000 年前，南美洲 80% 的大型哺乳动物也走向了灭绝——大树獭、大犰狳、大羊驼、大水豚、像马一样大小的羚羊等。

这就是人们所知道的更新世过量捕杀。我们当中有些感伤主义者仍然极力坚持说是气候变化而不是人类活动带来这些毁灭，或者我们人类不过是对这些行将毁灭的动物施加了最后的致命一击而已。人们总要一厢情愿地寻找一个理由来相信气候改变，这种愿望如此强烈，真让人难以置信。但是人类到来以后，很多动物即趋向灭绝，加上冰河世纪开始和结束之前气候一直变化无常这一事实，以及这些灭绝的力量具有的奇特的选择性——总是挑大型动物加以灭绝，所有这些纯粹的巧合，其矛头却都指向我们人类。我们还可以找到直接的证据：例如被屠戮的动物的尸体里有深埋进骨头里的克洛维斯人所用的矛尖。确实，我们在非洲和欧亚大陆没有发现这样突然爆发的大型哺乳动物灭绝的事件，在欧亚大陆捕猎猛犸象的活动持续了大概有 2 万年之久——但是猛犸象和多毛犀牛最终在欧亚大陆和在北美一样遭到了灭绝的命运。此外，由于与人类这种食肉动物一起生活了上百万年之久，非洲和欧亚大陆的动物群已经适应了人类。那些更加脆弱的动物种类很可能早已经灭绝了，而那些生存下来的物种可能已经学会对我们远远趋避，或者成群结队地迁徙到别的地方。值得注意的是，在北美洲那些没有在更新世过量捕杀中遭到灭绝的大型哺乳动物中，大部分都是和人类一道跨过欧亚大陆桥的动物，如大角麋、麋鹿、驯鹿、麝牛和棕熊等。"动物是自行消失了，还是我们将其杀光了？"科林·塔奇在《前天》(*The Day Before Yesterday*)这本书里问道，然后他自己回答说："当然是我们将其杀光了。"[7]

在世界其他地方，人类足迹近年来才突然驾到，他们所带来的生态效果也是毁灭性的——不论其气候条件如何。人类这个物种犯下的罪过已经无须怀疑。我们可以看看马达加斯加岛，在这里至少有17种不同的狐猴（所有在日间活动的狐猴重量都达到10公斤以上，其中一种狐猴和大猩猩一样大小），还有令人叹为观止的隆鸟——其中最大的隆鸟重达1000磅，在公元500年左右，人类第一次对这座岛屿开始殖民后，这些动物在几百年的时间里死亡殆尽。这个历程在整个太平洋地区重复发生，都是出自波利尼西亚人之手，其中最为壮观的景象就是仅仅600年之前发生在新西兰的事件，最先到达那里的毛利人停下脚步，一路吃过去，将所有12种巨型恐鸟（其中最大的重达500斤）全部吃光，然后绝望地开始吃人。在奥塔哥附近的一个恐鸟屠宰点，至少有3万只恐鸟在短期内遭到杀戮——平均有1/3的恐鸟肉被留在那里任其腐烂，只有最好的腰腿肉被毛利人割走。整个整个的烤箱⊖，里面还有烤熟的恐鸟的腰腿肉，被随意丢弃在那里根本没有打开，说明那时恐鸟肉的供应量是多么的充足。不仅仅是恐鸟，新西兰所有原生的陆地鸟儿有一半都绝了种。

在夏威夷岛，我们现在知道这里生活着大约100种独一无二的夏威夷鸟，其中很多种鸟儿体型巨大，不能飞翔。然后，大概在公元300年，

⊖ 这里指的是毛利人的一种叫"hangi"的烹饪方式，挖一个大坑，将烤得滚烫的石头放进坑里，再放入肉类，最后加盖。在恐鸟还活跃的时代，毛利人并没有现代意义上的烤箱。

一种叫作人类的大型哺乳动物开始抵达这里。在很短的时间内不少于一半的夏威夷鸟类遭到了灭绝。1982年一个考古遗址被发掘出来，当这一事实第一次被人们所认识到的时候，夏威夷原住民认为这是个巨大的耻辱，因为多年来他们一直都在争辩是库克船长的到来才破坏了群岛上人与自然之间和谐一致的关系。总之，像波利尼西亚人对太平洋诸岛进行殖民一样，他们灭绝了地球上20%的鸟类。[8]

灭绝澳大利亚的大型哺乳动物所花的时间相对要长一点。但是在第一批人类踏上澳大利亚大陆之后不久，很可能是在6万年之前，整个大型动物的群落就消失了——有袋的犀牛、大型双门齿兽、伐木兽（tree fellers）、有袋的狮子、5种大型的袋熊、7种短面袋鼠、8种巨型袋鼠和一种200公斤重、不会飞翔的鸟儿。即使活下来的各种袋鼠在数量上也急剧减少，这是一种对过量捕猎行为的典型生态回应（给猎物带来压力，迫使它们在很小的时候就开始繁殖）。

美洲、大洋洲和太平洋诸岛上的动物群体都很单纯，不知道惧怕人类，记住这一点很重要。如果人们真想保护动物，光是上面这一点就会让保护工作变得更容易。驯养或者半驯养动物会变得很简单。我们可以看一下人类首次登上这些领土时，关于豪勋爵岛上这一原始动物群的描述。这里不同寻常的是，首次登临的人都是惯于航海的欧洲人，而波利尼西亚人并没有发现这座岛屿。

一个船队的成员曾经这样写道，这里曾经有一种奇怪的棕色鸟儿，大概有英国的秧鸡那么大，就在我们的周围到处走来走去，完全不怕人，也不关心人，所以我们不需要做别的事，只要一动不动地站在那里等一两分钟，然后用一根短树枝就能打到一只，爱打多少只就打多少只。如果你甩树枝而没有打到它们，或者是击中它们却没有打死它们，它们也从来不会试图飞走，好像都没有这样想过……很多鸽子也和上述描写的鸟儿一样温顺，它们静悄悄地站在树枝上，直到你走过去用手将它们捉下来……[9] 我们可以想象一整座大陆充满这样的大型哺乳动物，会是怎样的情形。但是我们的祖先并没有驯化或好好管理听话的北美猛犸象或南美相信人类的巨型树懒。他们将这些动物赶尽杀绝。在奥尔森 – 楚博克（Olsen-Chubbock）这座科罗拉多州古代野牛大屠杀的遗址，人们经常将大群的野牛赶下悬崖，在一场成功的驱逐之后野牛这种动物堆成一座座肉山，只有最上面的野牛遭到屠杀，只有最好的关节肉被从牛身上割下来。这就是所谓的生态环境保护者！[10]

羊圈里的狼

这种生态学的短视行为并不仅仅限于猎人而已。在世界很多地方，古代那些只有简单工具的人却对森林拥有令人震撼的巨大影响力。太平洋东部的复活节岛原来是一片草木茂盛的森林，可以提供木材供人们制造捕鱼的独木舟，为陆地诸多鸟类提供食品，为30多种海鸟提供繁殖地，而在1000年的时间里波利尼西亚人将这座岛屿变成一座没有树木、贫瘠不毛并且大部分地区没有一只鸟儿栖息的荒地，饥荒、战争和食人行为在这里盛行，巨大的石料矗立在采石场里无人问津，因为缺乏圆木而无法将这些石材运到预定地点。约旦的佩特拉原本是一座位于浓密森林地带的繁华城市，直到人口的压力最终将其变成一片沙漠。玛雅帝国将尤卡坦半岛变成灌木丛，最终致命地伤及自身。新墨西哥的查科峡谷在摩天大楼兴起之前是北美地区最宏伟建筑的所在地：这建筑有 650 个房间和 20 万根巨大的松木做成的横梁。但是它却在西班牙人到来之前就被遗弃，它的位置让人迷惑不解。它坐落在一个没有水的沙漠里，其中超过 50 英里的区域内根本没有一棵松树。考古学发现建造它的阿纳萨奇人不得不长途跋涉寻找木材，最后修建了一条 50 英里的道路，专门用来将松树的圆木拖到越来越遭到侵蚀和干涸的地点。最后他们用光了木材，他们的文明也随之衰落。那里的森林再也没有恢复过来。[11]

历史上有大量的证据证明只是由于科技或需求的限制，而不是因为有自我节制的文化，才让部落人民没有过度开发他们的环境。现代原住民的环保实践活动也不像浪漫的宣传图册让我们相信的那样是一片美丽景象。它还是一如既往地宣扬说原住民小心地节约使用资源，小心地遵守限制，小心地实行约束，通过宗教和仪式的奉行来调节这些目标。理查德·纳尔逊写道："依我看来，人种记录支持这个结论，即美洲原住民中有环境保护的传统、严格管理土地的制度和以宗教为基础的环境伦理，它们广泛存在并且获得良好发展……我们需要重新发现这个与生命相关的深层次联系，它也许建立在精神信仰的基础上。"[12]

实际上每个有关热带雨林里居住的原住民的电视节目都在重复这个主张及其推论，那就是只是近年在西方，人们才开始改变方向，背离了精神上与自然和谐一致的良好传统。我举一个例子，在撰写这个章节的时候我看到一档电视节目，是讲厄瓜多尔的麝雉，我听到画外音这样说："保护一个物种以备将来之需，这是个实用的哲学，所有的猎人都能理解。"

神秘主义无疑在原住民的生活中扮演着极其重要的角色。有些动物被认为可以给人带来好运气，另有一些动物据说只会带来厄运。在一场狩猎活动之前或者之后人们会举行复杂的仪式。山脉被认为富有感情。某些动物是禁忌，尽管它们好像也可以食用。在一场重要的狩猎活动之前人们可能会禁欲或者节食。所有这些都真实存在，但有没有哪一条真的起作用？就像莎士比亚戏剧《亨利四世》中的霍茨波在非常自负的格伦道尔面前宣称他可以从广漠无边的地狱招来鬼魂时所说的那样："这有什么了不起，我也能，或者说任何人都能做到。但是你真的召唤它们的时候，它们会来吗？"即使宗教的道德规范是要求环境保护，但人们并不总是按照自己的理想行事。基督教宣扬美德，但是很少有基督徒没有犯一点罪过。即便有的地方实行的仪式真好像是喜欢环境保护，那也只是出于巧合，而不是有意为之，这样解释更加合理。

例如，魁北克的克里族人根据肩胛骨占卜术——主要是读取烧过的驯鹿肩胛骨上的神秘符号来围绕自己的居地不断调整狩猎范围。那些解读肩胛骨的萨满巫师，神奇地告诉猎人不要再去那些由于遭到过度捕猎导致大型动物急剧减少的地区。这样一来就让猎人表现出节制，让大型动物的数量得以恢复。但是我们在细想之后就会发现，这样的例子简直漏洞百出。避免到动物急剧减少的地区捕猎，用最自私最直接的原因——因为那里根本没有什么猎物可捕也同样可以说得通。萨满巫师所做的不过是将自己从猎人那里收集到的哪些区域里猎物急剧减少的信息再传递开来而已。那些肩胛骨根本就无关紧要，它们只不过是增加了巫师这种法术不可或缺的神圣光环，就像律师满嘴所说的那些华而不实的辞令一样。

目前针对亚马孙地区的印第安人开展了四项研究，直接测试他们的环境保护伦理观，设法找到证据证明在他们的狩猎行为模式当中有系统性的限制，防止对大型动物的过度捕猎。所有四项测试都否定了这个设想。雷·哈姆斯（Ray Hames）发现，对雅诺马马人和耶克瓦那（Ye'kwana）族的猎人来说，哪里的大型动物多，他们花在那个地方打猎的时间就越长。因为这些地方一般都离他们居住的村庄更远，这些猎人通常都要穿过那些猎物稀少的地区以到达他们的捕猎地点。如果他们是在践行环境保护理念，那么他们在穿越这片动物稀少地区的路上，如果遇到任何大型猎物，他们肯定会视而不见，可是他们并没有这样做。在这片动物稀少的地区里偶遇动物时他们总是无一例外地穷追不舍，只要这动物足够大，值得他们花费时间精力和弹药储备。[13]

迈克尔·阿尔瓦德在对秘鲁的皮罗（Piro）族人研究时也发现了同样的模式。带上他们的猎枪（当地的传教士所提供）和弓箭，这些印第安人杀死了貘、野猪、鹿、水豚、蜘蛛猴、吼猴、刺豚鼠和凤冠雉。即使在靠近村庄的动物稀少的区域，他们也没有表现出丝毫系统性的节制，尽管他们在捕猎的路上确实忽略掉较小的动物，那只是为了节省珍贵的弹药。[14]

威廉·维克尔斯研究厄瓜多尔的西奥纳－塞科亚印第安人（Siona-Secoya）长达15年之久，收集了1300种他们猎杀的动物的记录——这是针对亚马孙地区猎人所整理出的最大的数据库。他最近重新分析了这些数据，以寻找一种动物保护伦理的证据。他得出结论说，他们根本就不会实行动物保护，因为根本就无须这样做。他们的人口密度非常低，科技水平也非常有限，根本难以造成当地动物的灭绝。就这一点而言他们的活动是可持续的，但根本就和他们的宗教信仰和仪式信念无关。一个好的萨满巫师据说可以通过咒语来修复某种动物的数量短缺，而不是告诉猎人去少杀动物。只是在近些年，在白人殖民者和经济发展的压力下，他们才开始考虑在日渐萎缩的森林里保护动物的必要性。但他们这样做是理性思考的结果，而不是拜宗教信仰所赐。维克尔斯说，动物保护并不是一种生存本能，而是对新的环境的理性回应。[15]

阿林·麦克林恩·斯蒂尔曼发现，玻利维亚的育魁（Yuqui）人完全是些投机分子。他们实际上更喜欢猎杀怀孕或者带着小猴的猴子——因为它们更容易捕捉，而且猴子的胎盘据说是种美味。他们常常漫不经心地残忍对待受伤或者捕获的动物。他们用巴巴斯可毒素捕鱼，这种毒素会不分青红皂白地将一池塘或一个U形湾里的鱼儿全部杀绝。而且为了得到成熟的果实，他们会毫不犹豫地将一整棵树全部砍倒（他们在过去常常迫使俘获的奴隶爬树），带来的后果就是现在有些地区的果树非常稀缺。[16]

具有卢梭式浪漫情结的人宁可相信那些育魁人某种程度上是畸形反常的——他们是邪恶的印第安人，而不是善良的印第安人。但斯蒂尔曼说，这是更加危险的政治权术。这种权术威胁说，印第安人能否拥有一块土地，主要取决于他们能否通过某种生态美德的测试，但没有人应该被强迫通过这样的测试。"我们不是爱自然的人，"原住民运动的一位领袖尼康诺·冈萨雷斯（Nicanor Gonzalez）说道，"原住民团体的传统词汇中从来就没有过环境保护和生态学这样的概念。"[17]

卡亚波（Kayapo）印第安人的例子尤其让人感到辛酸。这些居住在巴西中部地区的人被卢梭式的浪漫主义者解读为开明的森林卫士。这些浪漫派认为他们不仅仅保护大片林地，并且自己种植大片森林，即那片被辟为印第安人保留地的叫作阿派特斯（apetes）的草地，专门用来保护猎物和其他珍贵的物种。在这篇报道的大力宣扬之下，他们获得了一片2万平方英里的保留地，叫作孟克拉哥诺提（Menkragnoti）。流行歌手斯汀捐赠给他们200万美元，用于建立这片保护区。但几年内他们就开展了一个狂热的项目，将这片土地的特许权卖给金矿矿主和伐木工人。

美德的召唤

　　这并不是在谴责印第安人。我现在舒舒服服地坐在家里，依靠大量的矿物燃料和各种原材料来维持我的日常需求，然后仅仅因为一个印第安人发现自己有必要卖掉一些便宜的木材换取现金，然后用这些现金购买生活必需品，就对他们态度粗鲁地横加指责，这样做未免显得太过刻薄和虚伪。印第安人天生拥有大量关于自身生存环境的自然历史的知识储备——这种环境当中存在的危险、机遇、药材的质量、季节变化和各种标记，这一点我永远无法望其项背。由于物质生活方面的贫乏，比起我而言，他们在各种可以想象的方面都是个更优秀的环境保护者。他们在这座星球上留下的是更小、更自然的印记。但这是因为他们所居住的环境中存在经济方面和技术方面的局限造成的，而不是因为他们与生俱来的一些精神方面的生态美德。如果给他们一些武器用来破坏周围的环境，他们也会和我一样毫不犹豫地使用它们——也许其效率比我还要高得多。

　　那么我们为什么要破坏环境呢？答案听起来非常熟悉。环境的破坏是由一种囚徒困境造成的，只不过这种囚徒困境是很多人一起博弈，而不是两个人之间的博弈。囚徒困境当中的问题是如何让两个自私自利者为了更大的利益相互合作，同时要设法避免牺牲他人利益以让自己获利这样的诱惑。环保主义正面临着这样的问题——怎样去防止自私者不顾其他更为他人着想的居民的利益而制造污染、废物并肆意浪费资源。因为每次有人想努力节制的时候,他其实都在让不怎么考虑他人利益的同类占了便宜。我的节制其实就是为你创造机会,恰如囚徒困境中所面临的情况一样,只是这次游戏变得更难玩,因为参与博弈的人更多,而不只是两个人。

难怪环保主义人士出于本能不断呼吁改变人类本性(或者说人类价值观,他们更喜欢这样称呼它)。他们总是喜欢假想人类本性中的自私可以通过苦口婆心地劝人行善来加以摒弃,就像我们在第 7 章中谈到的那样,苦口婆心地呼吁人们及时行善本身就是强有力的人类本能,但响应这样的号召却不是人类的本能,他们需要一套全新的、更好的价值观来加以引导。要让这个千百年来的呼唤显得更为可信,就需要解释这种自然生态的美德怎么会来到我们那些野蛮的祖先身上。像卢梭一样,他们假设贪婪也是后来某一天突然随着资本主义和技术进步一道出现的。他们呼吁,随着人类和自然之间的精神和谐被重新发现,我们要将贪婪这种倾向压制回去。

但是我们似乎可以确信无疑的结论是,在人类这个种族中,从来就没有本能的环保主义伦理——我们不会天生想去发展并传授节制的生活实践。所以环保伦理学的教授应该无视人类的本性,而不是与之相协调。它们并不是天生的。我们大家都知道这一点,不是吗?然而我们都执着地希望在自己心中某个地方找到一个保护生态的高贵野蛮人,喊出正确的口号和咒语。这个高贵的野蛮人并不存在。就像波比·路和约尔·海农所说的,"这些主要依靠普遍的和分散的团体利益形成的自然保护哲学,可能注定要失败,因为在自然保护管理中缺乏个人或亲属的利益。如果我们说错了,那我们感到很高兴,但是我们怀疑,我们根本就没有说错。"[18]

但是我们还是要鼓起勇气!毕竟,囚徒困境最终并不是人类自私行为的经典解释，情况恰恰相反。如果反复坚持并且有所区别地重复试验，那么这个博弈总是倾向于让良好公民获胜。那些比较好的策略，如"以牙还牙""巴甫洛夫"和"坚决但公平的策略"最终会战胜卑鄙的策略赢得胜利。也许博弈理论也可以用来拯救环保主义者所陷入的困境。也许它可以为自然世界中以自我利益为重的掠夺者找到一条出路，以阻止自己去杀死那些会下金蛋的鹅。

第 12 章

财产的威力

人们发现这里没有政府的干预

第一个圈起一块土地然后说"这块地属于我"的人发现人们这样单纯,居然相信他的话,这个人是民间团体的真正奠基人。如果有人在那时把他打下的界桩拔掉,把他所挖的沟填平,然后对同胞大声说:"大家千万不要听信这个江湖骗子的话,如果你忘了大地上的果实属于每一个人,地球不属于任何一个人所有,那么你就会误入歧途!"果真这样,那么人类社会多少罪行、战争、谋杀,多少痛苦和恐惧都能得以避免。

——卢梭,《论人类不平等的起源》,1755 年

给一个人一块荒凉的砂砾地让他拥有,他就会把这片砂砾地变成一座花园,给他一座花园 9 年的租借权,他又会将其变成一片沙漠……财产的魔力足以点沙成金。

——阿瑟·杨格,《旅行》,1787 年[1]

缅因州那礁石林立、形状极不规则的海岸是龙虾的理想栖息地。它们大量聚集在离海滩不远的寒冷的深水湾里。几百年来它们一直被人撒网捕捞，成为波士顿和纽约富人餐桌上的美味佳肴。原则上来说每个人都可以到这里来捕捉龙虾。证书很便宜，随时都可以到州里领取，所以进入这个行业根本没什么法律上的门槛。也没有什么规定限制一个渔夫可以捕多少龙虾，只要他不去捕那些处在繁殖期的母龙虾或者小于一定尺寸的龙虾即可。龙虾的利润可观，捕虾的装备也比较简单。

换句话说，爆发一场环境灾难的所有因素都已经具备。为了获得更多的利润，一个新入行的渔夫总是要多付出力气以获得丰厚回报，即便龙虾库存难以承受由此带来的压力。这还是那个古老的囚徒困境在作祟——因为如果他不去这样做，其他人也会这样做。但是缅因州的捕虾人的生意至少到最近为止还是很兴隆。他们并没有过量捕捞龙虾，每年捕捉的量大致相当——大概1600万～2200万磅[一]，并且一直持续了50年。他们是怎样

[一] 1磅＝0.4536千克。

避免灾难的呢？

答案是个简单的词：财产权。就法律准则而言，我们已经说过，任何人可以在任何地方捕虾。这些捕鱼场地并不属于私人所有。而在实践当中，在你着手捕虾之前，就有人郑重向你建议，让你三思而后行。整条海岸线被划分成一系列的领地，每一段领地都属于一个特定的"港口帮"所有。尽管将别人的渔网与上面的浮标割断是违法行为，但是任何随意闯入的捕鱼人都经常遭受这样的惩罚。虽然这里并没有法律上的界线，但每个渔民一看海岸上的地标马上就清楚地知道他和其他团伙里的成员到哪里为止就要停止下网。这些领地如此精确，以致只要勤快地问问现在那些捕虾人，一张准确的地图就可以被绘制出来。

这些领地属于这一伙人共同所有，并不是单个人的私有财产。如果是属于个人的私有领地，这套系统就无法运作，因为龙虾在不同的季节会不断迁徙，私人可以打理的一小块领地面积实在太小，根本无法作为可靠的龙虾产地。相反，这伙人当中的成员在不同的季节里会把渔网移到共有领地的不同地区，有可能覆盖到 100 平方英里。

但是，从 20 世纪 20 年代开始，这伙人共同拥有领地的划分方法就逐渐开始发生了变化，这是急剧增加的人口和日新月异的技术带来的后果，让人很容易就能越过原来的界限捕虾而不受任何惩罚。很多原来的领地现在只在靠近中心的位置有人加以防御，而边界的地方就变成任何人都可涉足的捕捞场。这些"核心领地"里的龙虾变得越来越小也越来越少，渔民因此获得的利润也日渐减少：一年只有 16 000 美元，而在边界地方捕虾则能赚到 22 000 美元。换句话说，核心位置的领地现在已经变成人人可以去的渔场，就像所有公共渔场那样，这些地方马上开始出现过度捕捞的迹象。

但是，这个缅因州龙虾故事的最特别之处，并不是它那日渐恶化的状态，而是直到今天它还能这样良好运营，既没有政府的强制和管理，也不存在个人的私有产权（尽管有共有产权存在）。[2]

公地所有者的权利

为什么会这样？上一章里透露出的让人灰心的信息就是根本就不存在诸如生态美德这样的东西。高尚的野蛮人与其说作为环保主义者存在，还不如说只存在于卢梭的幻想当中。但是缅因州的捕虾渔民却明显维护了集体的利益。这里好像存在一个矛盾，需要我们加以澄清。

在很多人之间展开博弈的囚徒困境被称为"公地悲剧"。当克洛维斯人一起出发去彻底消灭猛犸象的时候，我们可以想象一下要为此事负责的人会有多傻。如果其中有个人说："不，我不会去杀那头母猛犸象，因为她还有一头小猛犸象要抚养，我一定不能伤害这样的种畜。"那么他怎么知道下一个到来的印第安人不会另有打算呢？如果他空手而归面对饥肠辘辘的家人，而另一个人却恰好将他拒绝杀死以解决家人饥饿问题的那头猛犸象杀掉，满载肉食而归，这样让他看上去显得多么愚蠢。一方所展现出来的合作，也就是节制，恰恰为另一方创造了机会。那些理智的人将会——并且确实杀死地球上的最后两头猛犸象，因为他知道如果他不这样做，其他人还是会得到这两头猛犸象。

这个简单的困境是对提供公共财产所面临的难题的确切反映，比如说谁会花钱建造一座灯塔（参看第6章）——这个难题几个世纪以来一直广

为人知,但是第一个用数学术语将其表述出来的是斯科特·高登,一个关注捕鱼业的经济学家,他在1954年这样写道:

> 人人所有的财产其实就是每个人都得不到的财产。所有人都可以得到的财富不会有任何人珍惜,因为如果有个有勇无谋的莽汉痴心等待合适的时机来使用这笔财富,最后他就会发现其他人早就把它拿走了。庄园里的牧童丢在身后的草叶对他来说毫无价值,因为明天一到这些草叶可能就会被另一只动物吃掉;留在地下的石油对钻探工来说毫无价值,因为另一个钻探工可能会合法将其开采出来,海里的鱼对渔民来说毫无价值,因为如果今天他没有捕到这些鱼,没人能够保证这些鱼明天还在那里等着他去捕获。[3]

高登说,解决问题的方法就在于将这些资源私有化或者国有化,对它的开采和使用进行管理。在实践当中,只有国有化对渔业来说才行得通。

14年之后,一个叫作加勒特·哈丁的权威生物学家在筹备一场关于人口增长的讲座时重新发现了这个思想,然后他将其命名为"公地悲剧",这个名字从此就一直沿用了下来。哈丁的目标并不是要设法解决这个问题,而是要支持对生育权加以必要的限制。他写道:"'强制'现在对于很多自由人士而言是个肮脏的字眼,但我们并不需要永远这样去看这个词。"

为了说明他的观点,哈丁选择了中世纪公共用地的例子,人们普遍认为,相较于封地而言,这些土地由于过度放牧而遭到了毁坏。

>一个有头脑的牧民会得出结论,他走的唯一一条明智的道路就是再多养一头家畜,然后再多养一头,再加上一头……但是共享一片公地的每个有头脑的牧民无一例外都会得出同样的结论,悲剧因此而产生。一个社会如果相信"公地自由",那么所有人一拥而上,每个人都去追求他自己的最大利益,最终走向毁灭就是这块公地的宿命。公地自由会给所有人带来灾难。[4]

理论上说来,道理确实是这样:所有人都可得到的东西最终难以逃脱遭人肆意破坏的命运。问题是,哈丁对于放牧公地的看法是错误的。中世纪的公地并非人人都可加以利用而最终难逃厄运,它们是得到精心管理的公共财产,就像缅因州的龙虾渔场那样。确实,相对而言很少有明文规定的权利,也没有很多明显的规矩,规定谁能够在上面放牧或者谁可以砍伐上面的小树丛。对一个外来者而言,它们好像是人人可用的财产。但是你只要将自己的牛群赶到公共的牛羊当中,很快就会发现这些没有明文写出来的规定。

在现实当中,一片英国中世纪的公地是一张复杂的蜘蛛网,由各种小心守护的财产权构成,据说这些财产权是在庄园领主乐善好施的保护伞下持有的,这些庄园主拥有这些公地,但必须得遵循不干涉平民权利这个前提。平民拥有牧羊、获取必需品、采掘泥炭、放牧猪群、捕鱼和共有土壤的权利。换句话说,就是平民可以在公地上放牧,伐木,挖掘泥炭,赶猪到这里吃橡树果子,捕鱼或者到这里运石子、黄沙或石块。这些都是私人可以拥有的权利。随着庄园制度逐渐解体,公地实际上开始慢慢被那些一起拥有这些权利的人所共有,这些权利逐渐在所谓的圈地运动中消亡、转手或遭到践踏。但是公地从来就不是所有人都可以自由利用的地方。[5]

直到今天，英国北部奔宁荒野的很多沼泽地还保留有传统的中世纪的规则，叫作"有限供给"（stinting）。每一只在沼泽地上放牧的羊都可以自由到自己想去的地方，但是牧羊人不可自由增加额外的羊群数量。他拥有一定数量的"有限供给"，这些数量中的每一个数字都让他有权去放牧一只母羊，这只母羊必须是出生在沼泽地上的羊，并且"掂量"到已在那里的一群羊当中去（一只"掂量"过的羊知道自己的位置，并且终年只在同一地点不远的范围内走动；而一只没有"掂量"的羊则到处乱走）。理论上来说，"有限供给"的羊的数量受到严格的计算以确保这块沼泽地不会遭到过度放牧。在中世纪，大部分的村庄公地都是按照这种方式施加限制的。现在这些限制完全商品化，可以上市买卖换取现金，英国的公地实际上已经部分属于私有化的公共财产。同样的情形总是可以适用于以前英国林地里的矮树林：伐木权也归特定人群所有。正如奥利弗·拉克姆这个英国林学史家所说，"有公地使用权的人也不是傻子，他们完全意识到了哈丁提出的问题，他们看到悲剧的到来，然后采取行动来避免这个悲剧，他们制定规章以防止任何一个共有人的过度开采行为。英国公地的法庭卷宗显示得很清楚，这样的规章确实存在，也可以随时更改以适应不断变化的环境"。[6]

所以说仅仅因为某一样东西被大家共同所有，它就必然会遭受公地那样的悲剧命运，这完全是一派胡言。公地财产和可以自由进出、向所有人开放的财产截然不同。把老式的圈地运动之前的英国公地当成完全平等向所有人开放的地方，这是个怀旧主义的神话。哈丁明显没有意识到这一点，他所写的内容都是基于理论，而非根据事实说话。[7]

提防那些鼓吹国有化的人

一旦这种混淆得以澄清,那么很显然,各种公共财产问题都可以被当地人采取明智、正直并且可以持续的方式解决了,他们见多识广,轻松应付,而完全没有受过训练的经济学家的那种自命不凡。相反,正是那些训练有素的经济学家才常常撤销、摧毁并破坏这些管理公地的明智安排,这已是有目共睹。埃莉诺·奥斯特罗姆是个政治学家,她多年来一直在收集管理良好的本地公地的例子。比如在日本和瑞士,她就发现了受到精心照料的森林,几个世纪以来它们一直都是公有领地。

在土耳其的海岸阿拉尼亚市附近,有个繁荣忙碌的近海渔场。20 世纪 70 年代,当地的渔民陷入了一种常见的过度捕捞、相互争斗和资源损耗的困境而难以自拔。但是他们随后发展了一套精巧而又复杂的规章,将每个已知的捕鱼场通过抽签的方式分配给有执照的渔民,其形式是按照季节的变化进行轮换。这些规章由渔民自己来监督实施,而政府以法律的形式对其加以确认。这个渔场现在仍然是可以持续发展的场所。

在西班牙城市瓦伦西亚附近,有超过 15 000 个农民共用图里亚河的水域,其用水方案可以追溯到 550 年以前,甚至更久。每个农民在轮到自己取水的时候都可以从配水的水渠中取足自己要用的水,一点儿也不浪费。他不敢欺骗别人,因为水渠的上下邻居都盯着他看,如果有什么牢骚不满,他们可以将其带到水利法院(Tribunal de las Aguas),这个法院每周四的上午安排会面,就在瓦伦西亚大教堂的使徒大门外进行。15 世纪的记录显示,欺骗行为非常少。瓦伦西亚的韦尔塔灌溉冲积平原是个利润丰厚的地区,每年收获两季庄稼。这个地区将其灌溉体系和规则丝毫未改

地输出到新墨西哥州，直到今天该地区农民自我管理的这套灌溉系统依然繁盛不衰。⁸

阿尔莫拉是印度北部库马翁地区的一个山区，在20世纪20年代因为利用几只吃人的老虎牟利而闻名，在那里有个完美的例子证明了将一片公地国有化是怎样制造悲剧，而不是解决了一个有关人人享有使用权的悲剧的。在19世纪50年代英国政府宣称对这片地区内所有的林地拥有绝对的所有权，这有效地将这片土地国有化。其目的是要从林地当中增加政府的税收所得，而表面上则宣称对当地人有利。这也不是阿尔莫拉地区特有的政策，而是殖民政府在印度全国推行的标准做法。政府禁止侵占、采伐、放牧和焚烧林地等行为，村民则用愈演愈烈的武力对抗与之周旋。有史以来他们第一次不负责任地对待这片森林，因为这片森林再也不属于他们了。一个公共领地上的悲剧由此产生。

到1921年，问题变得越来越严重，所以殖民政府不得不成立一个森林申诉委员会，通过村务委员会法案（Van Panchayat Act）来重新将一部分林地划归地方所有。任何两个或两个以上的村民都可以向当地的执行长官提出申请，成立一个村务委员会（或者叫森林小组），从国有森林当中划出一块地方来。村务委员会负责保护森林免遭火灾、侵占、砍伐和开垦，每年将20%的森林封闭起来以禁止放牧。1990年针对阿尔莫拉地区六个村务委员会开展的一项研究得出结论，其中有三个运行良好，另外三个管理不善。那三个运行良好的委员会有效监控它们的林地并对破坏规章的人实施罚款。它们要比那些仍旧属于国家的森林里的中央官僚机构更擅长处理此类事件。⁹

能够说明这一现象的另一个较好的例子来自肯尼亚的北部地区。沿着图尔卡纳湖附近的特克韦尔河居住的图尔卡纳人，他们曾经用从河岸的相思树上落下来的大量豆荚来喂自家的山羊。从外面看来这非常像一个向所有人开放的牧场：所有的牧民都可以利用所有的相思树。但其实这根本就不是一块人人可以放牧的公地，而是一处精心管理的私人（公共）财产。如果有人没有事先从一个长老会那里协商获得许可，就让自己家的山羊随意吃某处的植物，那么他就可能会被人用树枝从这片地区驱赶出去，如果再犯一次，就有可能命丧于此。后来政府在干旱期间加以干涉，规范山羊在特克韦尔地区相思树下的觅食行为。因此一种新的情况应运而生，牧羊人面临着真正人人可自由进入的牧场，政府占有这些树木，而不再是长老会。悲剧的是，我们也可以预见到，这些树必定会遭到过度放牧最后走向死亡。但是，奇怪的是，环保主义者对私有财产的歧视是如此强烈，以致描述这个案例的专家设法将其描写成一个反对私有化的争端，而不是反对国有化的争端。[10]

利维坦的悲剧

哈丁留给人们的观点就是必须由国家主导来恢复高压管理手段。这是一个显著的霍布斯式的胜利。霍布斯就曾经主张由最高统治势力在臣民之间强制推行合作，认为这是唯一可行的方法。他写道："没有刀剑，签订的协议只不过是一纸空谈，根本就没有力量可以用来约束一个人。"在20世纪70年代，大家都认为解决公地悲剧（不管是真实的还是想象的悲剧）的唯一方法就是由国家来推行国有化。纵观全世界范围内的公共所有权，根据哈丁的逻辑，它们全都被批为毫无效率，因此都变成政府推行自我扩张的借口。就像一个经济学家 1973 年在流泪的海象前所说的那样,"如果我们想避免公地的悲剧,只能诉诸利维坦○的集权统治的方式。"¹¹

这个处方是个不折不扣的灾难。利维坦创造了前所未有的公地的悲剧。我们可以考虑一下非洲野生动物的例子。20 世纪 60~70 年代,整个非洲大陆所有国家在殖民统治期间和独立之后都将大型猎物国有化,他们论证说这是阻止那些偷猎者将这片共有资源彻底摧毁的唯一方法。结果就是农民现在面临来自政府所有的大象和水牛的竞争和破坏,他们再也没有什么动力将它们看作肉食或者收入的来源而加以照料了。"就像西方人的麻木是充满激情的一样",非洲农民对大象的敌意完全发自内心,肯尼亚野生动物服务的负责人大卫·维斯顿说道。非洲大象、犀牛和其他动物的数量日渐下降是公地悲剧,这悲剧是由国有化造成的。

这一点还可以通过以下事实证明,那就是一旦野生动物的所有权被重新私有化并分给一些社会团体,比如说津巴布韦的篝火项目规定参加狩猎运动的猎人可以从村民委员会手里竞标购买猎杀动物的权利,那么这场悲剧就会获得惊人的逆转。这些村民很快就改变了他们对自家土地上生活的这些价值不菲的猎物的态度。自从津巴布韦将野生动物的所有权授予土地所有者以后,专门用来豢养野生动物的私人土地的面积从 17 000 平方千米上升到 30 000 平方千米。¹²

在亚洲的灌溉系统里,政府好心办坏事造成的损害更加让人印象深刻。尼泊尔的灌溉系统通常由上游水源的所有者与下游灌溉田地的主人之间达成的一套微妙的协议组成。如果在水稻等耗水的庄稼上浪费太多的

○ "利维坦"指一种威力无比的海兽,霍布斯以此比喻君主专制政体的国家。

水，或者是肆意挥霍，上游的用水者就有可能耗尽所有可用的供水，让下游那些邻居的田地面临干旱。但通常的情况是，他们纯粹出于利己的原因而变得更加慷慨。要维护分水坝是一件费力的活儿，下游的用水者提供劳力以换取一定量的用水权。结果，当政府介入修建一个永久性的分水坝，就像政府在卡马拉灌溉工程里所做的那样，它所造成的唯一后果就是打乱了现存的交易秩序，让上游用户做个好邻居的需求变得毫无必要，进而削减了抵达下游用户的水量。这个项目变成了一个震惊一时的失败。相反，就像在皮苏瓦灌溉工程中那样，政府帮助人们修建一些下游的干渠，那么用水户就会坐到一起创建一套行之有效的体系，由自我管理的委员会负责分配灌溉用水，结果这些水可以灌溉的地区面积翻了一番。

总体说来，尼泊尔由公共部门管理运作的灌溉系统比起由农民自己管理的灌溉系统而言，其平均农作物的产量要减少20%，并且也不够公正——流到下游终点地区田地里的水要少得多。将灌溉系统的控制权集中在官僚分子的手里，自从法老时代起就一直是政府部门最喜欢做的事情。它在殖民时代得以继续，直到今天还被各种援助机构奉为圭臬。它低估了人们管理自己的体系的能力，而高估了官僚分子的能力。所以它制造了一场公地悲剧。[13]

另一个案例来自印度尼西亚的巴厘岛。巴厘岛的风景是人工创建出来的。几乎每一寸可用的土地都被改造成梯田。可持续发展是美德在生态学上的同义词，在这里丝毫不成问题。农民自己种庄稼，不使用任何化肥农药（用蓝绿水藻固定空气当中的氮）。自公元前1000年以来，巴厘岛就开始种植水稻，其灌溉水系也实行了大致同样长的时间。灌溉隧道和水渠从大山上的湖泊和小溪将水引到位于山腰的"苏巴克"，或者说农村。

灌溉系统与宗教信仰之间有着密切的联系，在水渠网络的每个干渠交汇点都有一座寺庙，朝拜进香的人给上游邻居的寺庙进献贡品，这些祭拜明显都是为了确保自己的用水。这些寺庙掌控什么时间每个苏巴克可以有水灌溉田地，什么时间它必须要种植水稻。依据传统，每个苏巴克同时播种所有的田地，也同时让所有的田地休耕。

在20世纪70年代，国际水稻研究所开始倡导绿色革命，推广生长力更强的水稻品种，并且向农民承诺，如果他们在两季水稻的间隙停止休耕田地，他们就会获得更高的产量。结果带来了极大的灾难：水源短缺，昆虫传播的病毒大爆发，所有庄稼都遭到了毁坏。

为什么会发生这种情况？他们号召科学家来找出其中的原因。斯蒂芬·兰辛将整个问题交到他奉若神明的电脑那里，结果电脑这样说：以前，苏巴克里的每个人收割庄稼之后立刻休耕，这就毁灭了害虫——在休耕期间害虫没有地方可以存活。每个苏巴克又在不同的时间播种，这样确保所有人都能有足够的用水。通过干涉农民同时休耕，又在几个不同区域制造出突然出现的大量用水需求，绿色革命破坏了一个灌溉模式，这种模式远不只是一个顽固守旧的传统，而是高度精巧的体系。

这个体系如此精巧，那么设计出这个体系的人一定既聪明绝顶又手握重权。他是谁呢？电脑又说话了。他谁也不是。在乱世当中涌现出完美的秩序，并不是因为人们俯首帖耳地甘愿被呼来喝去，而是因为每个人对激励措施做出的理性反应。山上的寺庙里面并没有全知全能的僧侣，只有可以想象出来的最简单的习惯。它所需要的只是每个农民都去效仿任何一个比他做得好的邻居的行为。结果就是每个苏巴克内部的时间同步，而各苏巴克之间的时间错位。所有这些都找不到任何中央集权的影子。以王侯或集权主义者的面目出现的政府，对创造这个体系并没有丝毫的贡献，它只负责收税。[14]

不管你走到哪里，第三世界的环境问题最终都是由于缺乏清晰的财产权所引起的。人们如果可以养护雨林以获得坚果和药材，那么他们为什么要砍伐雨林获取木料呢？因为他们拥有这些木料，而当这些木料还是大树的时候他们无法以这种方式占有它们。为什么比起美国来，墨西哥消耗其原油储备的速度更快、效率更低、利润更小？因为在美国原油的财产所有权得到了更好的保护。秘鲁经济学家赫尔南多·德·索托主张，治愈第三世界的贫穷很大程度上要依靠创造安全的财产所有权，没有这种所有权，人们根本没机会建立他们自己的繁荣生活。政府绝不是公地悲剧的解决方案，而是这种悲剧的始作俑者。[15]

实验室里的高贵野蛮人

但是，毕竟还是存在没有利维坦的可持续发展。为了证明这一点，埃莉诺·奥斯特罗姆和她的同事一起开始一项实验。他们招募8个学生，每个人发了25美元代金券，在2个小时以后实验结束时这些代金券可以兑换成现金。这些学生有机会将他们的代金券通过电脑匿名投资到两个市场中的任意一个。第一个市场给予固定利率的回报，投资多少代金券即回报多少。第二个市场根据所有8个实验对象投入代金券的总量而给予不同的回报，如果只有少量的代金券投进来，那么回报就异常之高，比固定利率市场给予的回报要高出很多倍，但是投入第二个市场的代金券越多，获得的回报相应也就越少，当到达一定的点数后，如果你再将代金券投入第二个市场,那么反而会开始亏损。

这个实验的设计其实是用来模拟一种人人都可以自由获取的环境资源,就像一个渔场或者一块可以自由放牧的草地那样。如果每个人都有节制的话那么就可以有较好的回报,但是要获得最高的回报,那就得在每个人都实行节制的时候自己一个人反其道而行,说的就是不劳而获者。问题是,学生们会怎么做?在这个游戏的最简单的版本里,两个小时的匿名投资恰如期待的那样,公地由于遭到过度放牧而备受摧残。学生们离开的时候手里剩下的钱只相当于他们本来可以赚到的最高金额的21%。接着科学家给了实验对象一次机会,在实验中途的时候,他们之间可以讨论这个问题,但只可以讨论一次。然后他们接着回去匿名投资。这唯独一次的讨论好像起了作用。回报一下子升高到最高金额的55%。如果给他们多次交流讨论的机会,回报会升得更高,达到73%。"只是动动嘴巴",根本没有惩罚不劳而获者,好像这样在避免悲剧方面可以取得杰出的效果。

相反,如果奥斯特罗姆和她的同事给实验对象机会,可以通过罚款去惩罚那些不劳而获者,但是不让他们一起商量讨论出一个有效方案,那么回报率会降得很低:只有37%。将执行罚款产生的税收成本划归他们自己,那么真正的回报率只有9%。当允许他们交流一次然后找出自己的一套方法对不劳而获者实施罚款,这套系统开始近乎完美地运作。这些实验对象离开的时候,拿到的现金达到他们本来能够挣到的最大数目的93%。在这样的例子中他们达成协议,允许每个人投入多少代金券到公地市场,只有4%的实验对象背叛了这些协议。[16]

所以奥斯特罗姆的结论就是交流本身就可以对人们实行环境节制的能力和意愿产生显著的影响,其实交流比惩罚更加重要。没有刀剑拱卫的誓约照样能起作用,而光有刀剑没有誓约则绝对不起作用。记住这点,霍布斯!哈丁对高压政治的渴求也可以到此为止了。

如果它能移动,那就充分利用它

这只会让上一章里揭示出来的道理变得更让人困惑。在没有政府的插手干预的情况下,人们特别擅长找出各种方法,解决他们之间出现的集体行动给保护环境带来的难题,不管是在印第安纳州进行的两小时的短期实验还是在巴厘岛进行的 3000 年的长期实验。那么他们怎么还会放任自己去灭绝那些生活在北美洲、南美洲、澳大利亚、新几内亚、马达加斯加、新西兰和夏威夷的巨型动物呢?怎么亚马孙河地区的印第安人的狩猎活动当中没有体现一丝一毫有效的生态美德?

最简单的答案很可能就是正确的答案。动物到处迁徙,而灌溉系统却从不移动。解决公地难题的关键在于确定所有权——如果有必要就确定集体产权,如果有可能则确定私有产权。拥有袋鼠或者乳齿象可能和抓住它们一样困难。即使一个部落有心拒绝外来人员进入特定领地捕猎,实际操作中也面临双重困难,一是怎样查明擅自侵入者,二是如何防止动物闯入到相邻的领地中去。或者也许在旧世界,猎人当中存在完美的适用机制可以实现自我节制,这套机制伴随着在新世界中发现大量的食物来源的激动而瞬间崩溃。在早期的毛利人中间难道就没有一个人在吃过恐鸟大餐之后坐下来说,"你们也知道,如果我们继续这样下去,我们很快就会把恐鸟全部吃完,无肉可吃,也许我们应该留下一部分种鸟用来繁殖?"很显然,即便有人这样说,也根本没人听。

人们只会持续地使用那些他们能够拥有的东西，这一想法的证据来自以下事实，热带森林里的珍贵生物资源如果不能移动，人们往往就会更有节制地对待它们。贾雷德·戴蒙德汇报说，新几内亚人只有在私有产权归单个人所有时才会展现出保护环境的态度。有一种珍稀的木材，人们都喜欢将它挖空用作独木舟，但这木材只属于首先发现它的那个人，这一规则人人遵守。这棵树的主人因此可以安心等待，直到他需要一艘新独木舟时才把这棵树砍倒。同样，有某种天堂鸟喜欢栖息在树干上部的树也属于第一个发现它的人所有，只有这个人有权射杀上面的天堂鸟，获得它们那珍贵的可用于装饰的羽毛。[17]

只有移动的或短暂性的资源才被作为人人都可使用的物品对待，越是静止不动的资源就越属于私人所有，这一普遍规则被极为少见的静止的野生动物资源展示得淋漓尽致，这些例外情况证明了上述规则。在北美洲，白人到来之前，乡下很多地方的印第安人都持续不断地获取河狸这种动物。在河狸的一个巢穴附近有好多刻在树上的记号，显示谁拥有在这个特定的河狸巢穴下网捕获河狸的权利。

或者我们也可以看看冢雉的例子，这种像鸡一样的鸟儿生活在澳大利亚和东印度群岛上。冢雉所下的蛋从来都不自己孵化，大部分时间它们都把蛋埋进专门搭建起来的肥料堆里，利用腐烂的植物散发出来的热量孵蛋。还有的冢雉在沙滩上挖个洞把蛋埋进去，利用被太阳晒暖和的沙子来孵蛋，或者往返到火山上的小岛去下蛋，将蛋下进挖在沙里的洞穴中，通过下面的地热运动来孵蛋。新不列颠一个这样的地热沙滩有一次吸引了53 000只这种鸟儿。从来没有一只冢雉坐在它下的一窝蛋上面孵蛋或者照看它自己的幼雏。

巨大而又富含蛋白质的冢雉蛋是人们争先恐后寻觅的美味，所以他们相互争夺获取这些蛋的权利。一个人或一个集体通常会占有这些冢雉会过来下蛋的一个肥料堆，或是一片热乎乎的沙滩。这种私有产权对于保护这种鸟儿显得特别重要。在摩鹿加群岛哈鲁库（Haruku）这座小岛上的一个地方，雷内·德克最近发现有 5000 对冢雉在满月下的一座沙滩上下蛋。在这里获取鸟蛋的权利属于某一个人，他每年支付一定的费用来获得这项特权，然后小心留下 20% 的鸟蛋用来孵化。而其他的沙滩就没有这样幸运了。那里私人所有的体系已经崩溃，人人都可以自由采集鸟蛋的现代体系得到发展并带来灾难性的后果。19 种不同类型的冢雉中有 11 种现在都面临一定的灭种危险，很大一部分都是由于不受控制的采集冢雉蛋所导致。[18]

一方是冢雉的下蛋地点、河狸的巢穴、天堂鸟栖息的树和造独木舟的树木，另一方是猛犸象、貘或鲱鱼，它们之间的区别就在于前者不会移动。前者的财产权利很容易主张、标记和守卫。阻止我们的祖先可持续地利用猛犸象和麋鹿的原因就在于根本不可能在野生动物身上实行财产权管理。这些财产权并不必归个人拥有——它们可以是集体所有，但是它们是实现生态美德的关键。[19]

囤积的禁忌

同样的结论也适用于现代西方经济中出现的污染和资源保护问题。制造污染的公司热爱政府制定的规章，因为它可以保护它们免遭民事诉讼，同时阻碍新加入者进入它们的行业。它们特别害怕通过判例法确立的财产权带来的环保压力：

> 非法侵入、妨害和河岸所有权已经共同有效地让人们有权保护或恢复干净的土地、空气和水源——显然用这招来对付政府特别有效，因为政府总是孜孜不倦地要破坏他们确立起来的财产权和环境保护活动。[20]

私有财产往往是环境保护的好朋友，而政府规章则往往是资源保护的敌人。但是这样一个结论往往让环保主义者怒火中烧，他们几乎众口一词地谴责西方的私有财产和贪婪的悠久传统，认为它们是造成现在环境损害的罪魁祸首，并强烈建议将政府干预作为解决问题的方法。我认为，这种看法有一个简单的理由。私有财产或小团体的共有产权是对潜在的公地悲剧的符合逻辑的回应，但它却不是一个本能的回应。相反，人类有一种本能，强烈反对任何形式的囤积行为，这种本能不仅在渔猎人群当中清晰地表现出来，而且在现代社会里也无处不在。囤积是种禁忌，而分享则带有强制性。在因纽特人那里，任何一个被怀疑没有与人分享哪怕最后一根香烟的人都会遭受羞辱，直到他把这根香烟拿出来给大家抽为止。囤积这个禁忌是人们一致反对私有财产的根源。拿破仑法典和印度的分割继承权法律，强制将财产在很多继承人中进行分配，都属于这个传统的一部分。法国无政府主义者皮埃尔-约瑟夫·蒲鲁东说，"财产就是偷窃"。

这就是人类近乎痴迷的平均主义的一部分，尤其是那些处在渔猎状态的人。人类学家经常惊讶地报告部落里的人诋毁各种礼物的方式，讨论他们的行为多么不合体统，或者这伙人当中有人杀死一只野兽，却遭到部落成员奚落和打发，责怪这只猎物的质量如何低劣。就像伊丽莎白·卡什丹描写的昆申人那样："如果一个人不贬低自己取得的成就或没有对其轻描淡写，那么他的亲戚朋友一定会毫不犹豫地替他这样做……如果一个人不够慷慨大方，那么与人分享的规矩就会通过持续的纠缠和催讨礼物来得到强化。"[21]

在渔猎者所处的社会，不允许任何人一家独大，平等就是一切。我们在人类的联盟当中也看到这种驯服强大个体的各种野心的方式，甚至比大猩猩的群体还要突出（参看第 8 章）。我们再一次看到人们对囤积行为的强烈厌恶。但是我们也看到，一旦某些更为稳定、更加可靠的生活方式出现，允许一个强有力的个人更多依靠他的财产而不是依靠集体分享的社会保障维持生活，那么这种束缚很快就会被解除。卡什丹对比了实行平均主义的昆申人和实行社会等级制的夏纳族人，他们一年大部分时间都依靠储藏起来的可以预测收成的大片野生甜瓜生活。

这种囤积禁忌很少能在定居社会里继续流传下去，但我们也可以找到这样的例子。在新几内亚附近离马努斯群岛不远的地方有一座小沙洲，只有 2 英里长，200 码㊀宽，但是周围环绕着一条珊瑚礁，一直向北延伸出 11 英里长。它的名字叫婆拿门（Ponam），这也是居住在沙洲上的部落的名字。1981 年，婆拿门大概只有 500 人，其中 300 人还住在沙洲上。除了采集椰子和养几头猪之外，他们的主要活动以及食物来源就是在珊瑚礁上捕鱼。他们用鱼枪和渔网捕鱼。珊瑚礁被打包在一起变成很多份集体所有的捕鱼权，每一份捕鱼权属于一个父系宗族。独木舟和渔网都归制造它们的个人所有，但是要使用渔网，主人必须得招募一个船员做帮手。在一

㊀ 1 码 = 0.9144 米。

天结束的时候他捕到的鱼会被平分成很多份，并进行如下的分配：每个船员得一份，拥有捕鱼权的主人分得一份，独木舟的主人分得一份，渔网的主人分得一份。但是，任何人得到的鱼都不可超过一份。如果捕鱼权、独木舟和渔网的主人都是同一人，那么他只能分到一份鱼。这就是规则，每个人都要遵守。只有捕获的鱼非常多的时候，这个主人分得的鱼才会比其他人多一些。当所获的鱼数量有限时，财产所有者往往会放弃自己的那一份。

很难想象出一个比这更加平均的分配体系。它不惜牺牲资本的利益来支付劳动报酬，将财富从占有物质财产的人那里转移。这样就产生了限制生产工具使用的强烈的阻碍因素：宗族的规模越大，提供的劳动也就越多（劳动有回报），其中的资本也就越少（资本无回报）。就像拿破仑法典中的继承法那样，婆拿门的习俗奖励集体所有权而阻碍个人所有权。它是囤积禁忌的一种表现形式。

但奇怪的是竟然有人自己制造渔网或独木舟。当被问到这一点时，婆拿门人回答说，他们也意识到这个问题。进一步追问的时候，他们宣称这些渔网和独木舟的主人一般都会分到更多的鱼，但是再进一步追问他们承认这也不是事实。然后他们宣称这些财产所有者会获得一种无形的报酬：他所在的宗族获得的社会地位会逐步上升。财产所有权的动机是集体性的，而不是经济性的。[22]

婆拿门对我们所有人而言都是个寓言。财富或者财产的私人所有权会带来社会地位提升和声誉，但是它也会带来嫉妒和排斥。因此，即便我们意识到财产权是维护手中资源的重要手段，我们都深深厌恶这种论调。现代的生态环境保护者发觉自己处于进退两难的境地。逻辑告诉他们，私有或共有财产制是鼓励人们保护资源的最好手段。但是他们自己的囤积禁忌却又反抗这种想法。所以他们又回到"公有制"上，用完美政府这种神话来安慰自己。我们可以看看下面这个例子中的障眼法：

> 巴布亚新几内亚的绝大部分（97%）领土都是根据不成文的习惯性的土地使用权而被私人占有，只有很少一部分巴布亚新几内亚的最为壮观的风景、文化和生物多样性包含在依据法律确立的保护区之内。这些不同寻常的财产权，只有在大洋洲的国家里才能发现，限制了政府通过将传统的土地占有权据为国有进而推行保护措施的能力。[23]

如果政府是完美无瑕的，国有化就会像这类人期望的那样顺利起作用。但是政府都是有缺点的，至少像市场是不完美的一样。不管是通过腐败受贿还是通过帕金森定律的作用，它总是将金钱转移到自己的腰包里。在处理环境问题时，政府是大多数问题的根源，而不是它们的解决方法，特别是因为政府制造了以前根本不存在的公地悲剧。新几内亚人难道会仅仅因为这些财产属于政府就停止砍树或者射杀天堂鸟？也许会，如果新几内亚的政府能付得起钱，日夜让直升机编队在森林上方盘旋并且下命令对违禁者格杀勿论的话。但这肯定不是我们大部分人想要的政府，甚至我们也不希望别人拥有这样的政府。

生态美德必须要自下而上地建立，而不是自上而下地建立。[24]

第 13 章

信　任

作者突然而又仓促地汲取政治上的教训

我们并不期望人类本性当中的自私自利会得到克服，但是我们一定会健全社会的法律和制度，给予这些自私行为一切可能的耻辱。

——《晨报》，1847.01

《晨报》很可能是在空想，因为法律和制度主要用来提升公共福祉，它们构建了社会，但是另一套不同的哲学却将社会看成个人本能的自然产物。

——《经济学人》，1847.01[1]

我们的思想是由自私的基因构建的，但是它们却被塑造成了社会性、可信赖性和合作性。这就是本书竭力想要解释的一个矛盾。人类有群居的本能。他们来到世间就自然具备这些禀性：想要学习怎样与人合作，怎样从诡计多端的人群中分辨出值得信赖的人，怎样矢志不移地去做到值得信赖，怎样去获取好名声，怎样交换商品和信息，怎样进行劳动分工。在这一点上只有人类踽踽独行。在这条进化的道路上，没有任何其他物种走得有我们这样远，因为除了像蚂蚁群落这样由同系交配构成的大集体的成员中间，还没有任何其他物种建立了一个真正完整的社会。我们作为一个物种能取得这样的成功应归功于我们的社会本能，这些本能让我们能够从劳动分工当中收获做梦也想不到的好处，这些劳动分工是在我们的主人——基因中间展开的。它们是过去 200 万年间我们的大脑快速扩充的原因，因此带来了我们的发明创造能力。我们的社会和我们的大脑一起进化，彼此强化。这种本能的合作性是人性特有的标志，是将我们和其他动物区分开来的标记，远远不像克鲁泡特金认为的是动物生命普遍存在的特征。

人们一直以来都是以进化论的视角来解释这个问题的。本书顺带试图揭示我们何时形成了文化习俗的谜题。我已经提供了大量理由，说明在教堂存在以前就有了道德观，在国家建立之前就有了贸易，在金钱发明之前就有了交换，在霍布斯式的战争之前就有了社会契约，在人权之前就有了福利，在巴比伦建立之前就有了文化，在希腊建立之前就有了社会，在亚当·斯密的理论出现之前就有了私利，在资本主义之前就有了贪婪。这些东西一直都是人类本性的表达方式，早已经存在于更新世渔猎者的内心深处。其中有一些扎根于我们和其他灵长类动物之间的联系中，只不过这些联系已经找不到了。目前为止只有我们妄自尊大、目空一切的态度才妨碍了我们认识这一点。

但现在沾沾自喜还有点为时过早。我们也有很多见不得人的本能，它们和光明正大的本能在数量上不相上下。人类社会分裂成很多相互竞争的群体，这种趋势让我们一个个心里随时准备接受偏见，追求种族灭绝式的报仇雪耻。同样，尽管我们的大脑里具备构建一个正常运转的社会的能力，我们显然没有正确使用这一能力。我们的社会被战争、暴力、偷窃、纠纷和不平等撕裂开来。我们拼命想要理解为什么，将各种各样的责难摊派给先天因素、后天因素、政府、贪婪或者神灵。这本书按时间顺序记录的初显端倪的自我意识应该有——实际上也必须有一些实际的用处。了解了人类在漫长的进化过程中如何具备获得群体信任的能力，我们肯定能找到治愈这种缺陷的良药。什么样的人类机构能产生信任，又是什么样的人类机构在瓦解人与人之间的信任？

作为一种社会资本，信任就和金钱这种实际资本一样不可或缺。有些经济学家很久以前就认识到这一点。"实际上几乎每一场商业交易中都存在一种信任的因素",经济学家肯尼斯·阿罗说道。文森勋爵这个成功的英国实业家,引用下面这句话作为他生意成功的十诫之一:"相信每一个人,除非你有理由不去相信某个人。"信任,就像金钱一样可以借用("我相信你,因为我相信的人告诉我他相信你"),可以拿来冒险、囤积或者挥霍。它带来的红利就是更多的信任这种流通货币。

信任和不信任相互依赖。就像罗伯特·帕特南所指出的那样,足球俱乐部和商业协会早就在意大利北部地区成功地强化了人们的信任关系,而在更加落后、等级更为森严的南方地区则因为人们缺乏信任而分崩离析。这也是为什么两个有着相似基因的民族,意大利南方人和北方人,会因为一个偶然的历史事件而产生如此大的差异:南方有着势力强大的君主政治和教父,而北方则有着强大的商业团体。[2]

其实,更大的类似开始出现在思想上。帕特南主张,北美人之所以发展出一个成功的有公德心的社会,是因为他们从建立城市的特定的英国人那里继承了一个互相紧密联系的模式,而南美人被中世纪西班牙的裙带关系、威权主义和官官相护所缠身,则远远落在后面。你可以沿着这种思路一直走很远。弗兰西斯·福山说,在成功的经济体(如美国及日本)和不成功的经济体(如法国)之间存在着巨大的差异,因为后者太过沉溺于等级制的权力结构,他的观点并不太让人信服。尽管如此,帕特南无可置辩地抓住了一些实质。平等的人与人之间的社会契约,个体之间和集体之间普遍的互惠互利是人类取得的所有成就中最重要的一环,其核心是建立了社会。[3]

所有人对所有人的战争

本书的大部分内容都是对历史悠久的哲学辩论的当代再认识——只是增加了遗传学和数学方面的内容,这种论战以"人类的所有潜力"(the perfectibility of man)而广为人知。哲学家争论说人性本善,只要他不受到侵蚀,或者说人性本恶,只要他不受到驯服,这种论调在各种时间以各种形式出现。其中最为知名的是,这种争论使霍布斯与卢梭直接对垒,霍布斯主张人性本恶,而卢梭则主张人性本善。

尽管如此,霍布斯并不是第一个主张人无异于禽兽的人,认为人的凶残本性必须受到社会契约的驯服才会有所收敛。马基雅维利在两个世纪以前就说过大致相同的话("必须要想当然地认为所有人都是邪恶的",他这样写道)。基督教认为人生来就带有原罪,这个信条经过圣奥古斯丁的提炼也表达了类似的意思:善是来自上帝的礼物。古希腊诡辩派的哲学家认为人天生就是享乐主义者和自私自利者。但正是霍布斯将这个争论政治化。[4]

霍布斯在17世纪50年代写作《利维坦》时,正值欧洲持续一个世纪之久的宗教和政治内战行将结束,他的目的就是提出,要终止这种同胞之间永远的互相残杀状态,就需要强有力的君主权威。这是一个不合潮流的观念,因为大部分17世纪的哲学家都坚持田园状态的自然观的理想,以美洲印第安人那假想中的和平而又富饶的生活为典型,以证明他们自己追求的完美而有秩序的世界的合理性。霍布斯对这种想法予以迎头痛击,提出自然界的状态是战争,而不是和平。[5]

托马斯·霍布斯是达尔文最直接的知识先导。霍布斯(1651年)启发了大卫·休谟(1739年),休谟又是亚当·斯密(1776年)的引路人,斯密启发了托马斯·罗伯特·马尔萨斯（1798年），然后马尔萨斯启发了达尔文（1859年）。正是在阅读过马尔萨斯的著作后，达尔文才从思考群体间的竞争转而思考个体之间的竞争，而这个转折斯密在前一个世纪里即已经完成。[6] 霍布斯式的猜想尽管不是解决方案，但至今仍然位于经济学和现代进化生物学的中心位置（斯密启发了弗里德曼，达尔文启发了道金斯）。在这两个学科的根源处有一个观念就是，如果自然界的平衡并不是自上而下的设计而是自下而上的涌现，那么我们就毫无理由认为自然界将被证明是个和谐的整体。约翰·梅纳德·凯恩斯后来会将《物种起源》描述成"只是蜷伏在科学语言中的李嘉图式的经济学"，并且斯蒂芬·杰·古尔德说过自然选择"本质上是认为亚当·斯密的经济学存在于自然界当中"。卡尔·马克思也表达了类似的观点："值得注意的是，"他在1862年6月给恩格斯的信中写道，"达尔文在动植物界中重新认识了他自己的英国社会及其分工、竞争、开辟新市场、'发明'以及马尔萨斯的'生存斗争'。这是霍布斯的一切人反对一切人的战争。"[7]

达尔文的学生，托马斯·亨利·赫胥黎，恰恰选择了霍布斯的同一句话来说明他的观点，那就是生命是一场无情的斗争。对于原始人而言，他说，"生命就是不间断的自由战争，除了极为有限的和临时性的家庭关系之外，霍布斯式的每个人针对所有人的战争是生存的正常状态。人类这种动物，和其他种族一样，在进化的洪流当中随波逐流，往复挣扎，使尽浑身气力拼命将头伸出水面，既不考虑从哪里来也不考虑到哪里去"。正是这篇文章激发克鲁泡特金写了《互助》那本书。

赫胥黎和克鲁泡特金之间的争论带有一点个人色彩。赫胥黎是个白手起家的人，而克鲁泡特金则是个贵族革命家。赫胥黎是个精英社会的成功人士，根本没有时间考虑那些生来即享有特权的不切实际的落难王子，对于赫胥黎而言他们的失宠恰恰证明了他们不适合这个竞争社会，恰如赫胥黎自己的升荣证明了他适应了这个社会的竞争一样。"这个社会向我们所有人开放，让我们试试自己的运气。如果我们避免了即将到来的厄运，那我们就一定有理由相信我们正是可以逃脱命运的一群人。无所顾虑的世界自会评判。"[8]

从赫胥黎的精英社会到优生学的残酷无情中间只有很短的一步。既然进化论是通过把强者从弱者当中挑选出来而起作用，那么人们就可以助它一臂之力。这次人们的命运不是由信仰什么上帝决定的而是由基因决定的，爱德华七世时代的人满怀激情地得出这样符合逻辑的结论，并且开始将小麦从麦麸当中挑拣出来。他们在德国和美国的后继者也犯了这种自然主义的谬误，并且用绝育和谋杀夺取了上百万人的性命，他们相信这样做是在促进物种或者种族的发展。尽管这个项目在希特勒手里达到令人发指的程度，但它却获得了广泛的支持，尤其是在美国，它获得了政治范畴内的那些左翼分子的支持。

高贵的野蛮人

霍布斯式的观点在 1845～1945 年这一个世纪中大行其道。而此前一个世纪和此后的半个世纪，对于人性的更为善良和更加乌托邦式的观点主宰了政治哲学。它们同样以失败而告终，但并不是因为它们利用了人类黑暗一面的本能。相反，它们错误地夸大了人类光明一面的本能。奇怪的是，这些乌托邦式的理想在南太平洋遭到了双重失败。

在所有的18世纪的空想家当中，卢梭是到目前为止最富于幻想，也是到目前为止最有影响力的一位。在他那本出版于1755年的著作《论人类不平等的起源》中，卢梭描绘了一幅关于人类的画面，将人类描绘为本质上具备美德的动物，但受到了文明教化的玷污。卢梭所设想的高贵的野蛮人生活在一种和谐的自然状态里，直到社会生活和财产这些邪恶的发明开始出现。他的设想一部分是白日梦（卢梭在宏大的社会里总显得尴尬难堪，他憎恨这样的社会），一部分是论战。因为霍布斯一直想要在一段无政府状态之后强调权威的正当性，而卢梭则想要削弱一个强有力的君主的力量，这样的君主腐败、奢侈，在那里颐指气使，并且对平民百姓肆意征税。他说，直到政府和财产发明之前，人们一直过着自由和平等的生活。现代社会是历史发展的自然结果，但是它是腐朽的、病态的。（卢梭若生活在现代环境保护运动当中，一定会如鱼得水。）[9]

> 不要忘记群居对人类而言是自然发展的结果，恰如衰老对人类来说不可避免。艺术、法律和政府对人类而言是必不可少的，恰如老年人离不开拐杖一样。群居这种状态是人类迟早能够达到的极限形式。告诉他们走得太快所带来的危险，以及他们误将某一种状态当成完美状态所造成的种种痛苦，绝不是毫无用处。[10]

1768年，当卢梭那个高贵的野蛮人的想法的影响力达到巅峰的时候，法国航海家路易斯-安托万·德·布干维尔发现了南太平洋上的塔西提岛，将其命名为新塞西拉（根据伯罗奔尼撒半岛阿佛洛狄忒女神第一次从海面浮现的典故而来），并且将其比作伊甸园。尽管布干维尔自己极其谨慎，他的航海同伴对当地人的描述——美丽、多情、几乎一丝不挂、爱好和平并且什么都不缺，这却一下子吸引了巴黎的想象力，尤其是引起卢梭的朋友法国哲学家丹尼斯·狄德罗的注意。狄德罗为布干维尔的航海记述撰写了一个富于幻想的增补篇，其中一个塔西提岛上的圣人详细解释他们生活中存在的各种美德（"我们纯洁无邪，快乐幸福，你们的到来毫无益处，只会破坏我们的幸福。我们只会跟随纯粹而又自然的本能，而你们却总是追求将自然本能的特征从我们的灵魂中抹掉"）。一个基督教的随军牧师因为当地一个塔西提女人主动提供的慷慨陪睡的服务而觉得尴尬不已。

詹姆斯·库克第二年访问了塔西提岛，并且带回类似的报道，描述当地岛上的居民所过的富饶、随性和毫无冲突的生活。他们完全不知道羞耻，不知道勤奋工作，没有寒冷或者饥饿的概念。约翰·霍克斯沃斯奉命撰写库克的日志，他对其露骨吹捧，尤其强调塔西提岛上年轻女性的魅力。简单来说，南海地区盛行的都是艺术、童话剧和诗歌。讽刺作家如塞缪尔·约翰逊和霍勒斯·沃波尔的鄙视轻蔑全都被人忽略掉。高贵的野蛮人是在一个18世纪的性幻想里得以发现的。

对它的驳斥在所难免。在库克的第二次航行中，塔西提人生活中的阴暗面就暴露了出来：活人祭奠，相当于巫师的种姓一贯实行的杀婴行为，残暴的内讧，僵化的等级制度，对女人在男人面前吃饭的严格禁忌，当地土著对欧洲人财物不停的偷窃行为，各种性病——很可能是布干维尔的人传染过去的。拉彼鲁兹伯爵（Jean François de Galaup, Comte de La Perouse）在1788年探索了太平洋地区后失踪不见，他尤其为自己理想的幻灭而感到痛心难过。在他失踪之前，他痛苦地写道："全欧洲最胆大的流氓无赖加起来都比不上这些岛上的土著人那么虚伪。他们所有的拥抱爱抚全是虚情假意。"[11]18 世纪结束后,一个法国独裁者发动针对全世界的战争,马尔萨斯牧师劝说威廉·皮特说这些低劣的法律只会鼓励生育并最终导致饥荒,难怪这群人在南太平洋地区走向毁灭。传教士开始到处走动,想要让这片地区变得文明开化,或者至少让他们心里有种负罪感,这些野蛮人现在看起来更像处在霍布斯式的战争状态而不是卢梭式的温情脉脉中。[12]

重建的天堂

历史又要在南太平洋地区重演。1925 年,23 岁的玛格丽特·米德前往萨摩亚群岛后回来,正像布干维尔和库克在近两百年之前从塔西提岛回来时一样,带来了一个人间天堂的传说,那里丝毫没有西方世界里充斥的各种罪行,那里的青年男女过着从容不迫、优雅得体而又滥交的生活,很大程度上没有受到让西方青年人堕落的各种需求、嫉妒、暴力的困扰。米德是人类学家弗朗兹·博厄斯的学生,博厄斯一直反对他的祖国德国过度强调优生学的风气。他的脸上满是伤疤,全都是青年时期无数的决斗留下的印记,他绝不是一个做事可以半途而废的人。他不是去主张人类行为是先天因素和后天条件带来的产物,而是走向另一个极端——文化决定论,否认其他一切因素,认为只有文化才会影响人类的行为。为了证明这一点,他需要展示人类本性当中存在的全能性,也就是约翰·洛克所谓的空白记录板。他认为,只要有正确的文化,我们就能够创造一个没有嫉妒、没有爱情、没有婚姻、没有等级的社会。因此,人类拥有无穷无尽的可塑性，任何乌托邦社会都有可能实现，而相信其他的理论的人则是不可救药的宿命论者。

米德因为证明了这并不只是一厢情愿的幻想而受人尊敬。她从萨摩亚群岛带回明白确凿的证据，证明有这样一个群体因为存在不同的文化而产生了一些非常与众不同的人类本性。她认为在萨摩亚的年轻人中间盛行的那种无拘无束的自由恋爱的文化阻止了一切青春期的焦虑。50年来米德的萨摩亚人一直屹立不倒，是人类完美性的确凿证据。[13]

但是就像布干维尔的塔西提幻境，米德的证据在进一步调查之后马上化为泡影。她只花了5个月时间在马努阿（Manu'a）生活并在那里做田野调查，只有大概12周的时间去做博厄斯要求她承担的研究项目，与她相比，德里克·弗里曼在20世纪40年代和60年代前后在那里生活了6年多的时间，他发现米德完全被她自己一厢情愿的想法和爆料人那顽皮淘气的性格所欺骗。弗里曼不带任何感情色彩地对萨摩亚人进行客观观察后发现，萨摩亚人也像库克在后来的访问中逐渐不再相信的那些塔西提人一样，点点滴滴都和我们其他人相同，都有嫉妒心，凶残而又狡诈、阴险。未结婚的年轻女性保持童贞，对于爱自由的萨摩亚女人来说并不是一个轻率奉行的基督教的新事物，而是古老的、备受尊重的祭仪约束着她们，在基督教以前的时代里，如果违犯它就要受到死亡的惩罚。强奸并不是鲜为人知的新词，相反，它在萨摩亚地区司空见惯，以至于萨摩亚有着世界上最高的强奸犯罪率。米德让她自己的卢梭式的先入之见引导自己，因此她错过了霍布斯式的一面。

其实，在1987年米德一个主要的爆料人站出来承认，米德和她的朋友所获得的不过是个被恶作剧戏弄的产物，是他们对自己假想出来的公然滥交行为的各种描述。正如弗里曼所言："一笑了之的小谎言从来没有产生过如此深远的影响"（尽管之前也有过先例：法国旅行家拉比拉迪尔在18世纪遭到汤加人的愚弄，他在巴黎的法国科学院院士面前背诵一连串的词组，认为这是汤加人的数字，而其实却是一连串的下流话）。

人类学家对弗里曼的揭露做出的反应本身就是对米德信条的极好的驳斥。他们的反应就好像是一个部落的偶像遭到攻击和圣地遭到了亵渎那样，然后以各种可以想象出来的方式诽谤中伤弗里曼，然而就是不去反驳他的结论。如果文化人类学家这样一个群体，本来应该忠实于观察实验得出来的事实和文化相对主义的理论，而即便这些人的所作所为也像个典型的部落，那么就肯定存在普遍的人性无疑了。他们坚持认为根本没有独立于文化之外的人性。他们还引申说，也根本就没有脱离人性独立存在的文化。行为记录根本就不是一片空白。[14]

玛格丽特·米德犯了一种颠倒的自然主义谬误，很多现代社会学家、人类学家和心理学家还在继续犯这种谬误。这种自然主义谬误是休谟先辨认出来的，然后莫尔为之命名，该理论主张只要是符合自然的就是道德的：认为"存在"即"合理"。几乎所有推测两足猿的行为方式的生物学家都被人道主义机构指责为犯下了这种谬误，哪怕他们根本没有犯（很多人确实犯了）。但是同样是这些机构却持续不断并且充满激情地犯相反的自然主义谬误，且毫无愧色：他们认为"合理"的就应该"存在"。因为某件事情应该这样，那么它必定就已经是这样。这种逻辑如今被称为政治正确，但是它早在博厄斯、本尼迪克特和米德发起的运动中就已经暴露无遗，他们认为在文化的影响下人的本性必定具有无穷的可塑性，因为（他们这样错误地认识）另外一种选择就是宿命论，而宿命论是不可接受的。

米德的信念外溢到了生物学领域。行为主义认为动物的大脑是黑匣子，依靠纯粹的联想来学习任何任务，并且都是一样的从容。它的倡导者斯金纳写了一部科幻小说叫《瓦尔登湖第二》(*Walden Two*)，幻想出一个由像他一样的人统治的世界。瓦尔登湖第二的创立者弗雷泽说："我们和人性本善的哲学没有什么瓜葛——或者说人性本恶也好，都一样。但是我们确实对我们有力量改变人的本性充满了信心。"[15]

20世纪20～30年代经常被人看作对基因决定论疯狂迷恋的时期，同时也是对环境决定论疯狂痴迷的时期：人们相信只要通过教育、宣传和强制就可以让一个人改头换面、重新做人。

谁偷走了集体

如果通过重塑社会的竞争会将我们引向毒气室，通过重塑社会的文化教条会将我们引向另一种恐怖的话，那么抛弃所有将科学引入政治的想法是不是就能更安全一点呢？也许会这样。当然，我不会掉入陷阱，假装我们对人类社会本能的模糊理解立刻就能转变成一套政治哲学。一开始，它告诉我们乌托邦是不可能实现的，因为社会是带着各种相互冲突的雄心的个体之间达成的一种不稳定的妥协，而不是自然选择本身直接设计出来的某样东西。

尽管如此，本书所探索的这种对人类本能的新的"基因实用主义"的理解还是带来一些简单的准则，可以让我们避免犯一些错误。人类有一些本能可以促进更广大的利益的实现，还有其他一些本能会引发自私自利和反社会的行为。我们必须要建立一个社会，鼓励前者发生而阻止后者发生。

例如，我们可以考虑一个自由企业的明显的悖论。如果我们宣布斯密、马尔萨斯、李嘉图、弗里德里希·哈耶克和米尔顿·弗里德曼都是正确的，人类基本上都受自私自利的驱使，难道我们不正是通过这样的宣言来鼓励人们变得更加自私吗？通过认识到贪婪和自私的不可避免，我们好像开始认可这一点了。

小品文作家威廉·哈兹里特确实这样认为，他在"给马尔萨斯的答复"这篇文章里强烈批评道：

> 凭借形而上学的各种区分和千头万绪的哲学来挽回人类的狭隘偏见和铁石心肠，这种做法既不宽厚，也不公正。这座天平已经太过倾斜于那一边，根本不需要再增加什么虚伪的重量。[16]

换句话说，我们不能说人类都很卑鄙无耻，因为这是个事实。150多年以后，罗伯特·弗兰克发现经济系的学生，在学过人类本质上都是自私自利以后，他们自己变得更加自私，在囚徒困境这场博弈中他们比其他学生背叛更多。真实的伊万·博斯基和虚构的戈登·盖柯（电影《华尔街》中的角色）两个人都出名地颂扬贪婪。"顺便说一声，贪婪没什么不好，"1986年5月，博斯基在加州大学伯克利分校的就职演讲中说道，"我希望你知道这一点，我认为贪婪是健康的情感。你可以很贪婪而仍然自我感觉良好。"自发的掌声经久不息。[17]

诸如此类的指示是近年来集体主义精神崩溃的原因，这几乎已经变得不证自明。20世纪80年代的教育与我们更善良的本性恰恰相反，要我们自私和贪婪。我们已经放弃了自己的公民责任，使得我们的社会堕落到不辨是非的状态。这就是对日渐攀升的犯罪率和人们普遍没有安全感的标准解释，只是它稍微有点"左倾"。

所以要建立一个良好的社会，我们要做的第一件事就是隐藏人类自私的习性这一事实，更好的手段则是哄骗我们的同胞，让他们相信在内心深处他们都是高贵的野蛮人。对于我们这些认为事实比谎言更有意思的人来说，不管这谎言是多么有善意，这都是个令人反感的想法。但是这种反感无须烦扰我们太久，因为这种善意的谎言已经在发生。就像我们在这本书当中无数次遇到的那样，宣传家总是夸大人类的善良，一部分原因是吹捧人类，一方面是因为这种话听起来更让人愉快。人们都愿意相信高贵的野蛮人。就像罗伯特·赖特所主张的：

> 新的（自私基因）范式剥去了自私自利的高贵外衣。我们要记住，自私自利很少会以赤裸裸的形式在我们面前呈现。像我们这样隶属于某一个物种（特定的物种），我们的成员在道德上为自己的行为辩护，我们都倾向于认为自己是善良的，认为我们的行为是正当的，哪怕客观说来这些主张有时候非常可疑。[18]

只有那些喜欢说不中听的话的政治家会出来捣乱生事。玛格丽特·撒切尔就说过这样广为人知且令人愕然的话："根本就没有社会这样的东西。只有单个的男人和女人，只有各种各样的家庭。"

当然，撒切尔的观点自有其严肃之处。她的哲学的核心思想是，如果你没有认识到人类根本的机会主义，那么你就不会注意到政府是由一群自私自利的个体组成，而不是由一群圣人构成，只为公共利益服务。因此政府只是利益集团的一个工具，是将预算最大化的官僚机构，竞相提高彼此的权力和回报，而不惜牺牲我们其余人的利益。它不是一台中立的、毫无动机的机器，专门用来分发社会福利。她反对的是政府固有的腐败，而不是反对政府秉持的理想。

但是撒切尔和她的同盟却在某种程度上说出了最为卢梭式的观点——政府并不会把美德强加到生性邪恶的人头上，而只会使市场上原本存在的美德败坏堕落。她的精神导师，弗里德里希·哈耶克，呼吁的是建立一个高贵的野蛮人不受任何规则的约束的黄金时代：没有来自政府的约束，在那里只有繁荣而不会出现动乱。[19]

1995年12月《时代》杂志将纽特·金里奇评选为杂志的年度人物，该杂志简明地指出了这一点：

> ……这就是世界原来运作的方式：自由主义者相信人类如果不能变得完美，至少也会不断进步……保守主义者认为人类从根本上来说存在瑕疵……这就是今天世界运作的方式：保守主义者相信……人类并不是邪恶的；而政府则是邪恶的。而自由主义者则相信保守主义者都是些危险的浪漫派……他们随时愿意相信有些灵魂天生就是邪恶的，根本无法救赎。[20]

如果我在本书当中的观点是正确的，那么保守主义者就不是这样危险的浪漫派，因为人类的心理包括无数的本能，用来建立社会合作并追求善良的名声。我们既没有卑鄙下流到需要爱管事的政府来加以教化，我们也没有善良到哪怕再多的政府骚扰也不会激发出我们最坏的一面，不管作为政府雇员还是作为它的客户。

所以让我们来审视一下个人主义者的观点：政府是问题的根源，而不是解决问题的方法。在这个分析当中过去几十年来团体精神的崩溃以及公民美德受侵蚀,并不是由对贪婪的传播和鼓励造成的,而是利维坦的死亡之手引发的。国家并不会和市民讨价还价来共同为市民秩序负责,不会在他心里引发义务、责任或光荣,而是把服从意识强加给他。市民被当成一个淘气的孩子一样对待,难怪他有那样的举止行为。

就像帕特南所举的印第安人的例子说明的那样,当权威取代了互惠原则以后,集体意识也就随之消退。在英国,福利制度和混合型经济的"公司官僚制"废除了成千上万的集体机构——友好协会、互助团体、医院信托基金和更多其他类型的机构,它们都是建立在互惠原则的基础上,逐渐培养出信任的良性循环,转而用大型中央集权的利维坦如国民医疗服务制度、国有化的工业和政府的半官方组织代替,这些全都建立在居高临下的基础上。因为通过更高的税收获得更多的金钱,起先它也取得了一些收获。但很快人们就感觉到它对英国的集体意识造成的破坏。因为它的强制性质,福利制度在其捐赠者心中激起一种犹豫和憎恨,在它的客户心中激起的不是感激而是冷漠、气愤或者去利用这一体系的带有企业性质的动机。大型的政府让人们变得更加自私,而不是变得更加无私。[21]

我并没有朦胧的怀旧情结,认为过去就比现在好。过去的大部分时间也都是权威政治的时间——封建社会、贵族社会或者工业体系里等级制的权威。(过去当然也是一个物质繁荣程度较低的时代,但那应该归咎于低劣的技术,而不是落后的政府。)中世纪的封臣和工厂工人也没有在平等的人之间建立起信任和互助的自由。我并不是将现在和过去进行对比。但是我确实相信,已经出现了一些更好的方式,一个建立在自由的个体之间自发交换商品、信息、财富和权力基础上的社会,这些人所在的团体足够小，可以建立信任。我认为这样一个社会比建立在中央集权基础上的官僚体制可能会更加公正，也更加繁荣。

我住在英国一个大型的老城市——泰恩河畔的纽卡斯尔附近。这座城市有产生于本地并受本地控制的资本，有社区里的本地互助机构，两个世纪以来，它从建立在这两者基础之上的企业集中地和当地人的自豪，变成一个无所不能的国家里的总督辖地，它的工业受到伦敦或国外的控制（这得归功于通过对养老基金的税收减免带给人们的储蓄集体化），它的政府是由和个人无关的一系列机构组成，里面的员工是从别的地方轮换来的官员，他们的主要工作就是努力争取伦敦的拨款。这种保留下来的地方民主本身就完全建立在权力的基础上，而非信任的基础上。两个世纪以来建立在信托、相互依存和互惠原则这些伟大传统基础上的这些城市已经全部荡然无存——主要被各种类型的政府毁掉。它们花费几个世纪的时间才被建立起来。我在纽卡斯尔文学和哲学协会那富丽堂皇的图书馆里研究本书的部分内容，它让人想起旧日时光，那时这个地区的伟大发明家和思想家，他们几乎都是白手起家，是这座城市有雄心壮志的杰出人物。而这座城市现在以四分五裂、没有人情味的社区而臭名远扬，暴力和盗窃已变为这里司空见惯的现象，以致企业根本无法立足。从物质上来看，城市里的每个人比一个世纪以前日子好过多了，但那是新科技带来的结果，而不是政府的作为。从社会上来说，其中的腐化堕落昭然若揭。霍布斯屹立不倒，而我指责更多的是政府。

如果我们想要恢复社会的和谐和美德，如果我们想要在社会中重建各种美德并让社会为我们服务，那么我们就有必要削减国家的权力和界限。这并不意味着一场所有人针对所有人的残酷斗争。它意味着权力下放：将事关人民生活的权力下放到行政区、电脑网络、俱乐部、团队、自助团体、小型企业等所有小型和地方性的机构。它意味着公共官僚体系的大规模解体，使国家和国际政府机构的功能萎缩到最小的程度，只负责国家防御和财富的再分配（直接分配——不需要一个干预分配的贪婪的官僚机构）。让克鲁泡特金的那个由自由个体组成的世界的图景重新回归。让每个人根据自己的名声浮沉升降。我并没有幼稚地认为这样的情形可以在一夜之间发生，或者认为某种形式的政府根本没有必要。但是我确实质疑一个对生活的细枝末节都要发号施令，并且像一只巨型跳蚤蹲在国家的背上的政府存在的必要。

对圣奥古斯丁来说，社会秩序的根源存在于上帝的教诲之中；对霍布斯来说，它存在于君主手里；对卢梭而言，它存在于独处当中。他们都错了。社会秩序的根源存在于我们的头脑中，我们拥有天生的能力，创造一个比我们现在拥有的更好的社会，而不是一个十分和谐和充满美德的社会。我们必须以这种方式来建立我们的制度，让它们激发出这些本能。从很大程度上说，这意味着鼓励在平等的人之间进行交换。恰如国家之间的贸易是它们建立友谊的最佳秘诀，在有选举权和自主权的人之间进行交易是建立合作的万应良方。我们必须要鼓励平等的个体之间的社会交流和物质交换，因为这是建立信任的原料，而信任则是美德的基石。

引文来源及注释

前言

1. Woodcock, George and Avakumovic, Ivan. 1950. *The Anarchist Prince: A Biographical Study of Peter Kropotkin*. T. V. Boardman and Co. London；Kropotkin, Peter. 1902/1972. *Mutual Aid: A Factor in Evolution*. Allen Lane, London.
2. Kropotkin. Mutual Aid. *op.cit.*

第 1 章

1. Hölldobler, B. and Wilson, E. O. 1990. *The Ants*. Harvard University Press, Cambridge, Mass.
2. Gould, S. J. 1978. *Ever Since Darwin*. Burnett Books, New York.
3. Gordon, D. M. 1995. The development of organization in an ant colony. *American Scientist* 83: 50-57.
4. Buss, L. W. 1987. The Evolution of Individuality. Princeton University Press, Princeton.
5. Bonner, J. T. 1993. *Life Cycles: Reflections of an Evolutionary Biologist.* Princeton University Press, Princeton Dawkins, R. 1996. *Climbing Mount Improbable*. Viking London.
6. Sherman, P. W., Jarvis, J. U. M. and Alexander, R. D. 1991. *The Biology of the Naked Mole Rat*. Princeton University Press, Princeton. 也许该书关于裸鼹鼠最不可思议的事情就是理查德·亚历山大预言了它们的存在。1976 年，对这种动物一无所知的他通过将其和白蚁（一种依靠洞穴生存的群体性哺乳动物）进行类比，做出了这样的假设。不久以后裸鼹鼠的群体生活就变得一清二楚了。
7. 生命逐渐聚合成越来越大的团队，这样的思想并不暗示着较小的生命形式就会消失，但是它确实意味着随着越来越多的太阳能通过较大形式的生命流入体内，越来越多的微小的生命形式将会采取寄生的生活习惯。

8. Dawkins, R. 1982. *The Extended Phenotype*. Freeman, Oxford.
9. Kessin, R. H. and Van Lookeren Campagne, M. M. 1992. The development of a social amoeba. *American scientist* 80: 556-65.
10. Maynard Smith, J. and Szathmary, E. 1995. *The Major Transitions in Evolution*. W. H. Freeman, Oxford.
11. Paradis, J. and Williams, G. C. 1989. *Evolution and Ethics: T. H. Huxley's Evolution and Ethics with New Essays on its Victorian and Sociobiological Context*. Princeton University Press, Princeton.
12. Hamilton, W. D. 1964. The genetical evolution of social behaviour. *Journal of Theoretical Biology*, 7:1-52.
13. Hamilton, W. D. 1996. *Narrow Roads of Gene Land. Vol.1: Evolution and Social Behaviour*. W. H. Freeman/Spektrum, Oxford.
14. Dawkins, R. 1976. The Selfish Gene. *Oxford University Press, Oxford*.
15. Hamilton, *Narrow Roads of Gene Land. Vol. I. op. cit.*
16. Hamilton. The genetical evolution of social behaviour, Williams, G. C. 1966. *Adaptation and Natural Selection*: *A Critique of Some Current Evolutionary Thought*. Princeton University Press, Princeton;Williams, G. C. *Natural Selection*. Oxford University Press, Oxford; Dawkins. *The Selfish Gene. op. cit.*

奇怪的是，有一首诗歌叫作《蜜蜂的寓言》，发表于1714年，作者是一名英国的讽刺作家和愤世嫉俗者，正是这首诗歌第一次窥见了这种可能性。伯纳德·曼德维尔的诗歌是对邪恶的必要性的一种辩护。他说，正如我们要吃饭才能成长，饥饿是个必要的环节，所以如果我们想要繁荣发展并获得公共利益，自私的野心也是很必要的。实行纯粹的善行和发展繁荣的商业社会是不相容的。Mandeville, B. 1714/1755. *The Fable of the Bees: or Private Vices. Public Benefits*. 9th edn. Edinburgh.

17. Sen. A. K. 1977. Rational Fools: a critique of the behavioral foundations of economic theory. *Philosophy and Public Affairs* 6: 317-44. See Hirshleifer, J. 1985. The expanding domain of economics. *American Economic Review* 75: 53-68.
18. 注意，黑格关于怀孕的矛盾的思想并不是指母亲或后代有任何有意识的斗争决定，它只是暗示了一种进化的生理机制，是通过自然选择而设计来取得这些效果的。
19. Haig, D. 1993. Genetic conflicts in human pregnancy. *Quarterly Review of Biology* 68: 495-531, 对黑格的访谈。
20. Ratnieks, F. L. W. 1988. Reproductive harmony via mutual policing by workers in

eusocial hymenoptera. *American Naturalist* 132: 217-36; Oldroyd, B. P., Smolenski, A. J. Cornuet, J.-M. and Crozier, R. H. 1994. Anarchy in the beehive. *Nature* 371: 749.

21. Matsuda, H. and Harada, Y. 1990. Evolutionarily stable stalk to spore ratio in cellular slime molds and the law of equalization of net incomes. *Journal of Theoretical Biology* 147: 329-44.

22. Buchanan, J. M. and Tullock, G. 1969. *Cost and Choice*. Markham Publishing, Chicago; Buchanan, J. M. and Tullock, G. 1982. *Towards a Theory of the Rent-seeking Society*. A. & M. Press, Texas.

23. 帕金森定律第一次出现在《经济学人》杂志 1955 年 11 月 19 日一篇匿名发表的文章当中，后来帕金森将其扩充成一本书。参看 Nozick, R. 1974. *Anarchy, State and Utopia*. Basic Books, New York。

24. Robinson, W. S. 1913. *A Short History of Rome*. Rivingtons, London，在莎士比亚的《科里奥兰纳斯》里，米尼涅斯发表了类似的演说。

25. Nesse, R. M. and Williams, G. C. 1995. *Evolution and Healing: The New Science of Darwinian Medicine*. Weidenfeld and Nicolson, London. 这本书在美国出版时名字叫作 *Why We Get Sick*。

26. Charlton, B. G. 1995. Endogenous parasitism: a biological process with implications for senescence.

27. Leigh, E. G. 1991. Genes, bees and ecosystems: the evolution of a common interest among individuals. *Trends in Evolution and Ecology* 6: 257-62.

28. Buss, L. W. 1987. *The Evolution of Individuality*. Princeton University Press, Princeton.

29. 大卫·海格告诉我人类在婴儿安全出生时携带 B 型染色体的概率为 2%~3%，对此我深表感谢。

30. Bell, G. and Burt, A. 1990. B-Chromosomes: germ-line parasites which induce changes in host recombination. *Parasitology 100: 19-26*. B 型染色体的寄生性质早在 1945 年就有人怀疑，见 Stergren, G. 1945. Parasitic nature of extra fragment chromosomes. Botaniska Notiser (1945): 157-63。

31. Leigh, E. G. 1971. *Adaptation and Diversity*. Freeman, Cooper, San Francisco.

第 2 章

1. Wilson, D. S. and Sober, E. 1994. Reintroducing group selection to the human and

behavioral sciences. *Behavioral and Brain Sciences* 17: 585-654. 我们同时要注意哈特派信徒的分裂过程是约翰·罗尔斯发展他的正义理论时所做的思想实验的完美阐释。罗尔斯认为，一个公正的社会，就是指在这个社会里无知之幕掩盖了每个人扮演的具体角色。参看 Raels, J. 1972. *A Theory of Justice.* Oxford University Press, Oxford, Dennett, D. 1995. *Darwin's Dangerous Idea.* Simon and Schuster, New York。

2. Paradis, J. and Williams, G. C. 1989. *Evolution and Ethics: T. H. Huxley's Evolution and Ethics with New Essays on its Victorian and Sociobiological Context.* Princeton University Press, Princeton.

3. Alexander, R. D. 1987. *The Biology of Moral Systems.* Aldine de Gruyter, Hawthorne, New York.

4. Layton, R. H. 1989. Are sociobiology and social anthropology compatible? The significance of sociocultural resources in human evolution. *In: Comparative Socioecology* (eds. Standen, V. and Foley, R.). Blackwell' Oxford.

5. 自私意味着为自己做事；利他主义意味着为你做事；集体主义意味着为我们大家做事。玛格丽特·吉尔伯特在评论威尔逊和索伯的作品时做了这样有用的区分。Reintroducing group selection, *op. cit.*

6. Franks, N. R. and Norris, P. J. 1987. Constraints on the division of labour in ants: D'Arcy Thompson's Cartesian transformations applied to worker polymorphism. *Experientia Supplementum* 54: 253-70.

7. Szathmary, E. and Maynard Smith, J. 1995. The Major Transitions in Evolution. *Nature* 374: 227-32.

8. West, E. G. 1990. *Adam Smith and Modern Economics.* Edward Elgar Publishing, Vermont.

9. Maynard Smith, J. and Szathmary, E. 1995. *The Major Transitions in Evolution.* W. H. Freeman, Oxford.

10. Bonner, J. T. 1993. Dividing labour in cells and societies. *Current Science* 64: 459-66.

11. Stiger, G. J. 1951. The division of labor is limited by the extent of the market. *Journal of Political Economy* 59: 185-93.

12. Ghiselin, M. T. 1978. The economy of the body. *American Economic Review* 68 (2): 233-7.

13. Ghiselin, M. T. 1974. *The Economy of Nature and the Evolution of Sex.* University of California Press, Berkeley.

14. Smith, A. 1776/1986. *The Wealth of Nations.* Penguin, Harmondsworth.
15. Brittan, S. 1995. *Capitalism with a Human Face.* Edward Elgar, Aldershot.
16. Buss, L. W. 1987. *The Evolution of Individuality.* Princeton University Press, Princeton.
17. Coase, R. H. 1976. Adam Smith's view of man. *Journal of Law and Economics* 19: 529-46.
18. Emerson, A. C. 1960. The evolution of adaptation in population systems. In: Evolution after Darwin. *Vol. I.* (ed. Tax, S.). University of Chicago Press, Chicago.
19. K. Hill and H. Kaplan, 私人交流。
20. Spindler, K. 1993. The Man in the Ice. Weidenfeld and Nicolson, London.
21. Smith. *op. cit.* Wright, R. 1994. The Moral Animal *Pantheon*, New York.

第 3 章

1. Rousseau, J.-J. 1755/1984, *A Discourse on Inequality.* Penguin, Harmondsworth.
2. Hofstadter, D. 1985. *Metamagical Themas: Questing for the Essence of Mind and Pattern.* Basic Books, New York. See also Dennett, D. 1995. *Darwin's Dangerous Idea.* Simon and Schuster, New York.
3. P. Hammerstein, 私人交流。
4. Poundstone, W. 1992. *Prisoner's Dilemma: John von Neumann, Game Theory and the Puzzle of the Bomb.* Oxford University Press, Oxford.
5. Rapoport, A. and Chummah, A. M. 1965. *Prisoner's Dilemma.* University of Michigan Press, Ann Arbor.
6. Maynard Smith, J. and Price, G. R. 1973. The Logic of animal conflict. *Nature* 246: 15-18. 在原来的文章当中,"鸽子"在最后一刻被换成了"老鼠",以尊重乔治·普赖斯的宗教情感。
7. Rapoport, A. 1989. *The Origin of Violence.* Paragon House, New York.
8. Axelrod, R. 1984. *The Evolution of Cooperation.* Basic Books, New York.
9. Trivers, R. L. 1971. The evolution of reciprocal altruism. *Quarterly Review of Biology* 46: 35-57.
10. 论述生物学中的博弈论的最好的一本书是 Sigmund, K. 1993. *Games of Life.* Oxford University Press, Oxford.
11. Wilkinson, G. S. 1984. Reciprocal food sharing in the vampire bat. *Nature* 308: 181-4. 最近的研究证实了即便是暂居的、不太恋家的雄性吸血蝙蝠也有同样的互惠模

式，参看 DeNault, L. K. and McFarlane, D. A. 1995. Reciprocal altruism between male vampire bats, *Desmodus rotundus*. *Animal Behaviour* 49: 855-6。

12. Cheney, D. L. and Seyfarth, R. M. 1990. *How Monkeys See the World.* Chicago University Press, Chicago.
13. Trivers. The evolution of reciprocal altruism. *op. cit.*

第 4 章

1. R. Barton, 私人交流。
2. Dunbar, R. 1996. *Grooming, Gossip and the Evolution of Language.* Faber and Faber, London.
3. Heinsohn, R. and Packer, C. 1995. Complex cooperative strategies in group-territorial African lions. *Science* 269: 1260-62.
4. Martinez-Coll, J. C. and Hirshleifer, J. 1991. The limits of reciprocity. *Rationality and Society* 3: 35-64.
5. Binmore, K. 1994. *Game Theory and the Social Contract. Vol. 1: Playing Fair.* MIT Press, Cambridge, Mass.
6. Badcock, C. 1990. Three fundamental fallacies of modern social thought. *Sociological Notes No. 5.* 审阅人的意见被 Lyall Watson 在 1995 年 7 月 15 日的 *Financial Times* 上引用。
7. 最近，新的囚徒困境的博弈已经开始在空间中展开，而不只是在时间上展开，总之，它们强化了"以牙还牙"策略非常强大的这一印象。参看 Hutson, V. C. L. and Vickers, G. T. 1995. The Spatial struggle of tit-for-tat and defect, *Philosophical Transactions of the Royal Society of London* B 348: 393-404; Ferriere, R. and Michod, R. E. 1995. Invading wave of cooperation in a spatially iterated prisoner's dilemma. *Proceedings of the Royal Society of London* B 259: 77-83。
8. Nowak, M. A., May, R. M. and Sigmund, K. 1995. The arithmetics of mutual help, *Scientific American* 272: 50-55.
9. Boyd, R. 1992. The evolution of reciprocity when conditions vary. In: *Coalitions and Alliances in Humans and Other Animals.* (eds. Harcourt, A. H. and de Waal, F. B. M.). Oxford University Press, Oxford.
10. Kitcher, P. 1993. The evolution of human altruism. *Journal of Philosophy* 90: 497-516.
11. Frank, R. H., Gilowich, T. and Regan, D. T. 1993. The evolution of one-shot cooperation. *Ethology and Sociobiology* 14: 247-56.

第 5 章

1. Barrett, P. H., Gantrey, P. J., Herbert, S., Kohn, D. and Smith, S. (eds.) 1987. *Charles Darwin's Notebooks, 1836-1844.* Cambridge University Press, Cambridge.
2. Friedl, E. 2995. Sex the invisible. *American Anthropologist 96: 833*-44. 乌干达的伊克人好像是这一规则的部分例外：他们对吃饭讳莫如深是因为总是处在饥饿边缘。参看 Turnball, C. 1972. *The Mountain People.* Simon and Schuster, New York。
3. Fiddes, N. 1991. *Meat: A Natural Symbol.* Routledge, New York.
4. Galdikas, B. 1995. *Reflections of Eden: My Life with the Orang-utans of Borneo.* Victor Gollancz, London.
5. Standford, C. B., Wallis, J., Mpongo, E. and Goodall, J. 1994. Hunting decisions in wild chimpanzees. Behaviour 131: 1-18; Tutin, C. E. G. 1979. Mating patterns and reproductive strategies in a community of wild chimpanzees (*Pan troglodytes schweinfurthii*). *Behavioral Ecology and Sociobiology* 6: 29-38.
6. Hawkes, K. 1995. Foraging differences between men and women. In:*The Archaeology of Human Ancestry.* (eds. Steele, J. and Sherman, S.). Routledge, London.
7. Ridley, M. 1993. The Red Queen: *Sex and the Evolution of Human Nature.* Viking, London.
8. Kimbrell, A. 1995. *The Masculine Mystique.* Ballantine Books, New York.
9.《经济学人》，1994 年 3 月 5 日，96 页。
10. Berndt, C. H. 1970. Digging sticks and spears, or the two-sex model.In: *Woman's role in Aboriginal society. Australian Aboriginal Studies, No. 36.* (ed. Gale, F.). Australian Institute of Aboriginal Studies, Canberra; Megarry, T. 1995. *Society in Prehistory.* Macmillan, London.
11. Steele, J. and Shennan, S. (eds,) 1995. *The Archaeology of Human Ancestry.* Routledge, London.
12. Bennett, M. K. 1954. *The World's Food.* Harper and Row, New York. 引自 Fiddes. *Meat: A Natural Symbol. op. cit.*
13. De Waal, F. B. M. 1989. Food sharing and reciprocal obligations among chimpanzees. 见 *Journal of Human Evolution* 18: 433-59。
14. Hill, K. and Kaplan, H. 1989. Population and dry-season subsistence strategies of the recently contracted Yora of Peru. *National Geographic Research* 5: 317-34.
15. Winterhalder, B. 1986. Diet choice, risk and food-sharing in a stochastic environment. *Journal of Anthropological Archaeology* 5: 369-92.

第 6 章

1. 草地的霸权这个幻想出自 Calder, N. 1984. *Timescale: An Atlas of the Fourth Dimension*. Chatto and Windus, London。
2. Leakey, R. E. 1994. *The Origin of Humankind*. Weidenfeld and Nicolson, London.
3. Guthrie, R. D. 1990. *Frozen Fauna of the Mammoth Steppe: The Story of Blue Babe*. University of Chicago Press, Chicago; Zimov, S. A., Churprynin, V. I., Oreshko, A. P., Chapin, F. S., Reynolds, J. F. and Chapin, M. C. 1995. Steppe-tundra transition: a herbivofre-driven biome shift at the end of the Pleistocene. *American Naturalsit* 146: 765-94.
4. Farmer, M. F. 1994. The origin of weapon systems. *Current Anthropology* 35: 679-81; C. Keckler, 采访。
5. Hawkes, K. 1993. Why hunter-gatherers work: an ancient version of the problem of public goods. *Current Anthropology* 34:341-61.
6. Blurton-Jones, N. G. 1987. Tolerated theft, suggestions about the ecology and evolution of sharing, hoarding and scounging. *Social Science Information* 26: 31-54.
7. Hill, K. and Kaplan, H. 1994. On why male foragers hunt and share food. *Current Anthropology* 34: 701-6.
8. Winterhalder, B. 1996. A marginal model of tolerated theft. *Ethology and Sociobiology* 17: 37-53.
9. Alexander, R. D. 1987. *The Biology of Moral Systems*. Aldine de Gruyter, Hawthorne, New York.
10. Brealey, R. A. and Myers, S. C. 1991. *Principles of Corporate Finance*. 4th edn. McGraw Hill, New York.
11. Wilson, J. Q. 1993. *The Moral Sense*. The Free Press, New York.
12. Sahlins, M. *1966/1972. Stone Age Economics*. Aldine de Gruyter, Hawthorne, New York.
13. Alasdair Palmer, Do you sincerely want to be rich? *Spectator*, 5 November 1994, P. 9.
14. Zahavi, A. 1995. Altruism as a handicap-the limitations of kin selection and reciprocity. *Journal of Avian Biology* 26: 1-3.
15. Cronk, L. 1989. Strings attached. *The Sciences*, May-June 1982: 2-4.
16. Davis, J. 1992. *Exchange*. Open University Press, Buckingham.
17. Benedict, R. 1935. *Patterns of Culture*. Routledge and Kegan Paul, London.
18. 同上。

19. Davis. *Exchange. op. cit.*

第 7 章

1. Nesse, R. 1994. Commentary in Wilson, D. S. and Sober, E. 1994. Reintroducing group selection to the human and behavioral sciences. *Behavioral and Brain Sciences* 17: 585-654.

2. Cosmides 和 Tooby 担心，将"利他主义"这个词包括进去有可能会让有些不知道这个词意思的人产生困惑，但是他们用"无私"这个词取代了它之后得到的是同样的结果。

3. Barkow, J., Cosmides, L. and Tooby, J. 1992. *The Adapted Mind.* Oxford University Press, Oxford.

4. L. Sugiyama. 在人类行为和进化协会大会上的发言，1995 年 6 月。

5. L. Cosmides, 访谈。

6. 这一点是 Stephen Budiansky 告诉我的。

7. Barkow, Cosmides and Tooby. *The Adapted Mind. op. cit.*

8. Trivers, R. L. 1971. The evolution of reciprocal altruism. *Quarterly Review of Biology* 46：35-37.

9. Ghiselin, M.T. 1974. *The Economy of Nature and the Evolution of Sex.* University of California Press, Berkeley. 关于基督教的这个观点，Matthew Parris 这位报纸专栏作家已经阐述得相当透彻了。

10. Frank, R. H. 1988. Passions within Reason. Norton, New York.

11. 这个 blue-tit 的故事来源于 Birkhead, T. R. and Moller, A. P. 1992. Sperm Competition in Birds: Evolutionary Causes and Consquences. Academic Press, London。

12. Trivers. The evolution of reciprocal altruism. Trivers, R. L. 1983. The evolution of a sense of fairness. 参看 Absolute Values and the Creation of the New World. 第 2 卷。The International Cultural Foundation Press, New York.

13. Frank. Passions within Reason. *op. cit.*

14. Binmore, K. 1994. Game Theory and the Social Contract. Vol 1: *Playing. Fair.* MIT Press, Cambridge, Mass.

15. Alexander, R. D. 1987. *The Biology of Moral Systems.* Aldine de Gruyter, Hawthorne, New York; Singer, P. 1981. The Expanding Circle: Ethics and Sociobiology. Farrar, Straus and Giroux, New York.

16. V. Smith, 1995 年 6 月邮件，在人类行为与进化协会会议上的发言。

17. Frank. *Passions within Reason. op. cit.*
18. Kagan, J. 1984. *The Nature of the Child*. Basic Books, New York.
19. D. Cheney, 在皇家协会会议上的发言, 1995 年 4 月 4 日。
20. Wilson, J. Q. 1993. *The Moral Sense*. Free Press, New York.
21. Damasio, A. 1995. *Decartes's Error: Emotion, Reason and the Human Brain*. Picador, London.
22. Dawkins, R. 1976. *The Selfish Gene*. Oxford University Press, Oxford.
23. Jacob Viner, 引自 Coase, R. H. 1976。Adam Smith's view of man. *Journal of Law and Economics* 19: 529-46.

第 8 章

1. Packer, C. 1977. Reciprocal altruism in olive baboons. *Nature* 265: 441-3.
2. Noe, R. 1992. Alliance formation among male baboons: shopping for profitable partners. In: *Coalitions and Alliances in Humans and Other Animals*. (eds. Harcourt, A. H. and de Waal, F. B. M.). Oxford University Press, Oxford.
3. Van Hooff, J. A. R. A. M. and Van Schaik, C. P. 1992. Cooperation in competition: the ecology of primate bonds. In: *Coalitions and Alliances*. (*eds. Harcourt and de Waal*). *ibid.*
4. Silk, J. B. 1992. The patterning of intervention among male bonnet macaques: reciprocity, revenge and loyalty. *Current Anthropology* 33: 318-25; Silk, J. B. 1993. Does Participation in coalitions influence dominance relationships among male bonnet macaques? *Behaviour* 126: 171-89; Silk, J. B. 1995. Social Relationships of male bonnet macaques. 见 Behaviour。
5. Dennett, D. 1995. *Darwin's Dangerous Ideas*. Simon and Schuster, NewYork.
6. Pinker, S. 1994. *The Language Instinct*. Allen Lane, London.
7. Cronin, H. 1991. *The Ant and the Peacock*. Cambridge University Press, Cambridge; Rawls, J. 1972. *A Theory of Justice*. Oxford University Press, Oxford.
8. Nishida, T., Hasegawa, T., Hayaki, H., Takahata, Y. and Uehara, S. 1992. Meat-sharing as a coalition strategy by an alpha male chimpanzee? In: *Topics in Primatology, Vol.1: Human Origins*. (eds. Nishida, T.,McGrew, W. C., Marler, P., Pickford, M. and de Waal, F. B. M.). Tokyo University Press, Tokyo.
9. De Waal, F. B. M. 1982. *Chimpanzee Politics*.; De Waal, F. B. M. 1992. Coalitions as part of reciprocal relations in the Arnhem chimpanzee colony. In: Coalitions and

Alliances (eds. Harcourt and de Waal). op. cit.; de Waal, F. B. M. 1996. *Good Natured: The Origins of Right and Wrong in Humans and Other Animals*. Harvard University Press, Cambridge, Mass.

10. Boehm, C. 1992. Segmentary 'warfare' and the management of conflict: comparison of East African chimpanzees and patrilineal-patrilocal humans. In: *Coalitions and Alliance* (eds. Harcourt and de Waal). *op. cit.*.

11. Connor, R. C., Smolker, R. A. and Richards, A. F. 1992. Dolphin alliances and coalitions. In: *Coalitions and Alliance*. (eds. Harcourt and de Waal). *op. cit.*

12. Boehm, C. 1992. Segmentary 'warfare' and the management of conflict: comparison of East African chimpanzees and patrilineal-patrilocal humans. In: *Coalitions and Alliance* (eds. Harcourt and de Waal). *op. cit.*

13. Moore, J. In Wilson, D. S. and Sober, E. 1994. Reintroducing group selection to the human and behavioral sciences. *Behavioral and Brain Sciences* 17: 585-654 ; Alexander, R. D. 1987. *The Biology of Moral System*. Trivers, R. L. 1983. The evolution of a sense of fairness. In: *Absolute Values and the Creation of the New World, Vol. 2*. International Cultural Foundation Press, New York.

14. Boehm. Segmentary 'warfare' and the management of conflict. In: Coalitions and Alliances (eds. Harcourt and de Waal). *op. cit.*

15. Gibbon, E. 1776-88/1993. *The History of the Decline and Fall of the Roman Empire. Vol. 4*. Everyman, London.

第 9 章

1. Mesterson-Gibbons, M. and Dugatkin, L. A. 1992. Cooperation among unrelated individuals: evolutionary factors. Quarterly Review of Biology 67: 267-81. Rissing, S. and Pollock, G. 1987. Queen aggression, pheometric advantage and brood raiding in the ant Veromessor pergandei, Animal Behaviour 35: 975-82. Hölldobler, B. and Wilson, E. O. 1990. The Ants. Harvard University Press, Cambridge, Mass.

2. Wynne-Edwards, V. C. 1962. *Animal Dispersion in Relation to Social Behaviour*. Oliver and Boyd, London.

3. Lack, D. 1966. *Population Studies of Birds*. Clarendon Press, Oxford.

4. Hamilton, W. D. 1971. Geometry for the selfish herd. *Journal of Theoretical Biology 31: 295-311*; Alexander, R. D. 1989, Evolution of the Human Psyche, In: *The Human Revolution*. (eds. Mellars, P. and Stringer, C.). Edinburgh University Press, Edinburgh.

5. Szathmary, E. and Maynard Smith, J. 1995. The major evolutionary transitions. Nature 374: 227-32 Alexander, R. D. 1987. The Biology of Moral Systems. Aldine de Gruyter, Hawthorne, New York.
6. Boyd, R. and Richerson, P. 1990. Culture and cooperation. In: *Beyond Self-interest*. (ed. Mansbridge, J. J.). Chicago University Press, Chicago.
7. R. Boyd, 1995 年 4 月 4 日在皇家协会的讲话。
8. Boyd, R. and Richerson, P. 1990. Culture and cooperation. In: *Beyond Self-interest*. (*ed. Mansbridge*). *op. cit.*
9. Sutherland, S. 1992. *Irrationality: The Enemy Within*. Constable, London.
10. Ridley, M. 1993. *The Red Queen: Sex and the Evolution of Human Nature*. Viking, London. See also: Hirshleifer, D. 1995. The Blind leading the blind: social influence, fads and informational cascades. In: *The New Economics of Behaviour*. (ed. Tommasi, M.). Cambridge University Press, Cambndge, Bikhchandani, S., Hirshleifer, D. and Welch, I. 1992. A Theory of fads, fashion, custom and cultural change as informational cascades. *Journal of Political Economy* 100: 992-1026.
11. Hirshleifer. The blind leading the blind. In: *The New Economics of Behaviour* (ed. Tommasi). *op. cit.*; Bikhchandani, Hirshleifer, and Welch. A theory of fads. *Journal of Political Economy op. cit.*
12. Simon, H. 1990. A mechanism for social selection of successful altruism. *Science* 250: 1665-8.
13. Soltis, J., Boyd, R. and Richerson, P. J. 1995. Can group-functional behaviors evolve by cultural group selection? An empirical test. *Current Anthropology* 36: 473-94.
14. C. Palmer, 1995 年 6 月在人类行为与进化协会会议上的发言。
15. John Hartung, 通信。
16. Lyle Steadman, 私人交流。
17. W. McNeill, 1994 年 8 月在人类行为与进化协会上的发言，AnnArbor, Michigan, August 1994。
18. Richman, B. 1987. Rhythm and Melody in Gelada vocal exchanges. *Primates* 28: 199-223; Storr, A. 1993. *Music and the Mind*. Harper Collins, London.
19. Gibbon, E. 1776-88/1993. *The History of the Decline and Fall of the Roman Empire. Vol.* 1. Everyman, London.
20. Mead 的观点被 Bloom, H. 引用，1995。*The Lucifer Principle.* Atlantic Monthly Press, Boston; Alexander. The Biology of Moral Systems.*op.cit.*

21. Hartung, J. 1995. Love thy neighbour. *The Skeptic*, Vol. 3, No. 4; Keith, A. 1947. *Evolution and Ethics*. G. P. Putnam's Sons, New York.

第 10 章

1. Sharp, L. 1952. Steel axes for Stone-Age Australians. *Human Organisation*, Summer 1952: 17-22.
2. Kim Hill 和我解释了这个观点，在此表示感谢。
3. Layton, R. H. 1989. Are Sociobiology and social anthropology compatible? The Significance of sociocultural resources in human evolution. In: *Comparative Socioecology* (eds. Standen, V. and Foley, R.). Blackwell, Oxford.
4. Chagnon, N. 1983. *Yanomamo, the Fierce People.* 3rd edn. Holt, Rinehartand Winston, New York.
5. Bension, B. 1989. The Spontaneous evolution of commercial law. *Southern Economic Journal* 55: 644-61; Nension, B. 1990. *The Enterprise of Law*. Pacific Research Institute, San Francisco.
6. Coeur 被囚禁在了 Chios 岛上，直到 1456 年在那里去世。他那宏伟壮丽的哥特式宫殿是博尔格斯最主要的一个景点。
7. Watson, A. M. 1967. Back to gold and silver. *Economic History Review* 2nd Series, 20: 1-34.
8. Samuelson, P. Brockway, G. P. 1993. *The End of Economic Man*. Norton, New York, p. 299.
9. Heilbronner, R. L. 1961. *The Worldly Philosophers*. Simon and Schuster, New York.
10. Sraffa, P. (ed.) 1951. *The Works of David Ricardo*. Cambridge University Press, Cambridge.
11. Robers, R. D. 1994. *The Choice: A Fable of Free Trade and Protectionism*. Prentice Hall, Englewood Cliffs, New Jersey.
12. Alden-Smith, E. 1988. Risk and uncertainty in the 'original affluent society': evolutionary ecology of resource sharing and land tenure. In: *Hunters and Gatherers, Vol.1: History, Evolution and Social Change* (eds. Ingold, T., Riches, D. and Woodburn, J.). Berg, Oxford.
13. Robert Layton, 访谈；Paul Mellars, 皇家协会上的讲话；Gambel, C. 1993. *Timewalkers: The Prehistory of Global Colonisation*. Alan Sutton, London。

第 11 章

1. Gore, A. 1992. Earth in the Balance: *Ecology and the Human Spirit.* Houghton Mifflin, Boston.
2. 同上。
3. Brown, L. 1992. *State of the World.* Worldwatch Institute, Washington, DC; Porritt, J. 1991. *Save the Earth.* Channel Four Books, Lofidon; 教皇的话引自 Gore. Earth in the Balance. op. cit., 威尔士亲王为 Porritt 的书写了序言。
4. Kauffman, W. 1995. *No Turning Back: Dismantling the Fantasies of Environmental Thinking.* Basic Books, New York; Budiansky, S. 1995. *Nature's Keepers: The New Science of Nature Management.* Weidenfeld and Nicolson, London.
5. Kay, C. E. 1994. Aboriginal overkill: the role of the native Americans in structuring western ecosystems. *Human Nature* 5: 359-98.
6. Posey, D. W. 1993. See Vickers, W. T. 1994. From opportunism to nascent conservation. The case of the Siona Secoya. *Human Nature* 5: 307-37.
7. Tudge, C. 1996. *The Day Before Yesterday.* Jonathan Cape, London; Stringer, C. and McKie, R. 1996. *African Exodus.* Jonathan. Calpe, London.
8. Steadman, D. W. 1995. Prehistoric extinctions of Pacific island birds: biodiversity meets zooarcheology. *Science* 267: 1123-31.
9. Flannery, T. 1994. *The Future Eaters.* Reed, Chatswood, New South Wales.
10. Alvard, M.S. 1994. Conservation by native peoples: prey choice in a depleted habitat. *Human Nature* 5: 127-54.
11. Diamond, J. 1991. *The Rise and Fall of the Third Chimpanzee.* Radius Books, London.
12. Nelson, R. 1993. Searching for the lost arrow: physical and spiritual ecology in the hunter's world, In: *The Biophilia Hypothesis.* (eds. Kellert, S. R. and Wilson, E. O.). Island Press, Washington, DC.
13. Hames, R. 1987. Game Conservation or efficient hunting? In: *The Question of the Commons* (eds. McCay, B. and Acheson, J.). University of Arizona Press, Tucson.
14. Alvard, Conservation by native peoples, *Human Nature. op. cit.*
15. Vickers, W. T. 1994. From opportunism to nascent conservation. The case of the Siona-Secoya. *Human Nature* 5:307-37.
16. Stearman, A. M. 1994. 'Only slaves climb trees': revisiting the myth of the ecologically noble savage in Amazonia. *Human Nature* 5: 339-57.

17. 同上。

18. Low, B. S. and Heinen, J. T. 1993. Population, resources and environment. *Population and Environment 15*: 7-41.

第 12 章

1. 引自 Brubaker, E. 1995. *Property Rights in the Defence of Nature.* Earthscan, London。

2. Acheson, J. 1987. The Lobster fiefs revisited, In: The *Question of the Commons* (eds. McCay, B. and Acheson, J.). University of Arizona Press, Tucson.

3. Gordon, H. S. 1954. THE economic theory of a common-property resource: the fishery. Journal of Political Economy 62: 124-42.

4. Hardin, G. 1968. The tragedy of the commons. Science 162: 1243-8.

5. 'Commons'. 农村业主协会制作的小册子，1992 年 10 月。

6. Townsend, R. and Wilson, J. A. 1987. In: *The Question of the Commons* (eds. McCay and Acheson). *op. cit.*; Olive Rackham, 与作者的通信。

7. 为了对哈丁公平，他自从说出这一点以后就反复强调，他本应该在那篇文章中更准确地使用"未管理的公地"这个术语。

8. Ostrom, E. 1990. *Governing the Commons*: *The Evolution of Institutions for Collective Action.* Cambridge University Press, Cambridge; Brown, D. W. 1994. *When Strangers Cooperate: Using Social Conventions to Govern Ourselves*. The Free Press, New York.

9. Ostrom, E., Gardner, R. and Walker, J. 1993. Rules, *Games and Commonpool Resources*. Princeton University Press, Princeton.

10. Monbiot, G. 1994. The tragedy of enclosure. *Scientific American January* 1994: 140.

11. Ophuls, W. 1973. Leviathan or oblivion. In: *Towards a Steady-state Economy* (ed. Daly, H. E.) Freeman, San Francisco.

12. Bonner, R. 1993. At the Hand of Man. Sugg, I. and Kreuter, U. P. 1994. *Elephants and Ivory: Lessons from the Trade Ban.* Institute of Economic Affairs, London.

13. Ostrom, E. and Gardner, R. 1993. Coping with asymmetries in the commons: self-governing irrigation systems can work. *Journal of Economic Perspectives* 7: 93-112.

14. S. Lansing, 在人类行为与进化协会大会上的发言，Ann Arbor, Michigan, June 1994。

15. Chichilinisky, G. 1996. The economic value of the earth's resources. *Trends in Ecology and Evolution* 11: 135-40; De Soto, H. 1993. The missing ingredient. In 'The future surveyed: *150 Economist years*', *Economist* II September 1993, pp. 8-10.

16. Ostrom, E., Walker, J., and Gardner, R. 1992. Covenants without a sword: self-governance is possible. *American Political Science Review* 86: 404-17. 类似的结论，即交流在解决公地悲剧的过程中所起的作用非常重要，Edney, J. J. 和 Harper, C. S. 在 1978 年使用不同的游戏也得出了这个结论。信息带来的结果是个资源管理的问题。一个社会陷阱的类比。*Human Ecology* 6: 387-95.
17. Diamond, J. 1993. New Guineans and their natural world. In: *The Biophilia Hypothesis* (eds. Kellert, S. R. and Wilson, E. O.). Island Press, Washington, D C.
18. Jones, D. N., Dekker, R.W. R. J. and Roselaar, C. S. 1995. *The Megapodes.* Oxford University Press, Oxford.
19. 参看 Eric Alden-Smith 和 Richard Lee 所写的书当中的部分章节。1988. In: *Hunters and Gatherers, Vol.1: History, Evolution and Social Change.* (eds. Ingold, T., Riches, D. and Woodburn, J.). Berg, Oxford.
20. Brubaker. *Property Rights in the Defence of Nature. op. cit.*
21. Cashdan, E. 1980. Egalitarianism among hunters and gatherers. *American Anthropologist* 82: 116-20.
22. Carrier, J. G. and Carrier, A. H. 1983. Profitless Property: marine ownership and access to wealth on Ponam Island, Manus Province. *Ethnology* 22: 131-51.
23. Osborne, P. L. 1995. Biological and cultural diversity in Papua New Guinea: conservation, conflicts, constraints and compromise. *Ambio* 24: 231-7.
24. Brubaker. Property Rights in the Defence of Nature. *op. cit.*; Anderson, T. (ed.) 1992. *Property Rights and Indian Economies.* Rowman and Littlefield, Lanham, Maryland.

第 13 章

1. 引自 Webb, R. K. 1960. Harriet Martineau: A Radical Victorian. Heinemann, London。
2. 很多人都试图将北部印第安人和南方印第安人的不同的社会归因于基因的差异，但是这些说法无一令人信服。参看 Kohn, M. 1995. The Race Gallery. Jonathan Cape, London。
3. Putnam, R. 1993. Making Democracy Work: Civil Traditions in Modern Italy. Fukuyama, F. 1995. Trust: The Social Virtues and the Creation of Prosperity. Hamish Hamilton, London.
4. Masters, R. D. 1996. Machiavelli, Leonardo and the Science of Power. Passmore, J. 1970. The Perfectibility of Man.
5. Hobbes, T. 1651/1973. Leviathan, Kenneth Minogue 撰写的前言。

6. Malthus, T. R. 1798/1926. An Essay on the Principle of Population as it affects the future Improvement of Society, with Remarks on the Speculations of Mr Godwin, M. Condorcet and other Writers. 参看 Ghiselin, M. T. 1995. Darwin, progress and economic principles. Evolution 49: 1029-37。我有点反常地认为，达尔文夸大了马尔萨斯对他的影响，目的是掩盖伊拉斯谟斯·达尔文——他那不道德的祖父对他的影响。伊拉斯谟斯的伟大诗作《自然的神庙》(*The Temple of Nature*) 于他死后的 1801 年匿名发表，深受马尔萨斯理论的影响，达尔文自然早在他 1828 年阅读马尔萨斯的著作之前就读过这首诗。Desmond King-Hele，伊拉斯谟斯的传记作者，也这样认为。

7. Jones, L. B. 1986. The institutionalists and *On the Origin of Species:* a case of mistaken identity. *Southern Economic Journal* 52: 1043-55; Gordon, S. 1989. Darwin and political economy: the connection reconsidered. *Journal of the History of Biology* 22: 437-59.

8. Huxley, T. H. 1888. The Struggle for existence in human society. *Collected Essays 9.*

9. Rousseau, J.-J. 1755/1984. Penguin, Harmondsworth.

10. Quoted in Graham, H. G. 1882. *Rousseau.* William Blackwood and Sons, Edinburgh.

11. 28 年后，La Perouse 的两艘船的残骸在新赫布里底群岛北方的 Vanikoro 岛附近被发现。他的航行记述在 1787 年匿名出版，依据的是他寄回到巴黎的日记。

12. Moorehead, A. 1966. *The Fatal Impact: An Account of the Invasion of the South Pacific,* 1767-1840; Neville-Sington, P. and Sington, D. 1993. *Paradise Dreamed.* Bloomsbury, London.

13. Freeman, D. 1995. 这场争论的核心在于进化论。In:*The Certainty of Doubt: Tributes to Peter Munz.* (eds. Fairburn, M. and Oliver,W. H.). Victoria University Press, Wellington, New Zealand.

14. Freeman, D. 1991. Paradigms in collision. 1991 年 10 月 23 日在澳大利亚国立大学发表的公开演讲。Freeman, D. 1983. *Margaret Mead and Samoa: The Making and Unmaking of an Anthropological Myth*. Wright, R. 1994. The Moral Animal. Pantheon, New York.

15. See Passmore. *The Perfectibility of Man. op. cit.*

16. Hazlitt, W. 1902. A reply to the essay on population by the Rev. T. R. Malthus. *The Collected Works of William Hazlitt. Vol. 4.* J. M. Dent, London.

17. Stewart, J. B. 1992. *Den of Thieves.* Touchstone, New York.

18. Wright. *The Moral Animal. op. cit.*.
19. Hayek, F. A. 1979. Law, Legislation and Liberty. Vol. 3: The Political Order of a Free People. University of Chicago Press, Chicago.
20. *Time,* 1995 年 12 月 25 日。
21. Duncan, A. and Hobson, D. 1995. *Saturn's Children*. Sinclair-Stevenson, London.

推荐阅读

书号	书名	定价
978-7-111-48929-0	美德的起源：人类本能与协作的进化	69.00
978-7-111-49549-9	先天后天：基因、经验及什么使我们成为人（原书第4版）	69.00
978-7-111-50424-5	基因组：人类自传	79.00
978-7-111-50532-7	理性乐观派：一部人类经济进步史（珍藏版）	69.00
978-7-111-55992-4	自下而上	79.00